中宣部全国文化名家暨"四个一批"人才工程资助项目

《广西乡村教育百年》顾问

钟秉林（国家教育咨询委员会委员，国务院教育督导委员会总督学顾问，北京师范大学原校长，教授，博士生导师）

邬志辉（中国农村教育发展研究院院长，东北师范大学研究生院院长，教授，博士生导师）

唐　凌（广西师范大学历史学院教授，中国近代史专业博士生导师）

张　红（广西师范大学马克思主义学院教授，中共党史专业博士生导师）

《广西乡村教育百年》项目组

组　长：贺祖斌　欧阳修俊

副组长：徐乐乐　李　斌　梁　君　陈庆文

成　员：杨振芳　刘　婷　杨婷婷　钟佳容　刘微微　周坚和　毕雅楠
　　　　陈　洋　陈超惠　陈泳坪　郭红艳　黄春蕾　何俊生　罗惠君
　　　　李雨佳　陆俊良　刘　琦　刘燕群　欧　卉　彭晓辉　秦丽华
　　　　石华虎　谢水琴　曾　雪　张逸萱

贺祖斌　欧阳修俊

——

等 编著

GUANGXI

XIANGCUN

JIAOYU

BAINIAN

广西庆祝中国共产党成立100周年主题出版项目

广西乡村教育

百年

上卷

GUANGXI NORMAL UNIVERSITY PRESS

广西师范大学出版社

·桂林·

图书在版编目（CIP）数据

广西乡村教育百年. 上卷 / 贺祖斌等编著. --桂林：
广西师范大学出版社，2021.6
ISBN 978-7-5598-3843-8

Ⅰ．①广… Ⅱ．①贺… Ⅲ．①乡村教育－教育史－
广西 Ⅳ．①G725-092

中国版本图书馆 CIP 数据核字（2021）第 099588 号

广西师范大学出版社出版发行

（广西桂林市五里店路 9 号　邮政编码：541004）
（网址：http://www.bbtpress.com）
出版人：黄轩庄
全国新华书店经销
广西广大印务有限责任公司印刷
（桂林市临桂区秧塘工业园西城大道北侧广西师范大学出版社
集团有限公司创意产业园内　邮政编码：541199）
开本：787 mm × 1 092 mm　1/16
印张：16　　字数：270 千
2021 年 6 月第 1 版　　2021 年 6 月第 1 次印刷
定价：40.00 元

如发现印装质量问题，影响阅读，请与出版社发行部门联系调换。

序

2016 年我曾经为贺祖斌教授主持编著的《广西农村教育发展报告》写过序言，如今，又看到他的成果《广西乡村教育百年》（上、下卷）即将出版，甚为欣慰。

2021 年是中国共产党建党 100 年，是国家"十四五"规划的开局之年和全面实施乡村振兴战略的重要之年。乡村振兴的根本在于文化振兴，基础在于教育振兴。积极开展乡村教育研究，对巩固脱贫攻坚成果、全面实现乡村振兴具有重要意义。

由广西师范大学校长贺祖斌教授主持编著的《广西乡村教育百年》（上、下卷），是在这一重要历史时期的恰切的研究成果，该书是对区域乡村教育发展历史的经验总结，也是对未来乡村教育发展的探索，具有重要的现实意义和学术价值。具体来讲，一是系统梳理了广西乡村教育百年发展历程，为国家乡村振兴战略全面实施提供历史经验参考与借鉴，为广西乡村教育振兴提供理论支撑和政策支持。二是丰富了乡村教育学相关理论。乡村教育是当前教育研究的重要领域，开展广西乡村教育发展的历史研究，探讨乡村教育的基本价值、基本问题、基本范畴和基本方法，从本体论出发回答一些理论上需要解决的问题，为乡村教育学的形成和发展提供有力支撑。三是为乡村教育研究和乡村教育理论发展提供了历史参考资料。该书重视乡村教育研究历史资料的积累，为开展教育研究，尤其是为探索乡村教育实验奠定了基础。四是总结提出了乡村教育的"广西经验"。这些宝贵的经验在促进广西乡村教育振兴和文化振兴、为广西乡村经济振兴提供人才保障和知识保障等方面，具有重要的指导意义和应用价值。

该书以中国共产党的领导为历史梳理依据，在以下三个重要方面做了大量工作。一是对广西乡村教育百年的历史资料收集，主要是收集整理中国共产党成立100 年来广西乡村教育发展的历史资料，理清其发展脉络，这是本书的亮点所在。二是对广西乡村教育百年的历史经验总结，立足民族地区，探索了穷村如何办教育、少数民族地区如何办教育等成功做法，明晰了广西乡村教育的发展变化趋势和宝贵经验。三是以中国共产党百年发展历程为历史发展脉络，着重关注在中国共产党领导下广西乡村教育的发展历程和基本经验。

概览全书，本书主要体现出这样几个特点：一是历史时间跨度有代表性，且具有重要历史价值。本书确定的 100 年研究时间跨度，既是为了纪念中国共产党成立 100 周年，也是对中国共产党领导下的乡村教育的经验总结，具有历史意义和价值。二是区域性特色鲜明，且具有时代性。目前的相关研究，主要偏向于更为微观的某个村落的教育发展研究，或者偏向于更为宏观的宏大叙事研究，少有涉及以省份为研究视域的乡村教育历史研究。本书选择广西作为研究对象，研究成果对西部乡村教育发展具有重要的启示和借鉴意义。此外，当前正值国家实施乡村振兴战略的重要时期，开展乡村教育史研究亦具有鲜明的时代性。三是本书编写上的融合创新。本书的撰写是以历史为依据展望未来，将时间序与空间序有效结合，在时间跨度 100 年基础上，兼顾到广西不同区域乡村教育发展的差异，同时也兼顾到宏观叙述与微观历史材料的融合。

贺祖斌教授主要从事高等教育研究，其研究成果主要集中在高等教育领域，且笔耕不辍，著述良多，具有较大学术影响力。那为何又拓展到乡村教育领域呢？实际上，他在广西多所师范院校工作过，对乡村教育的关注一直没有间断，在乡村教育研究领域已经耕耘多年，取得了一系列相关成果。早在其担任玉林师范学院校长期间，就成立了农村教育发展研究院，开始了全面系统的乡村教育研究，并出版了《广西农村教育发展报告》《乡村教师培养：理念与行动》等成果，对广西乡村教育做了较系统的调研，掌握了丰富的历史资料，奠定了坚实的研究基础。2019 年他还出版了《广西乡村振兴战略与实践》（六卷本），他本人也亲自担任《广西乡村振兴战略与实践·教育卷》的撰写工作。现今又出版《广西乡村教育百年》（上、下卷），实际上是前期研究的延续和深化，形成了关于广西乡村教育的系统研究成果，可谓层层递进，系统深入，成果颇丰。

在此，衷心希望贺祖斌教授及其团队能够在乡村教育领域的高起点研究基础上继续夯实理论基础，开展乡村教育实验，为乡村振兴、区域乡村教育理论研究和实践发展做出更大的贡献。

钟秉林

2021 年 4 月 10 日于北京

前　言

　　百年大计,教育为本。2021 年正值中国共产党成立 100 年。中国共产党百年历史可以划分为四个历史时期:从 1921 年 7 月中国共产党建立至 1949 年 10 月中华人民共和国成立,是新民主主义革命时期;从 1949 年 10 月至 1978 年 12 月党的十一届三中全会召开,是社会主义革命和建设时期;从 1978 年 12 月至 2012 年 11 月党的十八大召开,是改革开放和社会主义现代化建设新时期;从 2012 年 11 月至今是中国特色社会主义新时代。[①] 在百年发展历程中,中国共产党领导中国人民取得了新民主主义革命和社会主义革命的胜利;成功带领中国人民进行改革开放和社会主义建设,形成了具有中国特色的社会主义制度,带领全国 14 亿多人口打赢脱贫攻坚之战,全面进入小康社会,迈向了中国特色社会主义新时代。在百年奋斗历程中,教育一直是党和国家高度关注的领域,"我国实现教育现代化的关键是教师,难点在农村"[②],所以人口占多数且教育薄弱的乡村更是关注的焦点。中国乡村教育以"文字下乡"为内在逻辑起点,发展至今"文字上移"重现的 100 年,发生了翻天覆地的变化,获得了长足发展。以中国共产党领导的中国社会发展为历史背景,以中国共产党百年发展所经历的新民主主义革命时期、社会主义革命和建设时期、改革开放和社会主义现代化建设新时期、中国特色社会主义新时代四个历史时期为划分依据,中国乡村教育百年变迁历程可分为四个历史阶段。

一、新民主主义革命时期的乡村教育探索（1921—1949 年）：办适应乡村社会和为了乡村发展的新教育

　　1919 年,五四运动开启了中国新民主主义革命的新篇章,中国共产党在这个内忧外患的时候肩负起开展新民主主义革命斗争的责任和历史使命。在中国共产党的领导下,众多仁人志士加入中国革命浪潮,以不同形式参与新民主主义革命斗争之中。在教育领域也掀起了"文字下乡"的教育革命。新式教育逐渐进入乡村,革命

---

① 曲青山.中国共产党百年辉煌[N].光明日报,2021-02-03(11).
② 贺祖斌.广西农村教育发展报告[M].南宁:广西人民出版社,2016:1.

根据地教育趋稳,具有中国乡村气象的"新式教育"初步形成。

1924—1925 年,毛泽东曾到韶山、银田等地进行农村调查,组织了 20 多个农会和农民夜校;土地革命战争时期,还组织开办夜校、识字班及"列宁小学",组织工农及其子女学政治、学文化。此外,20 世纪二三十年代,一些爱国主义教育家来到中国乡村最基层,积极发展乡村教育和促进农业生产发展,改善农民生活,实现社会安定。1925—1935 年,有 193 个教育实验区遍布全国各地,其中影响较大的著名人物有晏阳初、梁漱溟、黄炎培、陶行知等。[①] 他们致力于乡村教育和乡村社会改造,以"建设乡村,培养新民"为目的,在贫穷落后的农村创办一批新式学校。1937 年,抗日战争全面爆发,社会动荡,国民经济衰弱,全国乡村学校的数量减少,大部分学校停课疏散。据统计,1937 年全国小学数量由 1936 年的 320 080 所降为 229 911 所,到 1941 年,小学数量为 224 707 所,直到 1945 年抗日战争胜利,全国小学数量才有所回升,增至 269 937 所。[②] 在革命根据地,中国共产党对中国乡村教育进行积极探索,维持学校教育发展。抗日期间,中国共产党建立革命根据地之后,开始恢复学校教育,且成效显著。例如:晋西北的临县、岭南、离石、方山四个县,从 1944 年 11 月至 1945 年 5 月,学校数量由原来的 163 所增至 337 所。[③] 解放战争时期,中国共产党也非常注重在解放区兴办教育,先后接管、兴办了众多乡村小学,新编了土改教材。这一时期,国家力量逐步渗入乡村社会,乡村基层组织日益成为国家治理社会的基础手段,但乡村学校的客观条件简陋,大多借用祠堂庙宇或私人住宅改建,课桌凳多为学生自带,教室房屋破败,室内光线昏暗,教学设备不齐全,总体办学条件不足,乡村学校发展较为艰难。

这一时期,传统塾师开始接受身份转化,新式学校师范教师开始进入乡村教师队伍。乡村教师主要源于新式学校、师范教育的培养和传统塾师的转化。据统计,这一时期全国乡村教师以初中毕业者数量最多,占总数的 35.7%;师范学校毕业者居第二,占 28.1%;小学毕业者占 14.6%;乡村师范毕业者占 9.5%,其他学历占少数。[④] 这一时期,大多数教师为本土培养,能够很好地适应乡土生活。虽然工资待遇不高,但是教师对教育的热情高,非常积极地投入工作,对乡村教育做出了巨大的贡

① 李少元.农村教育论[M].南京:江苏教育出版社,2000:12.
② 教育部教育年鉴编纂委员会.第二次中国教育年鉴[M].上海:商务印书馆,1948:1455.
③ 郭夏云.中国乡村教育的改革与实践:以抗战时期根据地的小学教育为例[J].教育理论与实践(学科版),2007(6):4-6.
④ 农业部中央农业试验所.乡村教育调查[J].农情报告,1936(9):14-20.

献。此外,这一时期,适合乡村的新教材开始出现,教学形式从个体教学和群体教学转向班级授课。乡村儿童上学机会增多,各学校加强抗日战争教育,多渠道探索提升乡民文化素质的路径。

总体而言,新民主主义革命时期,乡村学校处于新旧教育调适转化阶段,新式教育进入乡村受到阻抗,乡村教师积极做出努力,为乡村教育转化提供有力支撑。在新民主主义革命时期,中国共产党采取"农村包围城市"的战略,农村成为革命的主要根据地,这对乡村教育具有重要影响。例如,农民讲习所、农民夜校和妇女识字班等,不仅开启了农民子女受教育的先河,也让广大农民认识到学习文化知识的重要意义,为新中国成立和"文字入村"奠定了文化基础。中国共产党领导的中国乡村教育实践和爱国民主人士参与的乡村运动表明,要推进乡村教育发展,必须基于本土文化,采用农民乐于接受的方式改革教育和发展教育。坚持党的领导和扎根乡村社会办教育是乡村教育事业发展的根本价值定位。

二、社会主义革命和建设时期的乡村教育兴盛(1949—1978年):完成穷国办大教育的历史重任

新中国成立后,为了更好地担负起执政兴国的重任,中国共产党锐意进取,紧紧依靠人民,开展了轰轰烈烈的土地改革,国民经济得以恢复发展,完成对农业、手工业、资本主义工商业的社会主义三大改造,确立社会主义基本制度。在制度建立、经济恢复的前提下,教育也获得长足发展。1949—1976年,城镇化水平低,中国大约有80%的人口生活在乡村,乡村教育问题关系国家发展大局,成为党和政府关注的重要民生问题。这一时期,乡村学校在恢复中曲折发展,正规教育机构开始向乡村地区延伸,乡村学校在曲折中逐渐发展。

这一时期,我国积极新建乡村学校,新旧学校转化顺畅,多渠道助力乡村学校恢复与发展。新中国成立至1952年是国民经济恢复时期,教育也是以恢复重建为主要任务,具体是要把旧的教育体制转变为新的教育体制,使之为社会主义建设服务。1949年9月,《中国人民政治协商会议共同纲领》明确规定要"有计划有步骤地实行普及教育"。1951年8月教育部明确提出,从1952年开始,争取10年内基本普及小学教育,并强调普及小学教育的重点与难点在乡村,故而1949年到1952年,乡村地区兴建了大量的小学。1952年,土地改革后,贫下中农迫切要求学习文化,学校数量大幅度增加。据统计,1949年,全国小学数量为34.68万所,到了1952年增加到52.7

万所,增长了52%,其中大部分集中在乡村地区。① 1953年至1956年,我国完成了社会主义改造,在第一个国民经济五年计划中,乡村小学教育事业有了新的发展。全国部分乡镇开设了中心小学,这些中心小学成为"公办学校",乡村地区还开办一些非正规小学,如半日班、早班、夜校等类型的乡村学校。党和政府在重点发展小学教育的同时,还大力发展农民业余教育,提高农民的识字率。在组织实施上,采取"以民教民,能者为师"方针和常年学习与季节性学习相结合、集中与分散相结合的方式。

1958年至1961年,"大跃进"运动对乡村教育发展产生一定的影响。1958年9月19日,中共中央、国务院颁布的《关于教育工作的指示》提出,全国应在3—5年时间内,基本扫除文盲,普及小学教育,完成农业合作社"社社有中学"和使学龄前儿童大多数都能入托儿所和幼儿园的任务。② 此后,全国掀起了一场"教育革命",党和政府发动群众积极办学,一大批学校迅速崛起。例如,河南省郾城县全县8天内共办小学129班,有学生6 042人,占全县未入学儿童的37%;初中32班,有学生1 796人。③ 可见,此次全民办学积极性非常高,农村地区学校数量和学生人数迅速增长,但存在盲目办学现象。1961年至1963年,党和政府开始对1958年教育领域中盲目办学的现象进行反思和批评,并对农村教育进行调整,裁并大部分1958年兴办的半工(农)半读学校。据统计,1958年至1963年,乡村小学数量由58万所减少到35万所④,主要是裁掉一些办学条件简陋、师资薄弱、教学质量差、生源不足的学校。

1966年至1976年,教育领域也掀起了一场轰轰烈烈的"革命",倡导群众办学和集体办学,"公社"和"大队"大办学校。如:1969年,广西恭城全县小学下放到大队办,绝大多数教师回原籍大队教书;1970年,90%的大队小学附设初中;1972年,重点普及小学五年级和扫除青壮年文盲。⑤ 在"教育革命"浪潮的席卷下,中共中央进一步明确了教育办学方针是"开门办学、群众办学,依靠群众"。但是很多地方不顾办学的客观条件,盲目追求发展,一些村办小学附设"戴帽学校",或改建为初中,

---

① 《中国教育年鉴》编辑部.中国教育年鉴1949—1981[M].北京:中国大百科全书出版社,1984:1021.

② 中央教育科学研究所.中华人民共和国教育大事记1949—1982[M].北京:教育科学出版社,1984:231.

③ 河南教育厅.郾城县白坡乡七天普及了初中和小学教育[J].人民教育,1958(4):48-51.

④ 《中国教育年鉴》编辑部.中国教育年鉴1949—1981[M].北京:中国大百科全书出版社,1984:1021.

⑤ 恭城瑶族自治县地方志编纂委员会.恭城县志[M].南宁:广西人民出版社,1992:374.

原来的初中变为高中,出现"小学不出村,初中不出队,高中不出社"的景象。"文革"中后期,中小学的数量飞速发展(具体如表 1 所示),每一个村庄都有一所小学,农村小学基本普及,但是因很多学校缩短"学制",且教师文化素质不高,很多地方学校还是"半工半读",导致学校教学秩序不正常,教学质量不高。

表 1   1965 年—1976 年乡村学校数量统计

单位:万所

年份	高中	初中	小学	幼儿园
1965	0.06	0.86	162.5	0.86
1971	1.18	7.21	93.1	7.21
1972	2.05	5.93	97.3	5.93
1973	1.20	6.39	99.6	3.44
1974	2.09	6.53	101.6	2.62
1975	2.79	8.01	105.7	15.46
1976	4.78	12.60	100.6	41.95

注:原始数据来源于《中国教育年鉴 1949—1981》(北京:中国大百科全书出版社,1984),表中数据经处理而成,小数采用四舍五入法。

新中国成立初期,中国经济发展缓慢,国家创办的公立小学无法满足群众接受教育的期盼,于是吸收老解放区的办学经验,支持和鼓励群众办学,采取了群众办学与国家办学"两条腿走路的方针"。村民办学使得广大乡村地区涌现一大批民办教师。这些民办教师多为村里毕业的初中生和高中生,他们是农民也是教师,边做农活边教书。在课程与教学方面,新中国成立初期,偏远农村地区和分散杂居地区,学生人数较少,多采取复式教学、巡回教学的形式。对于农民业余学校,学校除了教政治和文化,还教生产知识技能,体现了教育为生产建设服务的理念。针对学生入学问题,1951 年 8 月,教育部召开第一次全国初等教育及师范教育会议,明确提出,从1952 年至 1957 年,争取全国平均有 80%的学龄儿童入学。1949 年至 1952 年国民经济恢复时期,小学教育有较大的发展。据统计,1949 年小学在校生为 2 439.1 万人,1952 年小学在校人数为 5 110 万人,比 1949 年增加了 1.1 倍,其中工农子女占小学在校总人数的 80%。[①]

———————————

① 中华人民共和国教育部.共和国教育 50 年 1949—1999[M].北京:北京师范大学出版社,1999:261.

　　总体而言,社会主义建设初期,中国共产党领导乡村教育进行全面恢复和重建,虽然道路曲折,但积累了丰富的办学经验,乡村教育规模大面积和大幅度增加,让教育能够在短时间内遍布中国乡村大地,形成了全民办教育的氛围与热潮。特别是在经济发展困难的情况下,坚持办教育,试图通过教育强国,推动乡村发展,提高国民素质,完成了穷国办大教育的艰难任务,这是在中国共产党领导下做出的正确的战略选择。但在社会主义建设初期,由于办学经验不足,只追求规模而忽视质量,最终导致乡村教育发展缓慢。显然,乡村教育事业需要注重根基,稳步发展,逐渐繁荣。乡村教育发展中办学条件和师资力量是关键,没有强大的经济基础,没有一支强大的教师队伍,乡村教育就很难发展。实践经验表明,坚持中国共产党领导下的群众办学,培养本土教师,是稳定乡村教师队伍、快速扩大乡村教育规模、保障乡村教育质量的有效策略。

三、改革开放和社会主义现代化建设新时期的乡村教育繁荣与衰退（1978—2012 年）：达成大国办好乡村义务教育的伟大使命

　　党的十一届三中全会以后,党中央对教育工作做出一系列新的决策,教育领域经过"拨乱反正",教育事业得到恢复。在学校数量上,大规模缩减学校,撤并不合格的村办学校,原来下放到民办的公社小学也恢复到公办。同时,农村基础教育的重心重新转移到普及和提高中小学教育任务上。改革开放和社会主义建设初期,党和国家反复抓普及小学教育工作,多数农村地区已基本普及小学教育。1981 年,农村小学为 85.8 万所,占小学总数的 96%,学生人数为 12 467.4 万人,占小学在校总人数的 87%;农村小学毕业生升入初中的升学率已达到 61.9%。[①] 1980 年 12 月,中共中央、国务院在《关于普及小学教育若干问题的决定》中明确指出,要在 80 年代全国基本完成普及小学教育的任务。1983 年,中共中央、国务院发出的《关于加强和改革农村学校教育若干问题的通知》提出,全国应力争在 1990 年前基本普及初等教育,并制定普及初等教育的规划和措施。[②] 这一时期,国家采取多种渠道筹措办学经费的措施,鼓励社会各方和个人自愿捐资农村办学,缓解了乡村学校办学条件差、办学经费不足的问题。乡村小学采取灵活多样的办学形式,学制五年、六年并存,并可

---

　　① 中华人民共和国教育部.共和国教育 50 年 1949—1999[M].北京:北京师范大学出版社,1999:264.

　　② 《中国教育年鉴》编辑部.中国教育年鉴 1985—1986[M].长沙:湖南教育出版社,1988:989.

实施高低年级分段;还可以开办多种形式的简易小学或教学组,包括半日制、隔日制、巡回教学等;在分散、偏远地区除适当增加教学点外,还办一些寄宿学校。在办学规模和数量上,"文革"结束后到 20 世纪 80 年代中期,乡村学校数量有所精简。1976 年,乡村小学为 82 万所,到了 1985 年,乡村小学为 76.6 万所,比 1976 年减少了6.6%,全国平均每 0.8 个村庄有一所小学。① 学校布局基本还是以"村村有小学,乡乡有初中"为原则。这一阶段,扭转了"大跃进"时期和"文革"时期盲目办学而导致教学质量下滑的不利局面,农村办学条件得到改善。

　　20 世纪 80 年代中期以后,随着我国由农业社会向工业社会转化,乡村社会向城镇社会转化进程的推进,大批剩余劳动力从农村流向城市。我国城镇建设得到重视和发展,村庄数量开始减少。加上我国计划生育政策的深入推进,人口出生率逐年下降,学龄人口呈逐年下降趋势。在这种情形下,我国开始第一次进行乡村中小学的布局调整,据统计,从 1985 年到 1996 年,我国乡村小学的总数从 76.6 万所②减少到 53.52 万所③。这一时期撤并学校的主要目的是合理布局学校,有效利用教育资源。这一时期也是我国乡村教育体制改革的关键期。1985 年,中共中央做出的《关于教育体制改革的决定》指出,实行九年义务教育,实行基础教育由地方负责、分级管理的原则。1986 年,第六届全国人民代表大会第四次会议通过的《中华人民共和国义务教育法》规定:"义务教育事业,在国务院领导下,实施地方负责,分级管理。"④这就以法律的形式确定了"地方负责,分级管理"的办学原则,强化了地方教育部门的办学责任,形成了"县办高中,乡办初中,村办小学"的局面。农村义务教育管理体制进入了"乡镇化时代"。⑤ 为了让适龄儿童有书读,各地政府努力发动群众集资修建校舍,基本上做到乡村小学教育的基本普及。但是,这种"分级办学"的农村义务教育管理制度主要依赖于向农民征收教育费附加和进行教育集资来维持教育运转,县乡政府拨款较少,实际上也加重了农民的负担。

　　2001 年,国务院发布《关于基础教育改革与发展的决定》。该决定明确指出要"因地制宜调整农村义务教育学校布局",从而掀起了全国"撤点并校"的热潮,我国正式开始大规模"撤点并校",乡村学校以惊人的速度急剧减少。随着乡村学校的大

---

① 毛礼锐,沈灌群.中国教育通史 第 6 卷[M].济南:山东教育出版社,1989:422.
② 《中国教育年鉴》编辑部.中国教育年鉴 1985—1986[M].长沙:湖南教育出版社,1988:10.
③ 《中国教育年鉴》编辑部.中国教育年鉴 1997[M].北京:人民教育出版社,1997:127.
④ 顾明远.中国教育大系:20 世纪中国教育(一)[M].武汉:湖北教育出版社,2015:2271.
⑤ 白亮,张竞文.农村学校布局变化三十年的制度原因分析:基于农村基础教育投入管理体制的观察[J].教育发展研究,2014(10):45-49.

规模布局调整,大量乡村学校和教学点从村庄撤离,一些"新问题""新难题"逐渐显现,如有些地方的工作出现"一刀切"情况和运动式推进形式,脱离实际情况撤并学校。2006年,教育部出台了《教育部关于实事求是地做好农村中小学布局调整工作的通知》,通知对农村中学布局调整进行纠正,强调:农村小学和教学点的调整在保证学生就近上学的前提下进行,交通不便的仍须保留小学和教学点,防止过度调整造成失学、辍学和上学难问题。虽然有政策保障,但依然不能改变乡村学校数量减少的趋势。2010年,国家发布的《国家中长期教育改革和发展规划纲要(2010—2020年)》指出,要推进义务教育均衡发展。此后,乡村学校逐渐从追求规模效益走向质量效益的发展道路。2012年8月,国务院办公厅颁布的《国务院办公厅关于规范农村义务教育学校布局调整的意见》要求抵制盲目撤并农村义务教育学校,农村义务教育学校的布局调整"运动"才基本结束。据国家统计局统计,从2001年到2011年,我国小学数量由62.88万所减少到24.12万所,初中数量由6.47万所减少到5.40万所,全国一共减少了39.83万所学校,而其中绝大多数为乡村学校。①

在大规模调整学校布局的同时,农村教育投资和体制也进行了重大改革。2001年我国执行农村税费改革,不再向农民征收教育费附加,农村教育的资金减少。为了巩固农村税费改革的成果,有效管理农村义务教育,2001年6月,国务院指出,农村义务教育实行"在国务院领导下,由地方政府负责、分级管理、以县为主的体制"。这一政策要求县级人民政府承担农村义务教育主要财政支出,但由于投入机制不健全,农村义务教育的投入普遍减少,难以保障乡村学校的办学条件。各地政府通过乡村学校的撤并来优化教育资源配置,改善农村教育质量,同时也是为了便于管理,减轻财政负担。从此,"一村一校"的时代悄然过去,乡村学校逐渐远离农民日常生活,渐渐消失在广袤的乡村大地。

总体而言,这一时期的乡村教师队伍逐渐趋于稳定,民办教师业务培训加强,师范教育获得发展,从业资格制度进一步规范。教材日益丰富,课程逐渐增多,教学形式趋于稳定,但乡村教育"城市化"已见雏形。农民子女入学率不断上升,乡村儿童普遍接受九年义务教育。这一阶段以完成乡村基本教育保障为首要任务,并进行了一系列有益的探索。在中国共产党领导下,中国乡村教育实施从"普及教育"到"义务教育"的"两步走"战略,实现了大国办好教育目标。通过分步走的改革步伐,能够有效保障经费支出,特别是能够保障教育快速发展同时对质量提升的需求。这一

---

① 原始数据来源于国家统计局《中国统计年鉴1999》以及《中国统计年鉴2012》,数据经处理而成,小数采用四舍五入法。

时期在乡村教育保质保量推进过程中显示出来的又一经验是,狠抓乡村教师队伍建设,完善教师资格制度,创造条件提升和保障教师队伍整体质量,是保障乡村教育质量提升的重点工程。但是,这一阶段城乡教师差距逐渐拉大,乡村教师面临新的生存困境,教师队伍补充困难;乡村学校教学质量不高,课程改革对乡村教学影响不深;乡村学生流动愈加频繁,留守儿童教育成为新的挑战,寄宿制学生生活与学习问题引起关注。当然,高校的扩招以及国家助学贷款的完善,对于乡村学生来说上大学已经不再是难题,他们可以通过自己努力进入理想的高校。但是盲目撤并乡村学校,实行"县级财政主要负责"的教育经费投入保障制度,进一步降低了乡村教育资源保障水平,从而加快了乡村教育的衰落。这一时期的乡村教育主要培养的是"跳农门"的人才,这一方面为加快我国城市化进程提供了教育基础,同时也加快了乡村教育的衰退。显然,乡村教育如果不为乡村培养人才,乡村社会就难以发展,乡村只能不断走向没落。总之,21 世纪第一个十年里的乡村学校教育衰落历程启示我们,在越来越复杂的教育情境之下,继续坚持实事求是和因地制宜的乡村教育政策显得非常必要。

四、中国特色社会主义新时代的乡村教育振兴（2012 年至今）：为乡村学生提供公平而有质量的教育

2012 年 11 月 8 日,中国共产党第十八次全国代表大会在北京顺利召开,中国特色社会主义进入新时代。党的十八大以来,习近平总书记着眼实现中华民族伟大复兴历史使命,站在实现"两个一百年"奋斗目标的战略高度,对百年未有之大变局进行深刻分析,围绕新时代培养什么样的人,怎样培养人和为谁培养人的教育根本问题进行探索,发表系列论述,对中国乡村教育发展影响深远。近年来,我国在办人民满意的教育、实现教育强国方略、全面实现教育均衡发展等方面取得重要成就。乡村教育在党的十八大之后也取得了重要的突破。2012 年,《国务院办公厅关于规范农村义务教育学校布局调整的意见》的出台,持续十几年的乡村中小学"撤点并校"有了刹车之势,农村义务教育学校布局进入"后撤点并校时代"。党的十八大以来,出现了一些新的乡村教育发展导向,比如新型城镇化背景下的乡村教育问题、城乡义务教育一体化发展问题、乡村教育振兴问题、互联网与乡村教育相融合研究等热

门话题。① 目前,部分乡村地区已经开始重新思考和调整乡村学校结构和布局,并对确有必要保留的教学点予以恢复,全面实现乡村教育振兴的战斗已经悄然打响。

党的十八大以来,城乡义务教育均衡发展得到极大关注,城乡义务教育一体化发展逐渐实现。这得益于党和国家的高度重视和一系列有针对性的乡村教育政策的颁布和有效实施。为解决因农民流动而增强的优质教育需求和"城挤、乡弱、乡空"的城乡教育二元现象,2015 年 11 月,国务院发布《关于进一步完善城乡义务教育经费保障机制的通知》,要求教育经费投入重点向农村义务教育倾斜。2016 年 7 月,国务院发布《关于统筹推进县域内城乡义务教育一体化改革发展的若干意见》,该意见指出,要努力办好乡村教育,补齐乡村教育短板,到 2020 年,城乡二元结构壁垒基本消除,义务教育与城镇化发展基本协调。该意见的出台对乡村教育质量提升起到重要的促进作用。为更有效地提高乡村学龄儿童入学率,全面实现国家义务教育均衡发展,2017 年 7 月,国务院办公厅发布《关于进一步加强控辍保学提高义务教育巩固水平的通知》,进一步落实农村学校教育质量和改善乡村学校办学条件。针对学生上学远、上学难的问题,2018 年 4 月,国务院办公厅印发了《国务院办公厅关于全面加强乡村小规模学校和乡镇寄宿制学校建设的指导意见》,其主要目标是到 2020 年基本补齐这两类学校短板,满足教育教学和提高教育质量实际需要,基本实现县域内城乡义务教育一体化发展,为乡村学生提供公平而有质量的教育。②

然而,乡村学校日渐"脱离"乡村,成为"村落中的城市"。城镇化进程的加快,乡村社会边缘化与乡村文化虚化日益明显,乡村学校失去乡村的依托,城市化趋向日益明显且教育质量难以保证。针对乡村教育存在的问题,党和国家高度重视,并推动一系列教育政策,为乡村教育保驾护航。2018 年 9 月 10 日,全国教育大会在北京召开。大会指出,要坚持改革创新,坚持教育公平,推动教育从规模增长向质量提升转变,促进区域、城乡和各级各类教育均衡发展,以教育现代化支撑国家现代化。2019 年 2 月,中共中央、国务院印发的《中国教育现代化 2035》指出,要积极推动各级教育高水平高质量普及。特别是以农村为重点提升学前教育普及水平,提升义务教育巩固水平,健全控辍保学工作责任体系。2019 年 7 月,中共中央、国务院发布

① 欧阳修俊.新中国成立 70 年乡村教育研究回顾与思考[J].现代远程教育研究,2019(2):11-22.

② 国务院办公厅关于全面加强乡村小规模学校和乡镇寄宿制学校建设的指导意见[EB/OL].(2018-04-25).http://www.moe.gov.cn/jyb_xxgk/moe_1777/moe_1778/201805/t20180502_334855.html

《关于深化教育教学改革全面提高义务教育质量的意见》。该意见指出,推进义务教育薄弱环节改善与能力提升,重点加强乡村小规模学校和乡镇寄宿制学校建设,打造"乡村温馨校园";加快消除城镇大班额,逐步降低班额标准,促进县域义务教育从基本均衡向优质均衡发展。这些政策对乡村教育的关注,特别是教育脱贫攻坚战中对乡村教育的极大关注和帮扶,进一步促成了乡村教育的复兴与繁荣。乡村振兴战略的实施也将进一步促进乡村教育的振兴与发展。

在这一时期,党和国家制定一系列乡村教师支持计划,努力培养"下得去,留得住,有作为"的乡村教师,建设出了一支高质量的乡村教师队伍。互联网+乡村学校教学改革取得成效,教学质量得到改善。总体而言,这一时期的乡村教育从"衰退"转向"被关注"的"繁荣"。党和国家高度重视乡村教育发展,积极推动全面乡村教育振兴。特别是义务教育均衡发展的检查与验收,彻底推动中国乡村教育进入全新时代,不仅保障了乡村学校高质量的硬件教学资源,保障了全部乡村学生有学上,而且保障了乡村教师队伍的基本稳定。但是乡村教育发展问题非一日之功可及。留守儿童教育问题仍然需要得到极大关注,如何让乡村小规模学校变得"小而美"并且"温馨",如何保障乡镇寄宿制学校学生营养健康和生活照顾问题等都是当前需要继续探索的问题。乡村小规模学校和乡镇寄宿制学校发展仍然面临着质量挑战,乡村教师队伍稳定和综合能力提升问题仍然是当前需要解决的核心问题。

认真分析和总结全国乡村教育发展百年历程,意在以全国宏观视角,回顾广西这一区域乡村教育之变,做到在历史宏观视角看区域历史发展,从区域历史发展看国家社会兴盛。广西乡村教育百年发展离不开全国乡村教育发展的历史大背景,广西乡村教育百年发展也是全国乡村教育发展的重要组成部分。以国家发展脉络为依据,以广西视角看乡村教育,有其普遍性,亦有其独特经验。当然,从中国共产党领导的中国乡村教育发展百年历程来看,没有中国共产党就没有中国乡村教育的发展与繁荣,乡村教育事业必须坚持党的绝对领导,才能保持正确的发展方向和发展进程。广西乡村教育的百年历程正是在坚持中国共产党领导下,才得到发展与繁荣。从中国共产党领导的中国乡村教育发展百年历程来看,要实现大国办好乡村人民满意的教育之目标,就必须坚持党领导下的教育制度改革,走实事求是、稳步前行、逐级提升的发展道路。广西乡村教育正是在坚持教育制度改革,坚持实事求是的基础上,得以稳步发展和逐级提升。回顾中国共产党领导的中国乡村教育百年四个阶段的发展规律来看,当下我国乡村教育正处在非常有利的"复兴"阶段,"十四五"期间将是乡村教育发展的又一"黄金时期"。2021年也是广西乡村教育新征程的起点,在这个重要的历史时间节点上,合理规划和优先布局广西乡村教育,将会促使广西乡村教育顺利实现现代化新目标。当然,乡村教育发展受挫的历史经验也告诉我们,"大跃进式"的办乡村教育、走"城市化"的乡村教育路线等脱离乡村社会和乡村文化的乡村教育都是得不到发展的。完善乡村教育体制机制是乡村人才振兴的制度基础。① 乡村教育是基于乡村场域的教育,是乡村人的教育,其办学目标归根结底是促进乡村发展。因此,未来的乡村教育需要坚持服务乡村振兴,坚持为乡村社会培养具有乡村文化基因的社会主义建设者和接班人。

---

① 贺祖斌,等.广西乡村振兴战略与实践:教育卷[M].桂林:广西师范大学出版社,2019:总序3.

★ 目 录

第一篇
新民主主义革命时期广西乡村教育发展

（1919—1949）

　　1919 年五四运动开启了中国新民主主义革命的新篇章。中国共产党在新民主主义革命时期剧烈社会矛盾的冲突中，在中国人民反抗封建统治和外来侵略的激烈斗争中，"把实现共产主义作为党的最高理想和最终目标"[①]。在中国共产党的领导下，众多仁人志士加入中国革命浪潮，以不同形式参与新民主主义革命斗争。在教育领域也掀起了"文字下乡"的教育革命。在爱国主义教育家的关心与支持下，中国乡村学校历经艰难探索，获得长足发展。20 世纪二三十年代，一大批新式学校在乡村兴办，中国乡村教育迎来第一个发展时期。特别是在革命根据地，中国共产党组织农民积极开展乡村教育实践，提高了学龄儿童的入学率，成人教育和妇女教育得到有序发展，广西亦如是。爱国人士雷沛鸿为广西乡村教育发展做出了巨大贡献，广西左右江革命根据地乡村教育事业的发展为广西新民主主义时期的教育发展确定了基本方向。但是总体而言，新民主主义革命时期由于内忧外患的国情，广西乡村教育一度发展缓慢。当然，即便是在异常艰苦的情况之下，广西乡村教育仍取得一定发展，为新中国成立后的乡村教育发展提供了可借鉴的实践经验。

---

　　① 习近平:决胜全面建成小康社会　夺取新时代中国特色社会主义伟大胜利——在中国共产党第十九次全国代表大会上的报告 [EB/OL]. http://www. 12371. cn/2017/10/27/AR-TI1509103656574313.shtml.2017.

第一章

新民主主义革命时期广西乡村教育发展历程

　　新民主主义革命时期,广西处于新旧式教育交替之际,推行壬戌学制,推动私塾改良,建设新式学堂。普通中学数量有所增加,职业学校开始设立,教会学校呈发展之势。1915—1921 年,广西战争频发,教育发展受到极大影响。1924 年前,省财政支出的教育经费每年仅 30 余万元,但就是如此少的经费也没有真正用到教育上[①],教育经费短缺,学校校舍、设备简陋,校舍多为茅舍草房或庙宇祠堂。总体而言,1925 年以前广西重武治、轻教育,乡村教育发展缓慢。

　　大革命中后期,广西重视教育,设规定制,加大教育经费投入,注重基础教育发展。1924 年,广西提出推行义务教育计划,然而,因时事之变故,计划未得实施。广西统一之后,政府励精图治,整顿省务,构建教育行政体系,制定地方教育法规、教育督导制度,筹措教育经费,根据"三自政策"(自卫、自治、自给——笔者注)原则,提出"建设广西,复兴中国"的口号,推行"四大建设"(政治建设、经济建设、军事建设、文化建设——笔者注),制定和实施义务教育,创办幼稚园,重视小学教育,调整改造中等教育,初步开展社会教育,开办"特种部族教育"。抗日战争爆发后,广西在日寇尚未入侵之前,成为黄炎培、陶行知、费孝通、竺可桢等大批著名学者、进步人士的内迁之地,他们的到来推动了广西教育事业的发展。在此背景下,广西教育方针的实施也有所侧重,比如重视职业技术教育。在前期积累的教育基础之上,广西教育取得进步和发展,乡村教育亦迈向新的阶段。

　　1929 年百色起义和 1930 年龙州起义开辟了左右江革命根据地,左右江革命根据地是中国共产党在广西建立的重要的农村革命根据地。党和苏维埃政府为了培育革命人才,依据党的纲领、章程,制定根据地的教育方针、政策和任务,发展普通教育、党政教育、农民教育、平民教育,推进了广西乡村教育事业的发展,在广西教育史上留下了浓墨重彩的一笔。

---

　　① 张声震.壮族通史:下册[M].北京:民族出版社,1997:1058.

一、新民主主义革命时期广西乡村普通教育

(一) 乡村学前教育

广西乡村学前教育是由私塾以及幼稚园构成。广西私塾依据教授内容可分为蒙馆和经馆,蒙馆以识字教育和基础知识教学为主,它包括家塾、族塾、村塾、义学,经馆则是教授"四书五经"。据柳城文史资料记载,在国民学校尚未成立前,几乎每个乡、村都曾开设私塾,鼎盛时期最少有 200 个乡村馆点,如以每馆 30 人计,就有 6 000 左右的学童在私塾接受文化教育。[①] 私塾一般设立在人口较为稠密的大村庄或由邻近乡村联合主办,学生来自本乡镇和相邻乡镇。如在 1944—1947 年,柳城县凌准乡伦甲村大伦屯开设 1 所私塾,教师叫黄锦堂,学生来自凌准、龙临、三合等乡镇,在校学生 60 余人,教风学风良好。[②] 私塾使用的教材一般是《百家姓》《千字文》《三字经》《幼学琼林》《唐诗三百首》等。[③] 私塾设备简陋,教学条件极差,教学方法注重灌输、背诵、训练,讲课以教师讲解为主,学生自学为辅,每日课程由塾师安排,私塾学费由学子承担,或米或钱。

表 1-1　龙胜《杨氏家塾日课表》

日次	一 六	二 七	三 八	四 九	五 十
早晨	点读三次	点读三次	点读三次	点读三次	点读三次
早餐					
餐后	习寸楷一百字	习寸楷一百字	习寸楷一百字	习寸楷一百字	习寸楷一百字
上午	讲鲁经	讲诗经	作文	讲书经	讲鲁经
午餐					
下午	背诵温习	背诵温习	背诵温习	背诵温习	背诵温习
傍晚	讲唐诗	吟诗	讲试帖	吟诗	吟诗
晚餐					
夜读	温习	讲习文	温习	温习	温习

资料来源:广西壮族自治区地方志编纂委员会.广西通志:教育志[M].南宁:广西人民出版社,1995:62.

[①]　中国人民政治协商会议柳城县委员会文史资料研究委员会.柳城文史资料:第 3 辑[M].1989:38.

[②]　靖西县县志编纂委员会.靖西县志[M].南宁:广西人民出版社,2000:616.

[③]　黄向辉.近代广西私塾改良探研[D].桂林:广西师范大学,2010.

私塾特点在于"私"，义学则带有公共的特性。一般设在祠堂、寺庙等公共场所，由地方富绅、富户出资主持，教学内容以启蒙为主，延请名师，具有公益性。例如富川瑶族自治县著名义学恕堂书屋位于葛坡镇深坡村（今书屋尚存），由蒋登云资助建立，学董制健全，建立基金会，以解决贫家子弟上学问题，书屋自 1860 年延至 1924 年，历时 64 年。①虽然当时广西极力推进私塾改良，然而，私塾仍不断地设立，从清末到 1934 年开展普及国民基础教育运动前的这段时间，"是历史上私塾发展比较快的时期"②，直到解放后，私塾才逐步停办。

广西幼稚园发展起始附设在教会小学，后多数设在条件较好的城镇小学。广西幼稚园数量从 1930 年的 4 所发展到 1945 年的 57 所。③ 各县依据 1922 年颁布的《学校系统改革方案》、1932 年《幼稚园课程标准》、1936 年《广西国民基础学校学龄前教育办法》和 1939 年《幼稚园规程》，中心校设幼儿班，乡镇设幼稚园。抗日战争全面爆发后，广西境内幼稚园发展遭到破坏。如平南县在 1937 年春季，开始实施幼儿教育。当年有城厢幼稚园，大安、武林、六陈、平山、福寿、寺面、白马、丹竹、思旺、平政、镇西、旺官等中心校各附设幼儿班 1 班，共 17 班，583 人。到 1931 年，城厢、大安、思旺、丹竹、官成、平山幼稚园各一所，共 12 班，518 人。抗日胜利后，幼稚园只有城厢、大安两所。④ 农村和城镇街道的办园形式，多数是半日制或季节性的。幼稚园教师多数是由小学教师兼任，其薪资与小学教师相同。教学内容方面，在 1936 年以前广西没有统一的教材，一般是教师讲自编故事和玩游戏；之后，幼稚园的教育内容和课程一般有升旗、故事会、国语、算术、习字、常识、图画、自然、演讲、唱游。抗日战争时期，广西注意结合时事编写幼儿教材对幼儿进行抗日爱国教育。⑤ 幼稚园的校舍多在祠堂、庙宇或者旧房，后依据《广西国民基础学校学龄前教育办法》，幼稚园的设备有所改善。例如柳城县凤山镇和大埔镇有风琴，但和小学共用，凤山还有米老鼠单人课桌椅。⑥ 最终大多数幼稚园因经费困难，不得不停办。

---

① 富川瑶族自治县志编纂委员会.富川瑶族自治县志[M].南宁：广西人民出版社，1993：511.

② 蒙荫昭，梁全进.广西教育史[M].南宁：广西人民出版社，1999：222.

③ 蒙荫昭，梁全进.广西教育史[M].南宁：广西人民出版社，1999：366-367.

④ 平南县志编纂委员会.平南县志[M].南宁：广西人民出版社，1993：695.

⑤ 广西壮族自治区地方志编纂委员会.广西通志：教育志[M].南宁：广西人民出版社，1995：116-117.

⑥ 柳城县志编辑委员会.柳城县志[M].广州：广州出版社，1992：353.

(二) 乡村小学教育

1925 年之前的广西,军阀混战,政局不稳,影响了小学教育的发展。1925 年之后,广西当局高度重视教育,在诸多进步人士以及著名教育家雷沛鸿的帮助下,小学教育快速发展。1933—1940 年的国民基础教育运动,在时任教育厅厅长雷沛鸿以及诸位教育界人士的推动下进行,基本实现了每个乡镇都设有国民基础学校,90%的行政村(街)设有国民基础学校。① 抗日战争期间,日寇入侵广西,广西乡村小学的校舍、设备等都遭到严重破坏。

20 世纪 20 年代中期以前,广西乡村小学教育发展还十分落后,之后雷沛鸿提出整顿全省乡立小学,乡村小学教育逐步发展起来。1929 年蒋桂战争爆发,广西的教育发展因此受到影响。1931 年,广西颁布《广西省推行义务教育计划概要》,提出各地根据乡村实际情况,学龄儿童入学方式可采取入正式学校 4 年修完初级小学课程或入正式学校 1—3 年后改入补习学校、夜校等继续完成初小课程。② 20 世纪 30 年代初期,乡村小学教育虽然得到一定的发展,但是仍有不少乡村没有开办小学。比如在 1933 年,全省 99 个县共 25 494 个行政村街,其中 12 640 个村街有小学,12 854 个村街未办有小学,未办有小学的村街占 50.4%。文化教育比较发达的桂林、邕宁、郁林(今玉林)3 县的情况是:桂林县共 807 个村街,有小学的 334 个村街,未办有小学的 473 个村街,未办有小学的村街占 58.6%;邕宁县共 759 个村街,有小学的 428 个村街,未办有小学的 331 个村街,未办有小学的村街占 43.6%;郁林县共 751 个村街,有小学的 419 个村街,未办有小学的 332 个村街,未办有小学的村街占 44.2%。文化教育比较落后的百色、凌云、西隆(今隆林各族自治县)3 县的情况是:百色县共 130 个村街,有小学的 36 个村街,未办有小学的 94 个村街,未办有小学的村街占 72.3%;凌云县共 354 个村街,有小学的 89 个村街,未办有小学的 265 个村街,未办有小学的村街占 74.9%;西隆县共 168 个村街,有小学的 33 个村街,未办有小学的 135 个村街,未办有小学的村街占 80.4%。③ 1933 年后广西开始推行国民基础教育运动,各县开始加强国民基础学校建设。以乐业县为例,据《乐业县志》记载:"县金库拨款 648 元,在乐业乡的九利、打鲁、六维、黄种、曹逢、书香村各创办国民基础学校 1 所。将皈里村初等小学改为皈里村国民基础学校(秋后改为新化乡中心国民基

① 广西壮族自治区地方志编纂委员会:广西通志:教育志[M]. 南宁:广西人民出版社,1995:127.

② 蒙荫昭,梁全进.广西教育史[M]. 南宁:广西人民出版社,1999:361.

③ 蒙荫昭,梁全进.广西教育史[M]. 南宁:广西人民出版社,1999:362-363.

础学校),设高小、初小各 1 个班,学生 100 多人,附设成人班,学员 80 多人。同期,县拨款 408 元(国币),在板洪、乐谷、白皈、达存、平寨、同志、努力等村设立国民基础学校。将甘田乡初级小学改为甘田街国民基础学校(秋后改为甘田乡中心国民基础学校),设高小、初小各 1 个班,学生 90 多人,附设成人班 1 个班,学生 80 多人。县拨款 528 元(国币),在九福、达道、甲龙、下福、达平、龙吉村设立国民基础学校。将逻沙乡里仁村初等小学改为国民基础学校(秋后改为逻沙乡中心国民基础学校),设高小、初小各 1 个班,学生 50 多人。县拨款 526 元(国币),在山洲、逻瓦、龙南、塘英、陇头、全达、大汉、太平、党雄、大平、黄龙、瑶山、龙盘村设立国民基础学校。将雅长乡想里初等小学改为国民基础学校(秋后改为雅长乡中心国民基础学校),设初小、高小各 1 个班,学生 60 多人。县拨款 346 元(国币),在花岩、寨雅、运赖、南干村设立国民基础学校。将幼朗乡幼平村初等小学改为国民基础学校(秋后改为幼朗乡中心国民基础学校),县拨款在扁利、百朗、百中、达心、百安、渡良、三那村设立国民基础学校,设高小、初小各 1 个班,学生 80 多人,附设成人班 1 个班,学员 60 多人。县拨款 408 元(国币),乡自筹 120 元(国币),在民权、民友、个马、上亭、下亭、三庄村设立国民基础学校。[①]

在土地革命时期,广西相继颁布《广西普及国民基础教育令》《广西各县实施强迫教育办法》,规定:(1)每个行政村街设立国民基础学校(初级小学)1 所,居民密集相距不过 1.5 公里者,可数村联合设立。因山川阻隔不便集中施教者可设分校;(2)每个乡镇设中心国民基础学校(完全小学)1 所,因财力或其他原因经省政府批准,可由邻近的乡镇联合设立;(3)乡镇中心国民基础学校所在地的村街国民基础学校,并入中心国民基础学校办理;(4)适龄儿童一律免费强迫入学,8 足岁至 12 足岁的儿童须受两年的基础教育,有条件的可入中心国民基础学校继续就读,13—18 岁的失学者须补受一学年的短期基础教育,有条件的可读满两年,18—45 岁的失学成人,须学习 6 个月,结合民团训练完成补充识字教育;(5)山岭重叠,住户稀散的乡村,儿童不便集中一校施教者,由当地国民基础学校巡回辅导。[②] 每个乡镇设有中心国民基础学校,乡长兼任校长,而村设有国民基础学校,村长兼任校长,同期进行的私塾改良也壮大了广西小学教育。1925—1934 年间广西小学数量如表 1-2 所示。

———————————

①　乐业县志编纂委员会.乐业县志[M].南宁:广西人民出版社,2002:479.

②　广西壮族自治区地方志编纂委员会:广西通志:教育志[M].南宁:广西人民出版社,1995:129-130.

表 1-2　1925—1934 年间广西小学数量统计表

年份	1925 年	1926 年	1927 年	1928 年	1929 年	1930 年
小学数量/所	7 809	6 192	6 360	6 952	8 893	10 702
年份	1931 年	1932 年	1933 年	1934 年	1935 年	1936 年
小学数量/所	12 595	13 175	14 839	18 313	22 066	21 780

资料来源:广西壮族自治区地方志编纂委员会:广西通志:教育志[M].南宁:广西人民出版社,1995:132-133.

20 世纪 20 年代初期,多数乡村小学校舍或被占用,或是没有,或是教室与宿舍合一,或是利用庙宇,形形色色,不一而足。自推动国民基础教育运动之后,省政府规定国民基础学校校舍应以庙宇、祠堂、民房为主,如若没有,乡镇村街长应设法修建。随后,广西各县掀起了建校高潮,有力出力,有钱出钱,许多村街建立了自己的小学,但因财力有限,学校办学条件能达标的较少,有的连风雨也难遮蔽。教室设备也极为简陋,学生自带板凳或与他人共用,桌椅质量不佳。

新民主主义革命时期广西小学办学形式主要有公立和私立两种,其学制前期较为繁杂,1922 年新学制规定小学实行"四二"学制,即初级小学 4 年,高级小学 2 年,总体上一直沿用至解放后。小学课程一般是以 1928 年时任中央政府颁布的《小学暂行条例》规定的课程为主,即三民主义、公民、国语、美术、历史、地理、卫生、自然、乐歌、体育、童子舞、图画、手工,此为初级小学课程;高级小学课程外加职业科目。[①]一些乡村小学的课程并不完全按照这个规定,如《大新县志》提道:"课程设置,一至四年级主课为国语、算术、常识;五年级主课为国语、算术、自然、社会。"[②]平南县各乡村小学课程,初小课程有修身、国文、算术、图画、唱歌、体操 6 科;高小课程有国文、修身、算术、中国历史、中国地理、自然、手工、图画、唱歌、体操 10 科。实施国民义务教育之后,村国民基础学校课程为语文、算术、音乐、体育、图画 5 科。乡中心国民基础学校课程为语文、算术、公民、历史、地理、自然、劳作、音乐、图画、体育 10科。[③] 这一时期,农村小学生特别是贫困县乡小学生,能读完整个小学的很少,中途辍学者有之,仅读初级小学者亦有之。

---

① 教育年鉴编纂委员会.第二次中国教育年鉴:第 2 册[M].台北:文海出版社,1986:29.
② 广西壮族自治区大新县志编纂委员会.大新县志[M].上海:上海古籍出版社,1989:355.
③ 平南县志编纂委员会.平南县志[M].南宁:广西人民出版社,1993:696

小学教师基本源于原书院、私塾的塾师和师范讲习所毕业生,不足部分从社会上招收,有的乡村学校的教师由县府分配,中心校教师由校长聘请。乡村小学教员的学历比较低,大多是中学毕业或肄业,较少有师范学校毕业的。乡村小学教师授课方式注重注入式,未经师范训练,不懂新式知识。在薪资待遇方面,省立、县立小学比乡立、村立小学高,山村小学最低,只有1—5元(国币)。① 广西的教会小学亦有所发展,但较少设在农村。1921年天主教在桂林二塘长兴村设立了夏华初级小学校,1922年在修仁县(今荔浦市)江洲村办有培育小学校。② 教会学校的建立主要是为了扩大教会势力,企图实现文化殖民。

图1-3　抗战时期天宝县小学教师薪资

单位:元(国币)

级别	一	二	三	四	五	六	七	八
中心小学	200	180	160	140	130	120	110	100
村国民小学	160	140	130	120	110	100	90	85
级别	九	十	十一	十二	十三	十四	十五	十六
中心小学	90	85	80	75	70	65	60	55
村国民小学	80	75	70	65	60	55	50	45

资料来源:德保县志编纂委员会.德保县志[M].南宁:广西人民出版社,1998:520.

(三)乡村中学教育

1912年政府颁布《中学校令》等条例,提出将中学堂改为中学校,然而,当时军阀混战,时局动荡,中学教育发展缓慢。新桂系统治广西之后于1926年和1928年召开会议,经过两次会议,制定《广西今后教育改进方案》,提出发展中学教育。③ 1936年省政府颁布《广西国民中学办法大纲》,规定国民中学以县立或数县联立为原则,未办有中学的县要创办1所国民中学。④ 1936年乐业县联合田西、西隆、西林

① 蒙荫昭,梁全进.广西教育史[M].南宁:广西人民出版社,1999:365.
② 蒙荫昭,梁全进.广西教育史[M].南宁:广西人民出版社,1999:336.
③ 广西壮族自治区地方志编纂委员会:广西通志:教育志[M].南宁:广西人民出版社,1995:199.
④ 广西壮族自治区地方志编纂委员会.广西通志:教育志[M].南宁:广西人民出版社,1995:202.

3 县在田西(今田林县潞城)成立国民中学 1 所。乐业县政府派黄元忠为代表参加建校筹备委员会。1937 年国民中学在田西县的百鹿屯临时校舍正式上课。① 在新民主主义革命时期,省政府规定,高中以省办为主,初中以县办为主,广西中学的类型有初级中学、高级中学、完全中学、国民中学,办学形式分为公立和私立两种。广西乡村中学大多以初级中学为主,主要设在乡镇,比如 1943 年,在博白县龙潭、沙河分别创办县立龙潭初中和沙河初中,各招生 2 班。同年,又在东平创办东平国民中学。② 还有私立初中,如 1945 年博白县凤山区车田乡黄、曾、李、宋等姓捐田租 700余石,创办私立车田初中。③

　　1925 年之前广西中学学制实行中学四年制,之后全国改行壬戌学制,将中学分为高中和初中,各三年,称之为"三三制"④,分春秋制招生。1912 年至 1925 年期间,各地初中的课程基本依照教育部的规定,将课程分为公民、历史、地理、国语、外国语、算学、自然、图画、手工、音乐、体育、生理卫生。⑤ 新课程按 1932 年教育部颁布的《中学课程标准》设置。初中设有公民、国文、英语、历史、地理、算学、物理、化学、动物、植物、体育、卫生、劳作、图画、音乐,共 15 门;高中设有公民、国文、英语、中国历史、外国历史、中国地理、外国地理、算学、物理、化学、生物、体育、卫生、军事训练、伦理、图画和音乐,共 17 门。⑥ 1925 年之后,广西尤为重视公民训练和军事训练,极力灌输"三民主义"。大多数乡村中学因经费缺乏,设备简陋,理科实验无法进行,更注重文科教育。高中设置在市区,远离山村,乡村初中毕业生要去上高中,路途遥远,特别是边远山区。

　　乡村中学教师主要来源于原中学堂的科教员、简易师范班毕业生、高中毕业生、小学教师。合浦县对中学教员任职资格进行了限定。高级中学教员:(1)教育部认可之外国大学本科毕业者;(2)国内师范大学、大学本科、高等师范学校毕业后有一年以上之教学经验者;(3)国内专科学校或专门学校本科毕业后有二年以上之教学经验者;(4)曾任高级中学教员五年以上,经督学视察认为成绩优良者;(5)有价值的专门著述发表者。初级中学教员:(1)具有高级中学教员无试验检定规定资格之一者;(2)国内外大学本科、高等师范本科或专科毕业者;(3)国内外专科学校或专

①　乐业县志编纂委员会.乐业县志[M].南宁:广西人民出版社,2002:484.
②　博白县志编纂委员会.博白县志[M].南宁:广西人民出版社,1994:823.
③　博白县志编纂委员会.博白县志[M].南宁:广西人民出版社,1994:823.
④　平南县志编纂委员会.平南县志[M].南宁:广西人民出版社,1993:699.
⑤　蒙荫昭,梁全进.广西教育史[M].南宁:广西人民出版社,1999:328.
⑥　张声震.壮族通史:下[M].北京:民族出版社,1997:1070.

门学校本科毕业后有一年以上之教学经验者;(4)与高级中学程度相当学校毕业后有三年以上之教学经验,于所任学科确有研究成绩者;(5)曾任初级中学教员五年以上,经督学视察认为成绩优良者;(6)具有精练技术者专(适用于劳作科教员)。① 乡村中学教师教学方法主要是以讲授法为主,之后也慢慢开始注重启发式教育。教师的薪资实行薪金制和谷米代金制,有时实行薪金制,有时实行谷米代金制。薪金制分11级,最高320元(国币),11级160元(国币)。乡村中学教师薪俸略高于小学教师,但时局动荡,物价上涨,货币贬值,政府拖欠,使得教师生活十分清贫。据1946年的《象中生活》报道,象县初中教职员因"今年粮价飞涨,加以月下二、三两月生活费因库空如洗迄今而未领获,教职员已告断炊,全赖在学生膳下腾挪"。②

抗日战争爆发后,日寇两次入侵广西,迫使许多城镇中学疏散到偏远乡村开展教学。1944年昭平县国民中学疏散到北陀乡开办。③ 日寇入侵桂西南之际,南宁私立尚实中学、广西省立龙州中学、龙州私立元春中学和崇善师范学校,曾先后搬到大新县下雷、龙门、安平、桃城、恩城办学,抗日胜利后才迁回原址。④ 抗战期间,广西仍然推行国民基础教育,实行国民中学制,将抗战救国作为重要教学内容。

二、新民主主义革命时期广西乡村专业教育

(一)乡村中等师范教育

随着私塾改良的推进,新式学校已逐步进入乡村社会,然而新式教育理念蕴含着西式思想,与乡村文化迥异,进而导致新式乡村学校扎根乡村社会艰难。陶行知批评当时的教育有五大缺失,即"依赖天工""沿袭陈法""率任己意""仪型他国""偶尔尝试"。⑤ 探求中国式教育便成为有识之士之所求,乡村社会便进入他们的视野之中。国家所托命运之师范教育,是绝不容国人所忽视的,⑥在此国情之下,师范教育得以推动。此外,当时国内陶行知、梁漱溟、晏阳初等爱国教育家发起的乡村教

---

① 合浦县志编纂委员会.合浦县志[M].南宁:广西人民出版社,1994:640.

② 象州县志编纂委员会.象州县志[M].北京:知识出版社,1994:574.

③ 昭平县志编纂委员会.昭平县志[M].南宁:广西人民出版社,1992:456.

④ 广西壮族自治区大新县志编纂委员会.大新县志[M].上海:上海古籍出版社,1989:358.

⑤ 华中师范学院教育科学研究所.陶行知全集:第1卷[M].长沙:湖南教育出版社,1984:93−95.

⑥ 华中师范学院教育科学研究所.陶行知全集:第1卷[M].长沙:湖南教育出版社,1984:645.

育运动和国家层面推行的普及教育运动①，也为广西乡村师范教育发展起到积极推动作用。

　　1925年之前，广西师范教育发展缓慢。教育部实行"师范区制"，将全国划分为6个高等"师范区"，广东和广西设有两广优级师范学堂，各省依据自身情况设立省立师范学校。广西当时有三个省立师范学校和一些县立师范讲习所，主要培养小学教师。1918年，凌云县劝学所设短期教员养成所，前后2班，学生毕业后皆充任初小校长兼教员。② 新桂系掌权后，推行义务教育，义务教育的普及不限于城镇，更是深入广大乡村社会。1927年广西省政府颁布《广西省师范讲习所规程》、1928年颁布《广西省立师范学校组织大纲》，要求各县设立师范讲习所，经费不足的县可合办，加强中等师范教育。③ 此时县讲习所主要是培养乡村小学教师。1928年灵山县群众办学热情高涨，乡村小学越办越多，儿童入学读书者日益增加，师资来源缺乏，复办师范讲习所，作为培训小学师资的基地。所址设在县城文庙（今县委大院内）。讲习所为县办公立学校，学制2年，使用教育部审定的初级师范教材。学生毕业后可受聘为小学教员。讲习所办学2届，第一届招生90人，至次年秋，省教育厅批准讲习所立案时，以学额超指标为由，经考试裁减30人。1931年末，讲习所停办。④ 同时，乡村师范讲习所还承担着培训乡村小学教师的责任，但他们未经师范专业训练，对训教之事知之甚少。

　　广西教育整体发展带来经费的增加，本已贫穷的广西更是无力负担，因此，师范教育整改势在必行。省内各师范学校、县讲习所开始重组或停办，乡村师范或附设于中学简易师范班，或附设于省立师范专科学校乡村师范班，或存于特种教育师资训练所等。20世纪30年代，广西关注师范教育问题。1931年的《广西教育今后实施纲领》、1933年的《广西省国民基础师范学校办理规程》，提出注重乡村教育师资问题，培养乡村教师以及乡村基层干部。在此期间，教育界就师范教育是否独立设置曾有争论。有的认为应将师范合并入高级中学，有的认为应重设师范学校，与高中合并会淹没师范的专业特质。⑤ 1932年，全省仅4所县立乡村师范，县办师范讲

　　① 苏刚.民国时期乡村师范教育制度变迁研究[D].长春：东北师范大学，2015.

　　② 凌云县志编纂委员会.凌云县志[M].南宁：广西人民出版社，2007：759.

　　③ 蒙荫昭，梁全进.广西教育史[M].南宁：广西人民出版社，1999：374.

　　④ 灵山县志编纂委员会.灵山县志[M].南宁：广西人民出版社，2000：1062.

　　⑤ 韦善美，马清和.雷沛鸿文集：上册[M].南宁：广西教育出版社，1989：178.

习所 35 所;1936 年县立简易师范 12 所,短期师范 8 所。[①]

师范教育逐渐衰弱,直至《国民教育实施纲要》颁布,广西加大教育经费投入,广西师范教育迎来新发展。县设简易师范学校和县中附设师范班,各县自主招生,师范生一律实行公费,毕业后均须回原籍服务 3 年。[②] 县立的中等师范学校招生对象基本为小学和中学毕业生,学制 1—4 年不等。灵山中学简易师范班招生对象为初中毕业生,学制 1 年,课程大体与简易师范学校开设的科目相同,任课教师由灵山中学教师兼任,行政管理由灵山中学负责;简易师范学校招简师班,学制 4 年(1947 年起改为 3 年),招生对象为小学毕业生或具有同等学力者;师范学校招简师班、简科班、高师班,学制 3 年,招生对象与简易师范学校简师班相同。[③] 灌阳县基础师资训练班,招收对象为高小毕业生,学制 1 年;简易师范科招生对象为国民中学毕业生,学制 1 年。[④] 无论何种类型师范班的学生,均需进行教学实习,时间足够的则需要下乡实习 1 年。教学内容是大量关于乡村行政方面的知识,课程设置为公民、卫生、国文、算术、地理、历史、植物、动物、化学、劳作、美术、音乐、工艺、农业及实习、水利概要、农村经济及合作、教育概论、教育心理、小学教材及教学法、教育测验及统计、乡村教育、小学行政实习等。[⑤]

(二)中职教育

抗日战争爆发前,广西中等职业教育发展较慢,虽因中华职业教育社成立,全国开始开展职业教育,但是大多成效不显著。1925 年后,广西提出发展职业教育,比如北流、苍梧等县开办职业学校,但蒋桂之战又迫使职业学校停办。职业学校大多设在城市,较少由县城设立。县办的职业学校因其自身条件的限制,大多是昙花一现。陆川县于 1912 年,在原蚕业学校校址开办农业学校,而在 1913 年,迁至考棚东偏关帝庙,最后因经费不继于 1914 年停办。[⑥]

20 世纪 30 年代前的职业教育奠定了之后职业教育发展的基础。广西 1932 年在《职业学校法》和《职业学校规程》等法令的推动下,修订《广西省今后施政纲领》,表明职业教育的重点应是农业教育和省内需要的工业教育。职业学校分为初级和

---

① 蒙荫昭,梁全进.广西教育史[M].南宁:广西人民出版社,1999:375.
② 蒙荫昭,梁全进.广西教育史[M].南宁:广西人民出版社,1999:461.
③ 灵山县志编纂委员会.灵山县志[M].南宁:广西人民出版社,2000:1062.
④ 灌阳县志编办公室.灌阳县志[M].北京:新华出版社,1995:558.
⑤ 李彦福,黄启文,莫雁诗,等.广西教育史料[M].南宁:广西人民出版社,1990:493.
⑥ 陆川县志编纂委员会.陆川县志[M].南宁:广西人民出版社,1993:712.

高级,以培养青年生活知识与技能为目的,实施六项训练。① 之后制定的《改进全省教育方案》更系统完整地提出发展职业教育的计划。关于职业教育的主要内容有以下 5 条:(1)发展职业教育是为了发展社会生产力;(2)职业教育应以解决衣食住行为具体目标,同时发展职业教育要有助于发展商品生产;(3)职业教育要联合有关部门统筹规划,建设相关职业研究协会用以研究职业教育,促进职业教育发展;(4)职业学校的课程设置以实际相关知识为主,理论为辅,教学方法理论与实际合一;(5)多层次、多种形式办学。② 在此规程之下开始办职业学校,广西职业教育得到了较快的发展。但其发展速度和规模有限,经费、师资、设备等难以解决,而且分布不合理,省办居多,大多集中在城市及市郊,这种情况持续到 40 年代亦无大改变。③ 虽说如此,但中等职业教育亦是有办在乡镇的,比如灵山县伯劳乡的地方绅士杨华座、杨景明等,出于培养当地农业初级技术人才以及解决本乡小学毕业生升学和就业困难的目的,于 1945 年创办灵山县私立弘农初级农业学校,以群众捐钱捐谷和拨公尝租谷 4 000 多斗作为办学经费,改建伯劳乡枫木埇杨姓斌余祠作为校舍。入学对象为本乡及邻乡的小学毕业生,学制 3 年。这所学校的课程内容主要包括:文化知识课与初中基本相同,农业技术课有稻作改良、园艺学、造林、土壤、肥料、畜牧等学科。④

　　课程设置方面,职业学校成立之初,没有统一标准,直至 1934 年才有统一标准。"初级职业学校分五种。每种又分设各科:(1)初级农业学校,分普通农作(稻、棉、麦作物等)、蚕业、森林、畜牧、养殖、园艺等科。(2)初级工业学校,分藤竹工、木工、钣金工、电镀、简易机械工、电机、电气制置及修理、钟表修理、汽车驾驶及修理、摄影、印刷、制图、染织、丝织、棉织、毛织、陶瓷、简易化学工业等科。(3)初级商业学校,分普通商业簿记、会计、速记、打字、广告等科。(4)初级家事学校,分烹饪、洗濯、造花、缝纫、刺绣、理发、育婴、佣工等科。(5)关于其他初级职业学校,视地方需要酌量设立。高级职业学校分五种,每种又分设各科:(1)高级农业学校分农业、森林、蚕桑、畜牧、水产、园艺等科。(2)高级工业学校分机械、电机、应用化学、染织、棉织、毛织、丝织、土木、建筑、测量等科。(3)高级商业学校分银行、簿记、会计、速记、保险、汇兑、运输等科。(4)高级家事学校分缝纫、刺绣、看护、助产等科。(5)关于

① 熊明安.中华民国教育史[M].重庆:重庆出版社,1997:141.
② 蒙荫昭,梁全进.广西教育史[M].南宁:广西人民出版社,1999:376-377.
③ 钟文典.20 世纪 30 年代的广西[M].桂林:广西师范大学出版社,1993:761.
④ 灵山县志编纂委员会.灵山县志[M].南宁:广西人民出版社,2000:1064.

其他高级职业学校,视地方需要酌量设立。"①职业学生以不收费为原则,私立职业学校需要收费。初级职业学校学制为 1—3 年,招收小学毕业生或有相关职业经验者,高级职业学校招收小学毕业生和初级中学毕业生及有相关经验者,学制分别为 3 年、5 年或 6 年。

三、其他类教育
(一)成人教育

在 1912—1949 年,广西成人教育大体可分为通俗教育时期、平民教育时期、民众教育时期、成人班教育时期。② 成人教育的主要目的之一就是提升国民识字率。通俗教育形式主要有通俗教育演讲所、简易识字学校、补习学校等,通俗教育演讲所直至 1928 年还有 70 余所。通俗教育演讲所巡回各乡村演讲,演讲的主要内容是启示引导国民,改良社会。③

新民主主义革命之前广西文盲率颇高,多为农村文盲。1927 年广西省颁布《广西平民学校标准》,令各县办平民学校,大多附设在村内小学,学习时间为一两个月不等,④主要利用日间或夜间上课,课程以读书、习字、珠算为主,教材有《百家姓》《千字文》《农民补习课本》,少有独立办平民学校的。⑤ 广西政府为推行平民教育加大经费支出,例如西林县"县城定安和那劳等地兴起办农民夜校的热潮"⑥,组织失学农民学习文化,但广西当时百废待兴,财政困难,平民教育没有取得预期效果,仅仅是恢复和整顿原有机构。1929 年,省政府颁布《民众学校办法大纲》(下简称《大纲》),推行民众教育,附设民众学校,因战争直至 1931 年省政府再次推行。《大纲》规定民众教育招收文盲、半文盲入校,不分男女,不收学费,学制 4—6 个月,由乡村教师兼任或是聘具备中等学校毕业资格者为教师,薪资每月 10 元至数元(国币),课本是部颁《三民主义千字课本》。⑦ 当时国家高度重视推行国民识字运动,统划专门教育经费,成立民众教育委员会,负责民众教育工作。各县市区开始设立民众学校,开展民众教育,合浦县区立民众学校分别设在上洋乡马江村、均安乡泥江村、石康

① 熊明安.中华民国教育史[M].重庆:重庆出版社,1997:145.
② 谭肇毅.桂系史探研[M].北京:中国文史出版社,2005:254.
③ 隆安县志编纂委员会.隆安县志[M].南宁:广西人民出版社,1993:558.
④ 蒙山县志编纂委员会.蒙山县志[M].南宁:广西人民出版社,1993:496-497.
⑤ 柳城县志编辑委员会.柳城县志[M].广州:广州出版社,1992:363.
⑥ 西林县地方志编纂委员会.西林县志[M].南宁:广西人民出版社,2006:843.
⑦ 谭肇毅.桂系史探研[M].北京:中国文史出版社,2005:257

圩、白沙圩及十一区小学校内,教学形式分为全日制、半日制或间日制。① 民众学校主要分布在经济发达、交通便利的地区,很少在山区。开办民众教育馆是广西当局推行民众教育的又一举措。1932 年省教育厅公布《各县市普设民众教育馆大纲》,令各县筹办民众教育馆,管理民众教育工作。民众教育馆以农村民众为对象关注乡村发展,注重教育和劳动的结合,并努力使民众相互帮助,形成集体思维。

广西在推行民众教育之时,又在举办民团。民团后备队作为军事力量储备,省政府对此高度重视。1932 年,广西省政府颁布《民团后备队补习教育方法》及实施细则,兼实施识字教育,教材内容有农村民众生活知识,教员津贴由县政府支付,辅导员由每村派人担任。出于拉拢乡绅势力的目的,广西开办民团干部学校和民团干部训练队,选择乡镇受过中等教育者培训,受此教育者多为乡绅后代。

在开展国民基础教育期间,成人教育是以成人教育班的形式而存在的。1934 年省政府颁布的《广西普及国民基础教育六年计划大纲》、1935 年颁布的《广西国民基础学校办理通则》和《广西各县实施强迫教育办法》、1936 年的《非常时期成人教育方案》和《广西成人教育实施办法》对成人教育班的宗旨和成人教育做了详细的规划。各县以此制定相应的规则和办法,比如天等县在抗日战争初期,各乡村小学附设成人班,规定凡 16 岁以上 45 岁以下未受过教育者均须参加。② 博白县发布了《博白县实施成人教育办法》,规定凡失学成人应组织中队或小队,村长任中队长,甲长任小队长,由队长对队员上课情况进行管理,不遵循者处以警告、罚金 1 元(国币)、罚金 3 元(国币)、3 日以上 15 日以下拘役。③ 西林县的夜校成人教育以乡村公所所在地为主,依据村屯的稠密度来设班轮流上课,年龄在 18—45 岁的男女均被强迫参加学习,违者罚款或劳役。课本采用省教育厅编印的教材,学制两个月。后来,县政府组织一批专职成人教育教师到乡村开展工作,而后又由当地小学教师和识字较多的乡村公职人员兼课,教材以《成人识字课本》为主。④ 有些乡村有私人设立的成人补习学校,如苍梧县石桥镇培中村的培聪补习学校,⑤广西当时成人教育班以及成人教育发展迅速,为国民基础教育运动的开展提供助力。1939 年广西推行成人教育年,是年颁布《广西省成人教育年实施方案》,成立成人教育推行委员会,主管成人教

①　合浦县志编纂委员会.合浦县志[M].南宁:广西人民出版社,1994:637.
②　天等县志编纂委员会.天等县志[M].南宁:广西人民出版社,1991:382.
③　博白县志编纂委员会.博白县志[M].南宁:广西人民出版社,1994:836.
④　西林县地方志编纂委员会.西林县志[M].南宁:广西人民出版社,2006:843.
⑤　苍梧县志编纂委员会.苍梧县志[M].南宁:广西人民出版社,1997:639.

育工作。[①] 组织成人教师队伍,奔赴乡镇施教,省政府拨付经费,免学费收 18—45 岁成人,分初、高级施教。[②] 一系列举措方针颁布后,刺激了成人教育的发展,然而,农村中许多成人仍是文盲,说明成人教育未达到预期之效果。[③] 自成人教育年推行之后,广西成人教育日渐衰落,特别是日寇侵袭广西之后,许多成人班停办。抗战胜利之后,广西政府继续推行成人教育,要求各乡镇所在村街开办成人班,后因内战以及经费的原因成人教育发展停滞。

(二)特种部族教育

特种部族教育起因于 20 世纪 20 年代至 30 年代间的苗瑶民动乱,广西决心以文化教育的方式促成汉民族与少数民族和谐发展,因此就有了特种部族教育。特种部族教育前身为苗瑶教育,1928 年广西省教育厅制定"苗瑶教育计划",意在对少数民族推行教育,"苗瑶"只是对广西各少数民族的统称。[④] 1932 年,广西制定《广西各县苗瑶民户编制通则》,规定凡苗瑶的乡村,都要设立特种学校。1933 年广西省政府颁布《广西特种教育实施方案》(下称《方案》),次年成立广西特种教育委员会,负责特种教育工作。1935 年颁布的《广西国民基础学校办理通则》规定,在少数民族地区,以乡村为单位设置学校。乡村学校从 1933 年《方案》实施时的 88 所,到 1937 年的 688 所,再到 1947 年的 727 所,"特种部族"区域乡村学校飞速发展。[⑤]

特种部族教育的学制,依据年龄段,实施分段接受教育,选择儿童教育与成人教育合一的双轨制,覆盖广西少数民族各个年龄段,达到濡化的目的。教学内容依据少数民族自身的生活编撰乡土教材,教学方法采取直观式和双语教学,最初是双方语言不通,只能采取直观式教学由浅入深地讲解,后在教学时以少数民族语作为工具来解释。在未实施特种部族教育之前,教学工作由汉族教师担任,但多数教师不愿去边远地区,而且由于语言不通,教学质量普遍较差,之后教师担任者主要是少数民族教师。他们的工资大多跟其他各级各类学校教师工资相同,但有的村小学以谷

---

① 桂平市教育局.桂平县教育志[M].南宁:广西人民出版社,1995:124.

② 陆川县志编纂委员会.陆川县志[M].南宁:广西人民出版社,1993:713.

③ 谭肇毅.桂系史探研[M].北京:中国文史出版社,2005:263.

④ 李天雪.义务教育与少数民族国家认同构建:基于民国时期广西"特种部族教育"的思考[J].黑龙江民族丛刊,2011(6):108-111.

⑤ 梁彩花.新桂系"特种部族教育"评析[J].广西民族学院学报(哲学社会科学版),2006(2):177-180.

米代金,如金秀瑶族地区各村大都如此,有些工资高于其他类学校,比如东兰瑶寨小学。① 特种部族教育主要之一即特种教育师范教育,由此而设立了特种教育师资训练所(简称"特师所")以及师范讲习所、简易师范、国民中学附设苗族特别班。"特师所"后改名为桂岭师范学校,一直延续到解放后。特种教育师范教育的宗旨是濡化少数民族,其学制设置灵活,依据学生的实际文化程度而设置相应的修习年限,课程内容设置既合国家之需,又合少数民族教育之实。"特师所"毕业的少数民族毕业生一般会被分配回原籍当小学教师或乡村长,薪资待遇较低,甚至要依靠家里帮助。都安瑶族自治县在 1940 年就选派 25 名少数民族青年到桂岭师范学校学习,毕业后回本地任教。②

　　小学教育也是特种部族教育的重要组成部分。在 20 世纪 20 年代之前,修仁、平南等县的一些乡村开办过少数民族小学。1931 年广西当局在大瑶山聚居的罗香和横冲开办少数民族小学。1933 年颁布的《广西特种教育实施方案》结合此时开展的国民基础教育运动,使得广西少数民族地区乡村普设国民基础学校。特种部族区域各初级小学一律改称国民基础小学,高级小学改称国民中心基础小学。抗日战争末期,日军侵入特种部族县城,迫使县城学校停办或转移至山区乡村或在山区重新办校。融水县洞头的甲放、高岜两村先后办起了学校,香粉、安泰、和睦小学得以复课,此外洞头经本地乡绅多方筹措,以外籍教师为骨干,于 1946 年成立了安泰乡第二中心小学。③ 少数民族地区校舍十分简陋,多为茅棚草房,村国民基础学校多设在乡公所,教学设备短缺,教学质量普遍比较差。

四、教育经费

　　战乱和当局政府的经费投入不足都是阻碍广西教育向前发展的主要因素。广西当局鉴于前政府的前车之鉴,于 1926 年成立广西造币厂、广西银行,统一两广货币,1927 年开始整顿全省财政税收,④通过增加税收来保障教育经费的投入以促进

　　① 广西壮族自治区地方志编纂委员会:广西通志:教育志[M].南宁:广西人民出版社,1995:631.

　　② 都安瑶族自治县志编纂委员会.都安瑶族自治县志[M].南宁:广西人民出版社,1993:678.

　　③ 融水苗族自治县地方志编纂委员会.融水苗族自治县志[M].北京:生活·读书·新知三联书店,1998:542.

　　④ 张吴斌.新桂系统治初期广西教育经费研究(1926—1937 年)[D].桂林:广西师范大学,2017.

教育的良性发展,进而实现"建设广西,复兴中国"之目的。1925年后,广西学校办学经费实行分级制即省立学校经费由省拨给,县立学校由县政府拨给,区立学校由区筹捐,私立学校由校董事会筹集。[①] 省教育经费支出中包括教育行政、高等教育、中等教育、职业教育、社会教育,[②]不包含初等教育,由此鉴之,初等教育需要县乡镇结合、乡村自筹。各县教育经费来源于学费、田地租、房屋租、附捐、杂收、公款等,部分学校有校产即田租、塘租、网箔地租,屠场租、市场租、铺屋租、牧鸭垌租,渡租、浮桥租、花生牛头租、盐秤租、灰窑租等,[③]在学校经费不足之时需要地方自筹。私立学校的教育经费主要来源于学生缴的学费,创办人和乡绅也捐助部分。[④]

　　新民主主义革命时期,广西各县的教育经费开支由专门的管理机构管理,如劝学所。除县立模范小学由公款支付外,各乡小学经费自筹,县款只补助些许。[⑤] 广西乡村小学的办学经费主要来源于学费及各乡自筹,县补助较少。省政府历来对中等教育非常重视,经费投入基本维持在40%—45%,比如1931年的45.9%,1932年的46.8%,1933年的39.81%。[⑥] 由此可见,乡村中等教育的投入主要以公款为主。税收是当时广西教育经费的主要来源,比如在推行义务教育期间,规定先地方征收二成粮赋作为义务教育经费。[⑦] 在普及国民基础教育期间,各县执行《广西国民基础学校办理通则》中的规定,各县基础学校除校长生活费由县支付外,其余的由乡镇筹措、县补助。此外原则上规定学校不得收取学费,但经费困难的村街学校仍然收费。广西当时在推行国民基础教育运动期间,村街国民基础学校筹集经费的办法:一是移用原有校产,包括原有学款、公产、公款、庙产等;二是由村街长通过征集民工、借用土地举行公耕,将其收入拨充基金;三是由学校与村公所主持垦荒造林,以其收入拨充基金;四是向群众集资募捐,发动群众献工献料、捐资助学;等等。[⑧]

　　教育经费的支出主要分为教职工薪资、学校基础设施、日常办公杂费,中等教育经费的支出则多了项奖助支出。广西当局教育经费投入整体上促进了广西各级各

① 合浦县志编纂委员会.合浦县志[M].南宁:广西人民出版社,1994:644.
② 李彦福,黄启文,莫雁诗,等.广西教育史料[M].南宁:广西人民出版社,1990:313-317.
③ 合浦县志编纂委员会.合浦县志[M].南宁:广西人民出版社,1994:644.
④ 博白县志编纂委员会.博白县志[M].南宁:广西人民出版社,1994:844.
⑤ 柳城县志编辑委员会.柳城县志[M].广州:广州出版社,1992:366.
⑥ 张吴斌.新桂系统治初期广西教育经费研究(1926—1937年)[D].桂林:广西师范大学,2017.
⑦ 蒙荫昭,梁全进.广西教育史[M].南宁:广西人民出版社,1999:348.
⑧ 蒙荫昭,梁全进.广西教育史[M].南宁:广西人民出版社,1999:349.

类教育的发展,民众受教育率提高,由此推动的国民基础教育在一定程度上为广西教育奠定了基础,尤其是在国民基础教育运动期间,全省绝大部分的乡镇和行政村街设立了中心国民基础学校和国民基础学校,这也是各乡村筹措经费的优势体现。但也有不足之处,如乡村教育经费支出结构不合理,教师工资整体偏低甚至生活无法保证,乡村中等教育中职业教育支出低,等等。

五、教育科学研究

(一)乡村学校教学研究

新民主主义革命时期,广西乡村学校针对教学开展的研究状况各有不同。大多数乡村学校没有正常开展教学研究活动,比如富川瑶族自治县1941年后中心学校附设专职辅导员,负责辅导各村校的教学工作,然而,未开展正常的教学研究活动。[1]当然也有些县乡积极开展教学研究,如天保县政府设有劝学、视学、导学、督学等人员指导学校的教学工作,教学和教研工作均由上一级决定。[2] 据《乐业县志》,在新民主主义革命时期,乡中心小学负责对本级国民基础学校的教学工作进行辅导。1937年,各区、乡中心国民基础学校全体教职员组成辅导会,分别担任村国民基础教育辅导工作。每学期在中心校定期举行一两次教师辅导会议,总结教学情况,研究教学方法和其他办学问题,上各科教学演示课。[3] 在此时间段,广西乡村学校整体上教学研究开展情况比较一般,只有少数县乡能够较为完整地进行。

(二)教育研究院

广西教育研究会成立虽久,但大多组织较为松散,正式组织是1933年广西决心开展国民基础教育运动时,在雷沛鸿建议下于南宁津头村成立的广西普及国民基础教育研究院,这是当时第一个正式教育研究科学机构。《广西普及国民基础教育研究院组织大纲》中规定了该院的宗旨、目标和任务。该院的教育活动和教学活动,主要包括以下几个方面:一是实验推广,建立一个以津头村为中心,辐射周围20个村和两个街的实验中心,进行国民基础教育研究。二是学术研讨和培训工作,采取兼容并包、博采众长的方式,邀请江苏教育学院、上海职业教育社等,建立一个学术园地。三是进行教育立法工作。普及国民基础教育期间,制定诸多教育规章制度是极

① 富川瑶族自治县志编纂委员会. 富川瑶族自治县志[M]. 南宁:广西人民出版社,1993:534.

② 德保县志编纂委员会. 德保县志[M]. 南宁:广西人民出版社,1998:517.

③ 乐业县志编纂委员会. 乐业县志[M]. 南宁:广西人民出版社,2002:493.

其必要的,先后起草了《广西普及国民基础教育六年计划大纲》《广西普及国民基础教育令》《广西各县实施强迫教育办法》《广西国民基础学校办理通则》《广西普及国民基础教育指导区规程》《广西省表证中心校设置办理及组织规程》《广西国民基础学校学龄前教育办法》。四是编辑出版课本,组织了国民教育课程委员会,专门研究课程问题。① 该院历时三年,力图通过夯实国民基础教育的基础以促进广西政治、经济、军事、文化四方面的建设,然而,因广西当局对进步人士的猜忌而不得不停止,不可谓不是个遗憾。

六、广西左右江革命根据地教育

土地革命时期,中国共产党在广西开辟的左右江革命根据地,是一块重要的农村革命根据地。大革命时期,左右江地区民众在韦拔群的带领下,开展农民运动,创办农民运动讲习所,开办平民教育,兴起新式教育运动,掀起反帝反封建的革命斗争高潮。左右江根据地建立后,党和苏维埃政府十分重视教育事业,因时因地,制定相应教育方针、政策、任务,比如1929年《中国红军第七军目前实施政纲》提出“实行平民教育,发展识字运动”的方针。1930年初,《中国红七军司令部政治部布告》进一步明确提出“提高文化,普及教育,劳动儿童,免费入学,推翻旧礼教,创造好风俗”的原则。② 同时,党和苏维埃政府制定如免收工农子弟和劳动青年的教育费用、各民族平等以及男女平等等原则,来保证根据地教育方针的实施。各县乡苏维埃政府依据此方针政策开展教育工作。虽然后因国民党军队的“围剿”使得根据地丧失,但根据地的平民教育切实促进了广西教育的发展。

文化教育事业对于政权建设极为重要。在革命根据地兴办文化教育事业,是党和苏维埃政府推行农民教育的重要举措。建设劳动小学为传播新文化、新思想提供平台,主要招收贫苦农民子弟入学,免学费,教材使用《工农兵识字课本》,除了学习文化知识外,还进行政治宣传。当时有名的小学有东兰县劳动小学、西山弄京劳动小学、龙州县第一完全小学,而在少数民族聚居的地区,各乡村都建立起了初级劳动小学。③ 在少数民族地区的初级劳动小学,开设了国文、算术、音乐、革命史四门课

① 中国人民政治协商会议广西壮族自治区南宁市委员会文史资料研究委员会.南宁文史资料:1989年第1辑总第8辑[M].政协广西壮族自治区南宁市委员会文史资料研究委员会,1989:83-92.
② 田东县志编纂委员会.田东县志[M].南宁:广西人民出版社,1998:678-679.
③ 张声震.壮族通史:下[M].北京:民族出版社,1997:1079-1080.

程,要求学生在学习中要做到"六会":会写(懂文化),会讲(懂宣传党和苏维埃政府的主张及政策),会唱(懂唱革命歌曲和山歌),会打仗(懂军事常识),会劳动(懂基本生产技能),会做人(懂慰问烈军属和为老人办事)。[①]

农民运动讲习所是爱国进步青年为了实现救国救民的理想抱负而建立的。最早是韦拔群、陈伯民在东兰县创办的农民运动讲习所。一批批爱国青年志士在此学习后,星火燎原般去其他地方兴办讲习所。如黄志峰在1925年进入韦拔群创办的农民运动讲习所学习后,于1926年在田州镇维新街开办奉议县第一期农讲所,后又在田州镇维新街小学开办第二期农讲所。[②] 开设课程有:中国民族革命史、社会学浅学、农民运动之理论、帝国主义侵略史、各国革命史、三民主义、农民协会章程,还讲授农民问题专刊和外地农民运动经验。[③] 教员没有工资,一般提供伙食。

平民教育运动兴起后,一些共产党人在左右江地区办平民夜校,以启民智、求解放为宗旨。农民夜校教材多种多样,有用已经编著的《农民识字课本》《千字本》,亦有自编的,教授内容包括国内外形势,农业知识,分析社会,启迪民智。此时期根据地教育运动为土地革命战争服务,结合生产劳动教育,注重民族团结,以及借助知识分子办教育的理念,有效推动了革命根据地乡村教育事业发展。1927年四一二反革命政变后,平民夜校随即夭折。

①　李彦福,黄启文,莫雁诗,等.广西教育史料[M].南宁:广西人民出版社,1990:609.

②　田阳县志编纂委员会.田阳县志[M].南宁:广西人民出版社,1999:651.

③　蒙荫昭,梁全进.广西教育史[M].南宁:广西人民出版社,1999:590.

第二章

新民主主义革命时期广西乡村教育人物思想

★ ★ ★

第一节　新民主主义革命时期广西乡村教育思想概貌

中国自古以来就是一个农业大国,农村的经济状况影响着整个国家的经济发展。辛亥革命后,中国的经济性质在根本上并没有发生改变,加上长期的军阀混战,外国入侵,社会动荡不安,人民流离失所,农村经济受到极大的破坏,农村经济开始急剧衰落。当时的先进知识分子关注到这种变化,从而开始思考和探究这一新的历史问题。

乡村教育思潮兴起于五四新文化运动时期,这种教育思潮在很大程度上受到西方国家重视乡村教育的思想及现象的影响,而这种影响是由当时出国留学归来的知识分子带来的。例如当时留美归来的陶行知、晏阳初等人就认为,中国要实行真正的教育,就是要从农村开始,占有中国绝大部分人口的乡村亟须改造。

正是在这种内忧外患的现实面前,大批深受"民主"和"教育救国"思想影响的教育工作者开始关注乡村教育。例如李大钊就曾发表文章提出,青年、知识分子在农村大有可为,不论是当农民耕地种田,还是成为乡村教师教授乡村的学生,因为"中国农村的黑暗,算是达于极点","农村的教育机关,不完不备",而"我们中国是一个农国,大多数的劳工阶级就是那些农民。他们若是不解放,就是我们国民全体不解放"[①]。乡村教育问题专家余家菊也在《乡村教育的实际问题》一文中,明确提出乡村教育较之都市教育更为重要,"都市教育固然要紧,然而中国大多数的人民都在乡村,如果不注重乡村教育,大多数的人民就没有受教育的机会。主权既在全体人民,教育又是立国根本,大多数的人民怎么可以不受教育呢?所以乡村教育是一

---

① 李大钊. 李大钊选集[M]. 北京:人民出版社,1959:146–149.

个重要的问题,并且较城市教育尤为重要"①。随后又有大批的乡村教育家进行了各种各样的乡村教育实践。以陶行知为代表的生活教育,以生活教育理论为基础,主张从根本上改造脱离乡村实际的乡村教育,建设适合乡村实际生活的"活的教育"。因此,陶行知大力提倡师范教育下乡,创办了试验乡村师范学校。以晏阳初为代表的平民教育则带领着两百多人的博士、专家、学者从北平迁到定县(今河北定州),然后运用科学的方法,对定县的地理、历史、政治、经济、教育等情况作了缜密的调查统计,并且进行了科学的分析和研究。最后,他们认为中国农村的众多问题中,最核心的是"愚、穷、弱、私"这四个社会病,并针对这四大社会病,进行了对症下药的乡村"四大教育"。以黄炎培为代表的职业教育,主张采取"富政教合一"的乡村改造方略,把"有饭吃"的教育放在首位,先以利益为杠杆将农民发动起来,再通过教育推广农业生产,组织村民自治。"富""政""教"三者并重,相互影响,教育是三方的枢纽。以梁漱溟为代表的乡村建设与教育,在山东邹平等地进行的乡村教育实验,主张中国的社会根本是乡村,近代以来文化失调所引起的"乡村破坏"造成了农民的精神破产。因此,必须从乡村的文化改造和建设入手,通过乡村教育来进行乡村建设,进而拯救中国。乡村建设派强调乡村教育对人格的培养,注重精神陶冶,启发学生主动为社会服务的责任心。

　　与此同时,广西不可避免地在各方面都深受当时全国大环境的影响。1925年广西再度统一,结束了长期混战的局面,这在客观上为广西的乡村教育营造了一个稳定的社会环境。因此,广西提出了诸如"三自政策"和"建设广西,复兴中国"的口号,1934年又推行了"四大建设"。这些政策的出发点本身不是教育,但在某种程度上却为教育服务。在此期间,广西委任了民主人士和进步教育家雷沛鸿主政全省教育事务,雷沛鸿根据广西的实际情况,制定了一系列切实可行的教育计划和政策,改造了各级各类教育,使广西教育得到了前所未有的发展,这其中,当然也包括了广西乡村教育的发展。

第二节　雷沛鸿的乡村教育思想

一、雷沛鸿乡村教育思想产生缘起

　　辛亥革命之后,废除科举、改革学制,兴办新式学堂,但这些新式学堂几乎都远

---

① 余家菊.乡村教育的实际问题[J].少年中国,1922(6):30.

离乡村,且和广大人民及群众生活没有什么关联。当时,我国绝大多数的人民都不识字,至于民主政治、产业革命、科学技术,可谓离得更远。有识之士看到这种强烈的反差,为了矫枉,相继提倡职业教育、平民教育、乡村教育、生活教育、民众教育……20世纪二三十年代,中国的乡村被动地卷入了教育改革实验的热潮,这种教育改革的热潮,既给当时的乡村教育带来不少的迷茫,同时也为当时的乡村教育带来了新的生机。

20世纪30年代的广西,可以说是这个积贫积弱的国家里几乎最落后的区域,广西的乡村情况就更为严重。而由雷沛鸿主持并推行的普及国民基础教育运动,却在广西一省之地全面铺开,并取得了一定成就。究其原因,20世纪20年代以降,特别是抗日战争爆发后,国内民族主义的兴起,以及广西政治、经济环境的相对稳定,加上雷沛鸿本人的经历,是雷沛鸿乡村教育思想形成的重要背景和条件。

20世纪20年代后,国家建设需要大量劳动力,这是造就雷沛鸿乡村教育思想产生的大环境。近代许多国家已经把教育视为劳动力再生产的手段。在近代中国,普及教育的客观必要性,除一般意义上的需要以外,还有其特殊意义上的需要,那就是民族生存的需要。从鸦片战争到"九一八"事变,民族危机加剧,如果人民还是"不识不知,顺帝之则",那是非常可怕的。因此,必须遵循孙中山的遗训,做好"唤醒民众"的工作,必须致力于普及教育的工作。雷沛鸿清醒且敏锐地意识到这一点。他总结道,我们生于今日之中国,"不消说,天灾人祸相逼而来,外患内忧交侵而至,前途荆棘可想而知,然而无论如何,我们的中华民族必定要生存,必定要保种,因之任何难关,我们必须打破。所以民族的生活力,就是我们的力量之策源地,从之,国民基础教育运动遂以导源"①。这就是说,"国民基础教育是为应付我们的民族生活之需要而产生;又为应付我们的社会变动之要求而产生"②。按照以上的观点,民族生活的需要和社会变动的需求当然不局限于广西这一个地方,而且势必涉及整个中国全境。

那么是什么原因致使国民基础教育运动能够在广西一省发生呢?按照雷沛鸿的说法,"这是由于本省所具有的社会条件,这又是由于本省所具有的社会力量"③。1931年5月28日,广州国民政府成立,广西因而赢得相对稳定的政治环境。不久,"九一八"事变、"一·二八"事变相继发生,为了巩固广西,积蓄力量,提出"建设广

① 韦善美,马清和.雷沛鸿文集:续编[M].南宁:广西教育出版社,1993:240.
② 韦善美,马清和.雷沛鸿文集:下册[M].南宁:广西教育出版社,1990:136-137.
③ 韦善美,马清和.雷沛鸿文集:下册[M].南宁:广西教育出版社,1990:136-137.

西,复兴中国"的口号。从1931年秋起,着手整顿广西的政治、经济、军事、文化。1932年3月,广西公布建设总方案《广西施政方针及进行计划》,提出自卫、自治、自给的"三自政策"。经过两年的整顿,社会趋向稳定,人民生活有所改善。1934年3月,广西出台《广西建设纲领》,其目的是整合各方社会力量,通过地方行政集权的建设来构建民族复兴的基础,再通过民团制度,组织人民,训练人民,培养人民自卫、自治、自给能力,从而奠定真正民主政治的基础。之后又采用政军教"三位一体"的乡村自治制度,为广西乡村教育发展创造了一定的社会条件。

在民族危亡之秋,广西当局也看到教育的作用。《广西建设纲领》中提到,要"实施适应政治、经济、军事需要的教育。国民教育、基础教育、强迫普及中等教育,注重职业、高等教育,注重人才之培养,中等以上学校实施军事教育。"1933年夏,广西再次邀请雷沛鸿回桂任职,这也说明广西对教育的重视。雷沛鸿说:"本省军政当局怵于国亡无日,早于四五年前,先人一着,锐意改革,力求建设;故乡父老昆弟,又复能体念此意,翕然景从。于是全体一心,以奠定本省建设之基础……这些都是极顺适的社会环境,在其中,国民基础教育实以产生。不宁唯是,年来广西民团编练已有显著成效,乡村组织已有长足进步,政治军事已有按部就班的进展。凡此种种,简约地说,广西全省民众已受动,而且在自动,这就是极有效的社会力量;依之,国民基础教育遂得以发轫而进展。"①

当然,推行乡村教育,与雷沛鸿本人的教育、工作经历息息相关,正是雷沛鸿本人的经历直接促成了其乡村教育思想的产生。

雷沛鸿四岁开始蒙学,五岁入私塾学习四书五经,十四岁入大馆拜莫炳奎为师。十二岁已经把《东周列国志》《三国演义》等看完,从大馆开始,雷沛鸿细心研读了《资治通鉴》《通鉴纪事本末》直到《明史》等史书。两广地区受到新思潮影响,废八股,改学策论,从而引起了学风和文风的改变。雷沛鸿尽可能地收集各种各样的图书进行阅读,以至于"只要看见书就抢来读,书店来了新书就抢来买,买不到就借来看,甚至借来抄"②。他不仅爱看书还爱思考,更爱辩论一些历史问题,常常和同学们争得面红耳赤。国家的前途,民族的命运,在不知不觉之间扎根于雷沛鸿的内心。大量传统国学经典的研读与思考,为其思想奠定了深厚的中华传统文化基础。

1902年,雷沛鸿开始辗转到广州求学,先后考入两广简易师范文科、广东高等学堂预科。在政治风气、学术风气浓郁的广州,雷沛鸿开始阅读大量革命书籍,如邹容

---

① 韦善美,马清和.雷沛鸿文集:下册[M].南宁:广西教育出版社,1990:6.

② 韦善美,马清和.雷沛鸿文集:下册[M].南宁:广西教育出版社,1990:595.

的《革命军》,陈天华的《猛回头》《警世钟》等,还有反清禁书《扬州十日记》《嘉定屠城记》等。也读过大量的西方文化译著,如马君武翻译的卢梭的《民约论》,严复翻译的亚当·斯密的《原富》、孟德斯鸠的《法意》等。受当时立场和主张各不相同的书报之间针锋相对的激烈辩论的影响,雷沛鸿开始为中国的出路进行自己的思考和探索。

辛亥革命后,雷沛鸿"不满于革命党人的官僚化及鲁莽决裂的革命论调,决意出国求知"[①]。从 1913 年去英国留学,到 1921 年从美国学成归来,他"先就读克里福学校攻读英文学,以后又转学美国,进入欧柏林大学研习政治学及教育学,继又入米诗根大学(即密歇根大学——笔者注)攻社会学及心理学,再考入著名的哈佛大学研究院研究政治学、教育行政学及法律哲学。经过这一段刻苦力学的努力,终于取得欧柏林大学文学士,及哈佛大学硕士学位"[②]。

长期的学习使雷沛鸿对当时世界上政治学、管理学、社会学及教育学的理论有较为深入的理解,为此后他从政治哲学及管理学的角度来理解中国的教育提供了重要理论储备。可以说,明确提出将儿童教育与成人教育合办,使学校教育与社会教育合流,并在一个省的范围内合力推行且卓有成效者,首推雷沛鸿。

他在《广西国民基础教育运动的时代使命》一文中说:"我们对于教育的基本概念是:教育是人民的权利,而非人民的义务,强迫而又免费的实施是政府的义务,而非政府的权利。唯其如是,我们的教育应具有三个特性:其一,是生长性(everlasting);其二,是普遍性(universality);其三,是现代性(modernity)。""可惜事实上现行教育所给予我们的具体事实恰恰与此相反。这是说,我们所需要的是大众化的教育,而现行教育却是为少数人而设施的教育;我们所需要的是生长性、普遍性、现代性的教育,而现行的教育却缺乏一贯的政策,形成特殊阶级性,抄袭他人,不能独立自主,不合社会和民众生活的需要。因此之故,中华民国对于现行教育有彻底改造的要求。"[③]从这里可以看出来,他回到广西办国民基础教育的主要动机是彻底改造当时现行教育,使之更符合当时广西社会发展和人民群众诉求的需要。

雷沛鸿也曾明确表示过:"国民基础教育不单是一种事业,也不仅是一种教育制度,我们是把它当作一种运动来看待。它本身自有力量,并联合社会各种力量,而造成一种伟大的运动。这种运动,在历史上有它的来源,有它的哲理根据,一方面导源

---

①　韦善美,马清和.雷沛鸿文集:下册[M].南宁:广西教育出版社,1990:478.

②　本刊记者.他的字典没有"消极":国民教育运动家雷沛鸿先生[J].邕宁教育,1948(2).

③　韦善美,马清和.雷沛鸿文集:下册[M].南宁:广西教育出版社,1990:3-5.

于中国教育思想,另一方面则导源于欧洲18世纪的哲学思想。"①可见,他的乡村教育思想是在丰厚的中西文化激烈碰撞和思辨之中孕育出来的。

二、雷沛鸿乡村教育思想的主要内容

雷沛鸿的教育思想是具有完整的体系性的,在现有的文献资料中,极其少见把雷沛鸿与乡村教育联系在一起,而是常见诸如"民族教育""民众教育""国民教育"等。但从其教育思想和实践来看,无论是教育对象,还是教育内容,抑或是施教的区域,都可以称之为乡村教育。而他的乡村教育思想又主要体现在他的国民基础教育之中。

(一)乡村教育特性

雷沛鸿首创国民基础教育,全称是"普及国民基础教育运动",包括乡村教育。总体而言,它具有全民性、发展性、民族性、现代性四大特性。

第一,全民性。"它是基础的教育,是国民的基础的教育。说得明白些,它是人人——不问男女老少——都要受的、都应当受的最低限度的基本教育。"②"所谓国民基础教育,就其程度说,就等于我们通常所说的初等教育,大约像初小及高小的教育程度,而所包含的教育意义比较深远罢了。如就其范围说,约可分为两方面,一个是以全省儿童为对象,一个是以全省的工人、农人、小商人、妇女以及未受过教育的成人为对象。"③

第二,发展性。"它是现实社会的一个教育阶段;就人生来说,是现代儿童和成人的教育;就社会来说,是以现代的经验传递给后代。于此国民基础教育到底是什么,便不难知道:以生活言,它是民族生活的历程;以社会言,它是民族社会的历程"④雷沛鸿认为,"就中华民族来说,如果我们仍旧要想维持着以往的家庭生活、乡村生活的阶段,那是不可能的。良以现在是民族生活的阶段,因此我们说,国民基础教育是生活的历程,也就是民族生活的历程"⑤。他把国民基础教育和中华民族的集体生活、集团生活联系起来,目的在于发挥国民基础教育的功能,助成中华民族的中兴。他说:国民基础教育"是一种有意识有目的的民族行为",若问其意识何来?

① 韦善美,马清和.雷沛鸿文集:下册[M].南宁:广西教育出版社,1990:231.
② 韦善美,马清和.雷沛鸿文集:续编[M].南宁:广西教育出版社,1993:224.
③ 韦善美,马清和.雷沛鸿文集:续编[M].南宁:广西教育出版社,1993:214-215.
④ 韦善美,马清和.雷沛鸿文集:下册[M].南宁:广西教育出版社,1990:119.
⑤ 韦善美,马清和.雷沛鸿文集:下册[M].南宁:广西教育出版社,1990:120.

其目的何来？答曰："来自事实的需要。"若再问：事实是什么？答曰："日本帝国主义对我中华民族的侵略。所以我们在这种民族生命千钧一发之时，要有意识有目的地将国民基础教育推进。"①

第三，民族性。"何以不称之为儿童教育，或民众教育，或成人教育？其中实含有特殊意义在，因为它是以本省为出发点，以整个民族为对象，而来唤起、推动、扩大整个中华民族的基础教育，以建立广大深厚的教育基础的；因为它是含有整个民族的实施计划的；因为它不单是以广西的儿童及成人为对象，同时还要以整个的中国民族作间接的对象的，所以不能简单地称为儿童教育、成人教育或民众教育，而必须称为国民基础教育。"②

第四，现代性。"国民基础教育是中华民族对于现代，对于现代环境不断地努力而做出的调整行为。正因为它是一种行为，而且是一种民族行为，所以我们更须进一步了解国民基础教育，它不但是一种事业，而且是一种运动。"何谓运动？就是把我们民族和人民潜藏的力量开发出来，"恰如转变物理学上位置能力为运动能力一样"③。"此项运动，究竟用怎样方法，才能推动？在此地，我们需要一个根本认识，这就是国民基础教育运动实具有双层意义：其一，它代表一种教育改造运动；其二，它代表一种社会改造运动……这是要说，我们所期望的教育，是要替中华民族建筑广大深厚的基础；在其上务使中国四万万人各自有其用处，各自能发挥其个人的能力，不宁唯是，我们将凭借这种新教育的力量，造成一个庞大的怪物；这怪物，它有四万万只头，四万万张嘴，四万万只鼻，八万万只眼，八万万只耳，八万万只脚，但是它只有一颗心……这就是把社会的群众（Social Masses）合铸而成为'群众的人'（Mass-man）。必须如是，我们对于国民基础教育的真谛才可以深切了解！"④

（二）乡村教育目的、功能与定位

教育目的是一定社会阶段所培养的人的总要求，是一定社会把受教育者培养成什么样的人的质量规格的设定，是教育活动的出发点和归宿。它对确立和构建教育活动的各个方面都有重大的影响。而任何一种教育，都是社会对其成员质量规格的客观要求在人们意识中的反映，是人们所处时代的产物，具有特定的时代性。超历史、超社会的教育目的是不存在的。但是，人是社会生活中有意识的主体，他在适应

---

① 韦善美，马清和.雷沛鸿文集：下册[M].南宁：广西教育出版社，1990：122
② 韦善美，马清和.雷沛鸿文集：续编[M].南宁：广西教育出版社，1993：215.
③ 韦善美，马清和.雷沛鸿文集：续编[M].南宁：广西教育出版社，1993：363.
④ 韦善美，马清和.雷沛鸿文集：下册[M].南宁：广西教育出版社，1990：139~140.

社会的过程中同时也按自身的需要有目的地能动地改造社会。因而,教育目的不但具有社会历史制约性,还体现着人的一种价值追求。

雷沛鸿认为:"教育应该作为一种历程看待,这个历程,从前面看是无穷的,从后面看也是无穷的。但在这进程的阶段中,要有它的鹄的。"①如果没有明确的目的,就容易导致"盲目将事,无所归宿"。因此,雷沛鸿非常重视教育目的,并在对传统教育的批判基础上,提出了他的教育目的观。雷沛鸿说:"国民基础教育实具有双重的意义:自教育本身言,是中国的教育改造运动;自整个社会言,是中国的社会改造运动。前者要革新教育,后者要革新社会。而综合以观,我们所以要革新教育,盖欲用之以为改造社会的助力;同时,我们所以要革新社会,盖欲用于为改造教育的基础,国民基础教育的几个法案,即依此为立法精神。"②换一种说法:"我们要革新教育,即用之以为改造社会的工具,同时,我们要从事于建设新社会,即用之以为改造教育的根据。"③

教育功能从总体上说,不外乎两种:一是强调教育对于发现人的价值、开发人的潜能、发展人的个性方面的功能;二是强调教育为国家的政治、经济服务的功能。教育究竟是为了满足个人发展的需要还是为了满足社会的需要,一直是教育史上长期争论的问题。雷沛鸿处于一个变革的时代,他对于教育功能的认识首先着眼于民族、国家和社会,但他又清楚地认识到国家和民族的振兴、社会的进步又依赖于广大人民群众的力量,依赖于新国民的塑造。他希望通过活的、动的、富有创造力的新教育,塑造"新国民",促进新文明,从而建构新的社会秩序。他在《民族教育基本问题》一文中说:"吾人要扩大教育的功能,就必须将教育改造运动与当时当地的社会运动联系起来。"④联系到日本的侵略和广西当时的社会环境,他又进一步强调:"中华民国的现行教育,不但在功能上、意义上,必须特大地扩充,而且在设施上、制度上更须特大地改变。"⑤这就是说,教育改造运动与社会改造运动相结合,涉及国民基础教育的方方面面。

一方面,受到杜威等人的影响,雷沛鸿对国民基础教育的目标虽然没有正面、直接的论述,但在论述其性质、功能的过程中间接地涉及其目标问题,从而为我们认识

---

①　韦善美,马清和.雷沛鸿文集:续编[M].南宁:广西教育出版社,1993:317.

②　韦善美,马清和.雷沛鸿文集:下册[M].南宁:广西教育出版社,1990:249.

③　韦善美,马清和.雷沛鸿文集:下册[M].南宁:广西教育出版社,1990:44.

④　韦善美,马清和.雷沛鸿文集:续编[M].南宁:广西教育出版社,1993:196..

⑤　韦善美,马清和.雷沛鸿文集:续编[M].南宁:广西教育出版社,1993:150.

其乡村教育目标提供了线索。这主要体现在:(1)继续性,即人的一生都要受教育。因此,国民基础教育不承认学校是教育的唯一场所。(2)前进性,即国民基础教育要迎着困难前进,因为它是一种有计划的教育。当然,这种前进不一定是直线式的。(3)变异性,即国民基础教育无定式,无定形,又无一定的格局。这样,可以发挥教育的最大功能,满足实际之需要。(4)常动性,即将民众潜藏的力量推动起来,使之由位置能力变成运动能力。(5)创造性,即国民基础教育不承认人性之前定和人的命运之前定以及一切人世间进步的前定,因为世间一切是人创造的。因此,国民基础教育运动要参合本省的四大建设——政治建设、经济建设、文化建设、军事建设——来共同做一个安乐、和平、平等、自由的世界。①

另一方面,雷沛鸿认为,广西国民基础教育的目标即是广西的社会改造运动,换言之,就是《广西建设纲领》中提出的"建设广西,复兴中国"的运动,其奋斗目标是自卫、自治、自给,其具体实施则分为政治建设、经济建设、文化建设和社会建设,相应建立新政治秩序、新经济秩序、新文化秩序和新社会秩序。其中,教育改造是手段,社会改造是目标。雷沛鸿说:"新教育是工具,而新秩序是目标。有工具而无目标,则不免盲动,有目标而无工具,则无以实现。"②

其一,新教育与政治建设。雷沛鸿从分析中国政治制度的演变入手,指明过去的政治体系是由父师政治到吏治政治再到村治政治。在这种政治体制之下,中国人的政治态度则表现为守本分,服从命令,敬畏长官,以及畏威、懔刑、法古……做人的方法,则取中庸之道,因而养成因循敷衍的风气,在政治上表现为反抗而非革命。因为保守过甚,于是政治腐败,民不聊生;加以百年来外受列强的逼迫,"迫之已甚,铤而走险",于是发生革命,但不能贯彻始终。今日所谓中枢政府,谓之官僚政府则可,谓之革命政府,则等于痴人说梦。今后欲为中国政治求一生路,非彻底从事政治建设不可。政治建设为何?要改变"尊王权""重人治"的习气,从而建立平等的政治和法治的政治。这就是我们所欲建立的新政治。致治之道,端在确立新教育制度。"因此,新教育所欲施行的国民基础教育,在求政治上无论智愚、贫富、尊卑、男女一律平等,以达到真正民主政治,是统一民族的意志,以共赴国难,以中兴民族。……因此政治建设实在是建立新政治秩序的主要工作,须以教育的力量促成之,同时尚要有经济建设、文化建设和社会建设以为之辅。"③

① 韦善美,马清和.雷沛鸿文集:下册[M].南宁:广西教育出版社,1990:209-214.
② 韦善美,马清和.雷沛鸿文集:下册[M].南宁:广西教育出版社,1990:49.
③ 韦善美,马清和.雷沛鸿文集:下册[M].南宁:广西教育出版社,1990:52.

其二,新教育与经济建设。雷沛鸿认为,我国的国民经济至今尚滞留于农村经济及农业经济阶段。到外资流入中国之后,中国的国民经济开始解体,显出半殖民地的状态。在农村,农民生计朝不顾夕,对外贸易年年入超。长此以往,国家经济且将破产,农村经济且将崩溃。"因之,为中兴民族而施行的教育,自应注意经济的建设。欲实现经济建设,舍复兴农村外无他道,因为中国的经济组织重心在农村,所以复兴农村的企图,实在就是经济建设的基石。准此,新教育的任务于经济上应指导农民使用新的生产技术:改良种子,兴筑水利,应用科学的农具,以上即所谓生产教育是也……总之,经济建设的意义在使中国的经济的秩序进入产业社会,一方面使农业生产科学化,一方面使农村社会工业化。农业生产科学化,如上所言改良生产技术、设备及组织是也。农村工业化,即欲为农村之生产而设立各种工厂,以增加农民之工作机会,使工业能补助农村是也。因为要达到这种建设,所以国民基础学校在义务教育以外,尚有民众教育,就是欲以民众教育的功能领导民众起而为新的经济活动,使农事能改良,耕作能集体化,再推而至于都市,使一切的经济事业能工业化,政府再加以整个的统制和计划,自然能完成产业社会的企图。"①

其三,新教育与文化建设。雷沛鸿认为,中国的文化是人本文化,即注重人与人之间的社会关系,忽略了人与物的自然关系。这种人本文化,以人生为本位,以感情为基调,因而表现于社会生活者,则以伦理为出发点,其结果,便是保守精神之发达,而忽略未来的创造。今日的世界文化,已趋向于人与自然关系之时代,所以我们的文化建设必须将伦常关系扩展到全部的社会关系,将保守的态度改为进取的态度,以创造一种社会化与自然化的人本文化,这样才能适合现代环境与人生的需要。"新文化秩序的建设,无疑地要以新教育为工具,以求中华民族的文化能更加丰厚,勇于进取,强迫国民受教育乃是叫他们享受应得的权利,而非使他们尽义务,明乎此,则建设新文化的前途就更光明了。"②

其四,新教育与社会建设。雷沛鸿认为,综合以上的政治、经济、文化特征,自然造成中国的旧社会秩序。在海禁未开之前,中国社会已极其昏庸腐败,但仍妄自尊大,以为天国。鸦片战争以后,为发奋图强,曾有产业革命之举动,又有提倡学术、兴办教育的举动,但均遭失败。"所以今后的新社会秩序,固然要产业之工业化,不过仍须以'节制资本,平均地权'为前提,亦即采用孙总理的民生主义是也。……这种新秩序,无以名之,苟名之为社会主义下的新社会秩序可也。……然而旧社会秩序

---

① 韦善美,马清和.雷沛鸿文集:下册[M].南宁:广西教育出版社,1990:54-55.
② 韦善美,马清和.雷沛鸿文集:下册[M].南宁:广西教育出版社,1990:56.

的积弊已甚,不用新教育的工具来改造它,实在谈不到,因此国民基础教育不得不负起这种责任来。"①

雷沛鸿提出,从中外教育史观察,人类最初的教育,实无学校教育与社会教育之分。也就是说,始为社会的教育,后有学校的教育。学校教育的产生是一种社会进步,但矫枉过正,使一般人形成教育只限于学校的观念,真是"喧宾夺主"。到了现代,世界各国才开始明了:教育的本体在于社会,将教育限于学校之内是不合理的,应将教育的范围扩大起来。也就是说,应该提高社会教育的地位,并使其与学校教育齐头并进。但因学校制度影响已深,于是产生各种调和矛盾的办法,如骈技办法、另立系统办法、学校教育兼办社会教育办法等。雷沛鸿对这些办法均持怀疑和保留态度,他的正面主张是社会教育与学校教育合流,他说:"学校教育与社会教育合流的主张,在理论上有它的社会基础与哲学根据。广西五年文化建设计划中,认为一切社会制度均具有教育功能,而学校只是社会制度的一种。文化的遗传要靠一切社会制度(如家庭制度、徒弟制度、行会制度等)来传递社会经验,如知识技能等。学校既不是传递文化的唯一机关,所以学校制度应与其他各制度切实联系,使教育透过一切社会制度。"②他否定学校教育是正式教育、学校以外的教育是非正式教育的说法,代之以定式教育与非定式教育的称谓,并主张二者合流。雷沛鸿以广西国民基础教育为例说明,将儿童教育与成人教育合并办理,使学校教育与社会教育冶于一炉,熔为一体,不但是必要的,而且是可能的。他说:"我们觉得广西普及国民基础教育运动实已导致这两种教育合流之先河。大家早已知道,基础教育在广西,不但包含儿童教育,而且包含成人教育,不但包含学校门墙内之教育,而且包含学校门墙外之多方面教育。"③

总而言之,雷沛鸿把教育视为改造社会,建设新政治、新经济、新文化、新社会秩序的工具,无疑是正确的。他的高明之处在于最大限度地发挥了教育的社会功能。

受到国家主义和杜威教育思想的影响,雷沛鸿并没有清晰、准确地论述个人在教育目的实现上的价值,而是将教育的目标转化为社会改造,从而实现了命题的转化。在此基础上,他将乡村教育的目标确定为建设新政治、新经济、新文化、新社会秩序,而将乡村教育本身视为工具。进而,他力图打破乡村教育和城市教育的界限,以"国民基础教育"统代之,具有浓郁的"大教育观"。

---

① 韦善美,马清和.雷沛鸿文集:下册[M].南宁:广西教育出版社,1990:58.
② 韦善美,马清和.雷沛鸿文集:下册[M].南宁:广西教育出版社,1990:169.
③ 韦善美,马清和.雷沛鸿文集:下册[M].南宁:广西教育出版社,1990:220.

（三）乡村教育管理的具体实践问题

在确立乡村教育特性、目的、功能、定位等基础理论问题的基础上，雷沛鸿尝试利用政府的力量，通过教育行政立法等方式推进国民基础教育运动，进而促进乡村教育的发展。具体而言，涉及乡村教育组织管理、教师管理及内容管理三大方面。

其一，乡村教育组织管理。雷沛鸿说："国民基础教育的组织很简单，它既把儿童教育与成人教育打成一片，又把学校教育与社会教育冶为一炉。"依照六年计划大纲的要求，"广西的二万四千个村（街）以及二千四百个乡镇，都要设有国民基础学校，以做幼稚教育的中心、儿童教育的中心、妇女教育的中心和壮丁教育的中心。同时，更把它的意义扩大，使它成为乡村自治的中心、公共造产的中心、文化活动的中心和民团训练的中心"。"因此之故，举凡政治生活、经济生活、文化生活，以至军事生活，都不能与国民基础教育分家。"①

当时，广西的"三位一体"制、"一人三长"、"一所三用"等乡村行政组织制度对乡村教育影响颇大。1934年6月，广西决定，在乡村行政组织建设方面执行"三位一体"制，即乡（镇）村（街）两级必须设置三个主要机构：乡（镇）是乡（镇）公所，乡（镇）中心国民基础学校和乡（镇）民团后备大队部；村（街）是村（街）公所，村（街）国民基础学校和村（街）民团后备队。从人事方面说，就是"一人三长"，即乡（镇）长兼中心国民基础学校校长和民团后备队大队长。从事务方面说，就是"一所三用"，即乡（镇）村（街）公所和国民基础学校、民团后备队队部合并办公。"实际上广西的三位一体成立不久就变成了四位一体；乡村长除了主持基层政治、文化、军事的建设外，同时又要注意经济建设。……所以广西的三位一体，实际上是四位一体，不过三位一体这名词被大家用惯了，一时不易纠正过来。"②针对当时人们常把"一人三长"和"三位一体"相互转注、混为一谈的误解，他说："我们以原有的民团组织为一体，乡村镇街的组织为一体，又以基础学校的新教育制度为一体，这三种制度合作起来，成为三位一体。"而"一人三长的职掌，这是三位一体制的一种形式"，而"一所三用"，"这又是三位一体制的另一形式"。③"一人三长"实行的结果，因乡（镇）村（街）长对于学校事务多无暇顾及，于是改定基础学校校长以专任为原则。这样变，是不是否定了"三位一体"制？雷沛鸿说："这并不否定三位一体制度，而是将三位

---

① 韦善美，马清和.雷沛鸿文集：下册[M].南宁：广西教育出版社，1990：177–178.
② 韦善美，马清和.雷沛鸿文集：下册[M].南宁：广西教育出版社，1990：159.
③ 韦善美，马清和.雷沛鸿文集：下册[M].南宁：广西教育出版社，1990：287.

一体的'体'字,从'个体'的'体'发展为'团体'的'体'。"①综合观察,"三位一体"制的本义和精神,在于高度集中权利和义务,便于推行政教合一,"一人三长"和"一所三用",除以上各项功能作用外,还能将人才、经费、事务等管理要素组织协调起来,发挥其整体的极大效益,因此,作为一种制度,它基本符合当时中国,尤其是广西的实际情况,有利于促进广西乡村教育的实质性发展。

雷沛鸿多次指出,中国重人治不尚法治,这是历史积弊。当然,要使中国走上法治的道路,绝非一人之力所能为之。可是,在桂任职期间,他总是尽力使自己的设想变成国家意志,使重要的教育文件变成政府的法案条文,使其具有法规效力。20世纪30年代的广西,实行高度的行政集权,没有立法机关,而由省府委员会行使立法权。因此,由省府委员会通过的重要文件,雷沛鸿均称之为法案。

其二,乡村教育师资管理。雷沛鸿认为,"人才问题是目前国民基础教育困难问题中最重要的因素"②。可是,广西当时极其贫困,经济情况远达不到大量招揽外地人才的条件,于是,他按照古代用兵的两句俗语,即"就地取材,因地为粮",走上自力更生的发展道路。首先,除"一人三长"之外,广泛开展互教共学活动,并采用传习制、小先生制、流动教习……发动儿童教成人,成人教儿童,儿童教儿童、成人教成人,做到即知即传,即传即行。其次,尽量使用现有人才。按六年计划大纲的要求,除先调用师范学校毕业生和民团干部大队毕业生合格者外,还面向初中以上学校毕业生、修业期满会考不合格者和具有小学教师资格而志愿服务者征集调训,然后分别任用,严予考绩。这样做,部分地解决了急求师资的问题,但是,教师的缺额仍然很大。为了解决这一问题,雷沛鸿提出治本和治标相结合的办法。治标方面,举办讲习班、短期培训班。这种培训班主要由国民基础教育研究院办,各县也自己办。治本方面,就是整顿现有师范学校。这一计划,既体现在《广西全省中等教育改造方案》之中,更体现在《广西省立国民基础师范学校办理通则》之中。可是,这一计划未能认真如期地贯彻执行。特别是,国民基础师范学校的筹建一再受阻。办理通则刚刚公布,转又做出决定,将各行政区的国民基础师范学校与民团干训大队合并办理,称为民团干校。1936年春,又将各区民团干校合并为广西民团干校(后改为广西地方建设干校)。因培养能力有限,师资来源不足,1938年2月,试行国民中学设置师范班办法,后感不妥,又于是年7月制订国民基础教育师资培养方案,重新规定

---

① 韦善美,马清和.雷沛鸿文集:下册[M].南宁:广西教育出版社,1990:287.

② 韦善美,马清和.雷沛鸿文集:下册[M].南宁:广西教育出版社,1990:178.

按行政区设立国民基础师范学校。事实说明,在师范学校的设置上走了一段弯路,直接影响国民基础教育的质量,以致招来一些非议。① 对此,雷沛鸿曾经检讨说:"所遗憾的师资训练在治标方面,征调现任教师训练,虽已下了许多功夫,但师范学校未能依照预定计划设置,直到廿七年(1938年——引者)才分区开办,致使整个基础教育事业大受影响,现在则已急起直追,加紧培养师资。"②

其三,乡村教育内容管理。雷沛鸿对乡村教育的内容做了如下详细阐述,即:爱国教育和生产教育是首要内容。1933年9月1日,雷沛鸿在就职典礼的演说中曾明确提出:"我们广西的教育,要是不继续进展则已,倘若继续进展,我们必要侧重救亡与救穷,而尤应侧重救亡。所以在教育设计中无论对于儿童,或对于成人,我们务必施行爱国教育和生产教育。"③在《办理国民基础教育的三个要素》中,他又做进一步的解释:"欲以生产教育为国民基础教育的骨干,爱国教育为国民基础教育的灵魂,相辅并进,如车之有两轮,鸟之有两翼,而运行自如,任尔飞翔。"④

为什么必须实施这两种教育?这是因为,当时面对两大事实:一是"失地未复,危机四伏";二是"农村衰落,元气斲丧"。也就是说,为了救亡和救穷,必须培养国人,使"人人都有一份爱国的心和一副劳动生产的手"⑤。

雷沛鸿说:"爱国不过是一种心理作用","爱国是人类的社会心理及社会行为","爱国本是政治上之一种道德","爱国不独是一种高贵的情感,而且是一种高贵行为"。正因为爱国是一种道德,一种感情,一种行为,而"爱国的行为原是难以记分,随之,爱国一事必不易做成一个科目,使大家得取之以为功课,而加以学习"⑥。基于这样的认识,他主张以身为教,以家为教,以社团生活为教,以民族生活为教,使收爱国教育之实效。雷沛鸿还说:"我们之提倡爱国教育,是为每一个人都必须呼吸一样,希望大家具体地做出来,然而,要人民能爱国,若是照目前民生痛苦万状,农村生计破产,满目疮痍,饿着肚皮,叫他们来爱国是不可能的。因此,必须生产教育与爱国教育相辅进行。"⑦我国过去的普及教育只是教学生读书识字,而且限于儿童,走的是一条非生产非生利之路。"国民基础教育不单纯地只是教书读书的事业,它

① 韦善美,程刚.雷沛鸿教育思想研究[M].沈阳:辽宁教育出版社,1994:133-134.

② 韦善美,马清和.雷沛鸿文集:下册[M].南宁:广西教育出版社,1990:258.

③ 韦善美,马清和.雷沛鸿文集:下册[M].南宁:广西教育出版社,1990:2.

④ 韦善美,马清和.雷沛鸿文集:下册[M].南宁:广西教育出版社,1990:176.

⑤ 韦善美,马清和.雷沛鸿文集:下册[M].南宁:广西教育出版社,1990:176-179.

⑥ 韦善美,马清和.雷沛鸿文集:上册[M].南宁:广西教育出版社,1989:48-55.

⑦ 韦善美,马清和.雷沛鸿文集:续编[M].南宁:广西教育出版社,1993:288.

要随时随地反映现实社会而抓住社会问题的核心以解决民众生活问题。"①"今后的国民基础教育,不是单单使民众识字,还要使他们受生产的教育、技术的教育,以推进他们的生产的技术的力量。"②实际上,广西的普及国民基础教育不但使学生掌握了生产知识和技能,还紧密配合基层经济建设,参加公共造产、兴修水利、创办合作事业等,极大地发挥了教育的调整和创造功能。

教育和生产劳动相互结合、不可或缺。1935 年 1 月 14 日,胡适到广西普及国民基础教育研究院和实验中心区参观指导,曾为一个问题和雷沛鸿发生争论。胡适对《广西普及国民基础教育六年计划大纲》规定之方法——"指引全省有志青年重回田园间去,商店中去,工厂中去,学问与劳动合作方法"——表示有疑义。胡适的理由是:依人群学的观点,人群之集中于都市,乃时代的趋势,不能强为倒行。一个人已费了许多心力来求得教育,欲其重回乡村,而不到城市求得较优的报酬,实在不近人情,因而不同意此项方法。而经过雷沛鸿的一番说明,"胡先生完全同意了此项基本信念"③。

雷沛鸿借用胡适"大胆假设,小心求证"的为学主张,从广西社会基础出发论证广西乡村教育的必要性,"本省的国民基础教育,是根据教育的社会基础,复在民族国家的立场上,朝着所欲造成的新社会秩序,而后确定计划。……所以有学问与劳动合作方法,学问劳动与政治合作方法的规定"④。具体而言,现实的中国社会是乡村社会、农业社会,大多数人住在乡村。中国都市的出现,不但造成了资本主义经济侵略的枢纽,而且加速了农村的破产。不像欧美都市的发达是由于产业革命而形成的自然趋势。近年来,资本主义生产过剩的经济危机加深,有人提倡都市人民重回田园的口号,实际上是不可能的。中国的教育基础建筑于广大的农村,"我们的社会改造运动,教育改造运动,自然以农村为中心,以开发民族的伟大潜力,相与为中华民族解放运动而奋斗。……所以我们确定学问与劳动合作方法,指引全省有志青年,重回田园间去,商店中去,工厂中去,这并不违反时代,而是适合国情,适应需要"⑤。

学问与劳动合作,教育与生产劳动结合是雷沛鸿一贯的教育思想。早在留美期间,他就参加留美学生工读会工作,还写了《工读主义与普及教育》一文。1921 年回

① 韦善美,马清和.雷沛鸿文集:续编[M].南宁:广西教育出版社,1993:385.
② 韦善美,马清和.雷沛鸿文集:上册[M].南宁:广西教育出版社,1989:143.
③ 韦善美,马清和.雷沛鸿文集:下册[M].南宁:广西教育出版社,1990:92.
④ 韦善美,马清和.雷沛鸿文集:下册[M].南宁:广西教育出版社,1990:89.
⑤ 韦善美,马清和.雷沛鸿文集:上册[M].南宁:广西教育出版社,1989:26.

国以后,他在许多文章中批判过"天子重英豪,文章教尔曹,万般皆下品,唯有读书高"和"劳心者治人,劳力者治于人"的传统观念。他认为,中国是一个穷国,大家都是穷百姓,"倘若识字运动竟要带来这种恶果,即是,多有一个人识字,便少有一个人生产,诚如是,识字又有什么益处?其实,不但无益,而且有害"①。基于这样的信念,国民基础学校和中心国民基础学校的学生,不论男女老少均不脱离生产。当然,年龄不同,劳动的内容、形式和时间多寡也不相同。随着国民中学的创制,雷沛鸿将劳动生产作为国民中学的一个学程,并提出"教育与生活合一""学校与社会沟通、劳动与学问合一""劳动生活与学校与生产社会关联"的要求,以便发挥生产劳动的教育意义。

综上所述,雷沛鸿立足于广西,积极引入当时欧美盛行的国家主义教育理论和实用主义教育思想资源,并结合中国传统教育中的积极因素,根据广西的情况进行教育的社会改造,在此基础上形成了自己的乡村教育思想体系。

三、雷沛鸿乡村教育思想的影响与评价

经过长期的思索和实践,雷沛鸿创造了一个具有广西特色的乡村教育思想体系,其具有重要价值,至今仍有启示意义。

雷沛鸿的乡村教育思想,在乡村教育理念、内容、方法、教学形式上提倡多样性、在地性,在思想体系的构建上有一定创新性。在乡村教育理念上,关注少数民族在内的全体群众,注重男女、老幼教育权利平等,提倡女子教育与妇女解放等,很好地促进了广西乡村教育的普及与发展。在乡村教育内容上,注重与农民生产生活相联系。在乡村教育方法上,注重学生专业技能的培养与训练,强调理论联系实际,带领学生到乡村田间等处进行直观教学并鼓励学生们学成后回到乡村田园去。在乡村教学形式上,推行学校教育与社会教育并举、合流的"大教育"。在乡村教育经费上,实行众人集资办学,在乡村积贫积弱的情况下,有效地筹集教育经费。

在雷沛鸿乡村教育思想的带动下,广西教育学术的氛围逐渐浓厚。雷沛鸿自信地说:"自从国民基础教育发动以后,学问空气变浓,全省翕然向风。桂林如是,平乐如是,柳州如是,梧州如是,南宁、百色、天保、龙州各区亦复如是。大城如是,穷乡僻壤亦复如是。汉人所在地如是,苗人、瑶人所在地亦复如是。这是一种惊天动地的事业,破天荒的事业,空前未有的事业!"②

---

① 韦善美,马清和.雷沛鸿文集:上册[M].南宁:广西教育出版社,1989:26.

② 韦善美,马清和.雷沛鸿文集:续编[M].南宁:广西教育出版社,1993:402.

　　丰富的乡村教育思想也带来乡村教育实践活动的大繁荣。据 1938 年统计,广西全省共有国民基础学校 19 699 所,中心国民基础学校 2 301 所,合计 22 000 所。是年在校生,儿童为 1 638 046 人,成人为 1 337 604 人,合计 2 975 650 人。国民基础学校有教职员 53 938 人,中心国民基础学校有教职员 18 970 人,合计 72 908 人。[①]广西普及国民基础教育研究院在推动普及国民基础教育运动中也有突出的贡献。在训练辅导方面,包括举办学习生训练班五届、生产教育人员训练班一届、幼稚师范训练班两届,师专生实习指导,高中师范科毕业生服务指导,冬作讲习班和合作讲习班的召集,派员指导各县国民基础教育暑期讲习会,实验中心区各基础学校之辅导,全省二十四县表证中心国民基础学校之巡回辅导,邕宁县乡村师范和国民中学教学做合作,省会小先生普及教育团之辅导,通讯辅导⋯⋯在教材报刊编辑方面,计有前期初级班、短期初级班、后期初级班、成人班、蒙养班用课本 15 种 31 册。出版定期刊物四种:《广西普及国民基础教育研究院日刊》出版 500 期,《广西儿童周刊》出版 53 期,《南宁民国日报·副刊·国民基础教育周刊》出版 38 期,《国民基础教育丛讯》出版 18 期。不定期的刊物和小册子出版将近 20 种。[②]

　　雷沛鸿的乡村教育思想和实践活动得到了学界的普遍关注和认同,产生了较大的社会影响。据广西普及国民基础教育研究院《国民基础教育丛讯》记载,到广西考察,到研究院参观、学习、演讲的络绎不绝。曾到研究院学习的有越南堤岸华侨教育联合会派来的曾锦才,广东省第二军第六师师长李汉魂派来的朱遂、黄全中,贵州省立女子师范学校派来的毕业实习生刘曼倩、应忆忠等八人。曾到广西考察,并到研究院和实验中心区参观的有河南省民政厅厅长李培基及专员三人,河北定县平民教育会代表罗靖华和田锡之,以李涛为团长的中华职业教育社农村考察团,以俞庆棠为团长的中国社会教育社广西考察团(全团 66 人)。曾到研究院参观并发表讲话演讲的有梁漱溟、马君武、胡适、费孝通、俞庆棠、李涛、章之汶等。[③]

　　正因为广西的国民基础教育适合国情民情,适应地方建设需要,1934 年秋,河南洛阳民众教育实验区成立。"当时区内参照广西省办法,开展了国民基础教育。先在区址中心吕家庙村开设一所中心国民基础学校,校内有儿童班,成人有夜班、初中

　　① 韦善美,马清和.雷沛鸿文集:下册[M].南宁:广西教育出版社,1990:257.
　　② 韦善美,程刚.雷沛鸿教育思想研究[M].沈阳:辽宁教育出版社,1994:141.
　　③ 韦善美,程刚.雷沛鸿教育思想研究[M].沈阳:辽宁教育出版社,1994:144.

补习班……随后不久,即在区内西昌家村寨各推广设立一所国民基础学校。"①

原中华民国教育部督学刘寿祺到广西视察时,对广西乡村教育从思想到实践上的重要贡献做出了客观评价:"广西国民基础教育制度,与山东的乡学村学,定县的平民教育制度,以及许多教育专家的主张来比较,均胜一筹,因为广西的国民基础教育制度,有崇高的理想,有全盘的计划,复有具体的办法,而且能够切实地作大规模的实践,所以能纳入国家立法,而推行于全国。这种划时代的国民基础教育制度,他的创造,与雷院长有很密切的关系。具体言之,这个制度,是由雷院长创造。"②

总之,雷沛鸿的乡村教育思想在计划性、系统性和现代性上较前人及同时代乡村教育工作者均有所推进。其为广西各族各类民众提供了多样化的教育选择空间,为适龄儿童提供接受基础教育的机会,为成人提供继续学习的契机与环境。他的这些措施不仅促进了基础教育的普及,还推动了正式教育与非正式教育的全面发展,对近代教育全民化、终身化理念的树立,进而为近代教育事业的发展发挥了重要的作用。

第三节　梁漱溟的乡村教育思想

一、梁漱溟生平简介

梁漱溟(1893—1988),蒙古族,原名焕鼎,字寿铭,祖籍广西桂林,生于北京,中国著名的思想家、哲学家、教育家、社会活动家。梁漱溟时刻关注中国的社会与教育问题,曾在中国发起乡村建设运动,并取得巨大成就,1988年6月23日于北京逝世,享年95岁。

梁漱溟1906年考入北京顺天中学堂,1911年加入同盟会,中学毕业后曾在同盟会机关报任职编辑和记者,先后发表数篇文章。1917年应蔡元培邀请,任北京大学印度哲学讲席,1924年离开北大主持山东曹州中学高中部,1928年任广东政治分会建设委员会主席,1930年任河南村治学院教务长,1931年在山东创办山东乡村建设研究院,先后在14个县区指导和开展村学、乡学学校的工作。抗日战争爆发后,梁漱溟任最高国防参议会议员、国民参政会参政员,1938年梁漱溟访问延安,与毛泽东

①　王怀民.回忆洛阳民教实验区[C]//苏州大学原江苏省立教育学院校友会编印.艰苦的探寻:江苏省立教育学院校友回忆录.1989:125.
②　刘寿祺.刘寿祺教育文集[M].长沙:湖南教育出版社,1992:128.

主席谈论抗日战争问题,1939 年参与发起组织"统一建国同志会",1941 年与黄炎培等人商定将其改组为"中国民主政团同盟",任中央常务委员,并赴香港创办其机关报《光明报》,担任社长。新中国成立后直至其晚年,梁漱溟任北京大学教授,第一、二、三、四届全国政协委员,五、六届全国政协常委以及中国文化书院院务委员会主席等职务。梁漱溟一生著作颇丰,有《梁漱溟教育论文集》《东西文化及其哲学》《人心与人生》《乡村建设理论》等。

二、梁漱溟的乡村教育实践活动

辛亥革命爆发后,中华民国的成立仍然没有使中国的困境得以改变,中国走上富强民主之路需要一批有志之士通过探寻道路改变困境。梁漱溟因为受到改良思潮影响,走上了乡村建设道路,他想通过解决农村与农民的问题去挽救中国危亡。

在他开展乡村建设运动时期,主要是以发展农村合作社的方式积极开展教育、引进科学技术、改善农民生活环境三大方面去创新乡村文化。通过对农民不断地进行教育,启发其智慧,并使其形成一种民主意识,从而使乡村科学化。同时通过引进科学技术,推广各种农作物和技术,使农民了解和掌握相关经验,也有启迪村民智慧,促进乡村开化的益处。

梁漱溟创办乡农学校的过程也是乡村教育发展的过程,他强调教育是面向所有人的,农民也是受教育的一员。正是在乡村建设运动开展的过程中,乡村教育事业迅速发展。梁漱溟的尝试也为新中国乡村教育的开展带来了新的经验。虽然乡村建设运动受时代背景的局限,难以维持和开展,尤其是在抗日战争环境下,这种文化改良运动更是难以开展,只得被迫中断,但是梁漱溟的相关著作《村学乡学释义》《社会教育与乡村建设之合流》《中国文化要义》《办学意见述略》等,对广西乡村教育乃至整个中国的教育都有着一定的影响。

在抗日战争期间,梁漱溟回广西工作、生活长达三年之久。1941 年蒋介石发动政变,梁漱溟受民盟委托前往香港筹建和主持民盟机关报,从重庆到香港途中在桂林逗留有近两个月之久。在此期间,他广设演讲,在广西省立桂林师范学校和迁桂的江苏省立教育学院进行演讲,同时还应国立广西大学校长雷沛鸿的邀请,在广西大学文法学院讲学一个多月。此后香港沦陷,梁漱溟在党的掩护下回到桂林、贺州等地,时间长达三年之久。

在桂期间,他不仅负责建立了中国民主政团同盟桂林核心小组,还积极参加广西建设研究会的活动,对广西教育发展更是贡献良多。在桂林逗留的这段时间,梁漱溟曾住在七星岩广西教育研究所和穿山无锡国学专修学校,与当时广西教育行政领导以及教育界人士交往频繁,在无锡国学专修学校、桂林中学、汉民中学、中山中学以及兴安中学作专题演讲。这一时期梁漱溟发表许多著作,如《中国文化问题略谈》《论广西国民中学制度》《教育的出路与社会的出路》《谈中国宪法问题》等,还曾在《桂林自学月刊》发表文章《我的自学小史》。这些文章不仅回顾了梁漱溟的自学经历,还阐述了自学的必要性以及重要性,此外他还讲述了自学方法,讲到学校教育只是一个人学习的开端,只有通过自学,才能够有深学问和成就,同时他认为自学并不仅仅指没有老师教授,而是指在学问成就中需要依靠自身不断探索。

与此同时,他还着手将自己在广西大学和无锡国专演讲的内容整理成册,写出了《中国文化要义》一书。1944 年,日军攻占桂林,桂林沦陷,梁漱溟沿漓江而下,在贺州的临江中学住了一段时间,并先后在该校做动员演讲,鼓励学生和教师的志气,振奋学生和教师的精神,并印发单行本《动员与民主》。①

三、梁漱溟的乡村教育理念

梁漱溟作为乡村建设理论创始人之一,也是乡村教育的集大成者。1936 年他的乡村教育理论著作《乡村建设理论》一书出版。在书中,他认为要把乡村的政治、经济、教育事业等综合起来,以教育为枢纽,用教育的力量组织乡村建设;他主张学校教育与社会教育合流,指出社会教育就是乡村建设,学校教育也是乡村建设。他认为教育是广义的教育,包括成人教育、民众教育和社会教育,在教育内容上他认为应该全面发展,智育、德育、体育、美育、综合性教育等应该给予关注,但是要以德育为主,通过将道德理念内化于形,使青年、学生、成人激荡心灵,从而加快对其他知识技能教育的掌握和学习。②

通过对他的理论概括,不难发现他的乡村教育理论内涵丰富。一是注重顺应时代发展,进行变通和创新。他认为人生的意义在于创造,因为人是有智慧的生命,有智慧就能创造,中国发展正处于积贫积弱的情况,陈旧的文化难以适应时代的发展,即便照搬照抄西方文化也不适应当前的环境,唯有依据具体实践情况创造适应中国国情的新文化,才能够挽救中国危亡。因此他强调社会教育的重要性,积极开办各种形式的教育活动,设立图书馆、教育馆、读书处、汇报处、演讲所等公共教育场所,并尤其注重农民家庭教育观念的转变,提倡农民信仰自由。乡村教育就是将社会教

① 蒙荫昭.广西古今教育人物[M].南宁:广西壮族自治区教育厅,2001:262-264.
② 梁漱溟.乡村建设理论[M].上海:上海人民出版社,2006.

育与学校教育相融合，不再只局限于学堂场所，而是通过将社会经验作为学习的中药内服而用，不仅为农民传授生产劳动知识，同时也提升他们的思想层次和教育水平。二是他强调终身教育与成人教育相结合。过去对于教育学习范围规范过于狭隘，他认为民众受教育实践应该适当延长，尤其是日新月异的社会，人生阶段何其漫长，唯有不断地学习和充实自己才能更好更快地适应社会的发展。因此在教育实践方面他也提出更多要求，要求扩大教育场所，无论是学校还是田间、炕头等地都是教育的场所，尤其是广大农村地区，由于场地、物资有限，他们不得不根据实际情况，开辟场所进行学习。他也要求扩大受教育对象的范围，无论是学生，还是老师，抑或是农民既可以作为受教育对象，也可以成为教育者，传授的不仅是书本知识也可以是生活经验和生产技能等。他还要求扩大教育内容，过去学生从课本上汲取知识，学习的是文化和思想，如今时代发展革新，读书、识字、农、工、商都可以成为教育内容。最后他要求采用灵活多变的教育方式，如课堂教学、课外活动、村规民约、劳动、实践等。这些举措更好地印证了梁漱溟的教育不是教育你成功干什么，而是教你如何更好地接受教育，教你学会更好地学习这一观点。三是将理论与实践相结合，这也是乡村教育独具特色的一大亮点。梁漱溟的乡村教育思想主要形成于他在山东开展乡村建设运动时期，在这个过程中他通过演讲、办学、考察、实践等方式一步步深入地形成自身的乡村教育体系，尤其是他在考察山西陶行知、黄炎培等人的乡村教育实验以及山西的村治运动中汲取经验，并不断参与乡村学校办学和管理之中，在这些活动中他衍生出从文化伦理本位的高度谋求乡村整个建设的和谐统一的思路，并充分认识到社会的特殊性决定了中国无法走西方国家道路，因此他最后以"改造乡村、再造民族"为目的进行乡村实践，进一步丰富和完善了乡村教育理论体系。

回顾梁漱溟的一生，乡村教育是他乡村建设理论的主旋律。受时代局限，梁漱溟的许多思想在当今时代难以维系，但是不难发现，从中我们也能汲取经验，为乡村教育的发展做出指引。

一是梁漱溟认为中国教育尤其是乡村教育活动需要不断地更新，其中渗透伦理的儒家思想为中国的素质教育和树立正确的教育价值观奠定基础。二是教育尤其是乡村教育的发展要适合中国的国情，乡村教育运动不仅要借鉴优秀的外国经验，更重要的是根据中国的现实国情，走适合中国特色的发展道路。梁漱溟认识到西方资本主义价值观是对于自身权利和个人主义的追求，而中国受儒家思想文化的影响，在人生态度和价值观方面呈现出中庸、伦理、求和等思想，因此受文化影响的不同，对于外国价值观的全盘吸收，势必会造成消化不良。不同的国情决定了中西方在教育改革上选择的道路不同,立足于本国实际,与社会发展方向相一致才是教育理论得以构建的重要尺度。三是从梁漱溟的经验去客观而准确地分析中国乡村教育改革性质,梁漱溟是想通过改良方式,从文化着手复兴中国、唤起民族意识,启迪农民智慧,从农村去复兴中国,这就是梁漱溟进行乡村建设运动的主要目的。

不难发现,他将社会问题简单化了,仅仅依靠解决农村问题去挽救国家危亡是不太现实的,同时改良的方式难以实现民族振兴、国家富强这一历史使命。但是从他的尝试中可以看出,乡村教育发展的根本主要是政治、经济、文化背景下的真正变革,只有适应的环境和大规模的教育才能为乡村教育的发展贡献力量。梁漱溟的乡村教育仍有巨大的成就,其中蕴含着强烈的民族意识和爱国情怀,他对于中西方文化的解读等给我们留下了一笔宝贵的精神财富。

第四节　唐现之的乡村教育思想

一、唐现之的生平简介

唐现之(1897—1975),原名荣琛,别字献之,又名谷。广西桂林灌阳人。著名教育家,与梁漱溟、任中敏等合称广西教育界"八怪",从这个称呼足以看出唐现之在广西教育界地位之高。

唐现之从小随在外做官的祖父读私塾,1911年武昌起义后,受革命思潮影响,唐现之毅然剪掉辫子,回灌阳县立高等小学读书,1913至1918年就读于广西省立第二师范学校,1919年9月考入南京高等师范学校教育系读书,在校期间得到当时该校的教务主任兼教育科主任陶行知的器重,而后成为陶行知的高徒受其教诲,深受其教育理念的影响。正是在陶行知的启迪下,唐现之坚定了从事教育事业的信心和决心。1919年五四运动爆发,他开始树立反帝反封建思想,参加李大钊等人创立的学术性政治团体即少年中国学会,在其中结识了无产阶级革命家恽代英、邓中夏、杨贤江等人,深受他们的进步思想影响。

唐现之1922年毕业后即回广西省立第二师范学校任教,次年到重庆,在四川省立第二女子师范学校任教,与革命党人萧楚女和实业家卢作孚等人交往颇深,曾编话剧《教育救国》,上演后影响很大。1924年他先到南京东南大学附属中学任教员兼申报馆青年副刊编辑,后到上海任中华书局编辑。1926年受聘回广西任省立第二女子师范学校校长,此后历任全州中学教务主任等职。1928年9月任广西省教育厅编译处编审,是广西教育厅《广西教育》主编。1929年应聘任中山大学教育系副教授兼该校附属中学教导主任。1932年受广西省当局聘请,在桂林筹建广西省立师范专科学校(今广西师范大学),学校建成后由于在办学方针上与当时领导层有分歧而离开该校。1933年任湖北省教育学院教授,次年应梁漱溟邀请,任山东省乡村建设研究院研究部导师兼训练部主任,并兼任《乡村建设》编辑。在此期间他对梁漱溟的学识和刚正不阿的人品甚为敬仰,将梁漱溟的教育论著和演讲汇编成《梁漱溟教育论文集》。当时梁漱溟与梁仲华在山东邹平创办山东乡村建设研究院,唐现之与黄省敏将梁漱溟每天清早与同学们分享的心得体会整理成文字,是为《朝话》。

　　1935年初,唐现之应雷沛鸿邀请,到柳州沙塘举办乡村建设实验区,主持实验区内的农业训练班和小学。不久后,唐现之到广西省教育厅任国民基础教育督查专员,对于广西乡村教育的改革和恢复中等师范教育,提出了许多宝贵意见。[①] 1937年当选省临时参议会议员,并被聘为省政府顾问,负责筹办广西省立桂林师范学校(今桂林师范高等专科学校)。1938年12月校舍、宿舍等建筑落成开学,省政府任命他为桂林师范学校的校长。1941年,唐现之因政治压力离开该校,应聘为广西大学教授。1942年初任桂林中山中学校长,其在校长办公室里悬挂"不敬师长天诛地灭,误人子弟男盗女娼"的条幅鞭策自己。学生中官员子弟较多,唐现之不畏权势,对所有学生都管教很严。1946年应聘为广西省立图书馆(今桂林图书馆)馆长。1949年广西解放后历任桂林市军事管制委员会委员、桂林市人民政府委员、广西省人民政府参事室参事、省政协副秘书长、省第一图书馆馆长、省司法厅厅长、省人民委员会委员,为省人大第一届代表。1958年他被划为右派分子,撤销司法厅厅长职务,安排到自治区政协从事文史资料研究工作。1960年被摘掉帽子,1975年去世,享年77岁。1979年自治区党委给予平反,恢复其名誉。

二、唐现之的乡村教育实践活动

　　唐现之在广西省立桂林师范学校任职期间,大力推行老师陶行知的思想,即"生活即教育""社会即学校""教学做合一"的生活教育理论。提倡人人都是先生,人人也都是学生,在做上教,在做上学,会的教人,不会的跟人学。他还推行蔡元培"兼容并蓄,学求民主,学习自由"的办学方针,引导学生走自主、自理、自觉、自动、自治的道路,主张学生毕业到社会后用教育唤起民众,保家卫国,成为社会的栋梁。他认为聘任教师应该不分地域、不分党派、不分毕业院校,只要品学兼优,他都礼贤下士,登

①　蒙荫昭.广西古今教育人物[M].南宁:广西壮族自治区教育厅,2001:324.

门聘请。经他聘请到校任教的优秀教师、知名人士就有丰子恺、杨晦、陈润泉、贾祖璋、林举岱、傅彬然、陈啸天等人,还请陶行知讲"世界形势和抗战教育",请梁漱溟讲到延安的见闻及会见毛泽东、周恩来等中共中央领导人的经过,同时他不干涉中共党员和进步教师在学校宣传共产党的抗日主张、马列主义理论和无产阶级革命思想。为了培养学生的教学能力,他进行教育科学研究,改进各科教学方法,在两江大岭心村办了一所附属小学,在两江圩办了一所特约中心小学,作为广西省立桂林师范学校学生的实习基地。[①]

1932年唐现之受广西省当局聘请,在桂林筹建广西省立师范专科学校。学校建设之初,唐现之亲自参与拟定《广西省立师范专科学校第一届招收简章》,内容主要是:第一,以培养中级教育行政人员和中学师资为宗旨;第二,招收对象为高中或师范毕业和有同等程度而在小学服务两年以上的男女青年,要有证明文件者;第三,训练科目分别设有军事训练、一般学科、专业学科,这三类学科下又分有多种不同类型的科目;第四,教学方法是以自学为主,教师从旁辅导;第五,学生待遇是学习期限两年,在校由学校供给膳食、书籍以及生活必需的零用,毕业后由省府分配到各县做教育行政人员或中等学校教师。

由于简章明晰,待遇好,报名者纷纷前往,共有108名新生参与就学。当时学校校舍还没有完全建好,唐现之积极宣传陶行知理念,强调"教学做合一""生活即教育",即学习理论知识,同时通过开设农业生产知识课程进行农业实践教育的学习,此外还向学生介绍关于梁漱溟的"乡村建设""村治运动"等理论与著作,这个阶段他的乡村教育思想开始逐渐形成。虽然环境和条件艰苦,但是师生合力,一起修建校舍开辟荒地,同吃同住,校园里形成朴素勤劳、团结友爱的风气。在师专任职期间,唐现之尽职尽责,注重教学方法,提出了教学与科研相结合的主张,计划在学校建立一个科学馆,使其成为全省研究的场所,并且帮助本校的毕业生解决有关科学的问题,也为无力升学而有志研究的本省青年提供科研条件。他还决定扩建学校农场,用作农业实验场,研究本省农业科学和协助毕业生解决农业上所发生的问题。他主张扩大学校图书馆为全省之模范图书馆,收集本省文献资料,并与各县乡村师范联系,实行图书馆流通借阅制,帮助毕业生及全省教员解答问题,让劳动与学习相结合。

---

① 蒙荫昭.广西古今教育人物[M].南宁:广西壮族自治区教育厅,2001:325.

1937 年唐现之负责筹办广西省立桂林师范学校，十分关注贫苦家庭学生，在建学期间秉承着"兼容并蓄、学求民主、学习自由"的办学方针，经常邀请学术名人丰子恺、梁漱溟、陶行知等人讲课和教学。他的一生见证着中国教育获得巨大的改变。在旧社会进入到新时代的过程中，他深受新思潮的影响，时刻关心着广西教育事业的发展，由他创办筹建的广西省立师范专科学校和广西省立桂林师范学校两所高校，为广西培育了大批优秀的高层次人才，他是广西高等教育事业的奠基者，也是广西高等师范教育的开拓者。

其实，新民主主义革命时期创办的广西省立师范专科学校为广西乡村教育的发展贡献了重要力量。1931 年，广西省立师范专科学校的创办人李任仁专门就广西省立师范专科学校的创办发表了一篇文章《师范专科学校的使命——改造及发展乡村教育》，1932 年初，唐现之任广西省立师范专科学校筹备处主任，校址选在雁山公园。在 1932 年 10 月 12 日的广西省立师范专科学校第一届学生开学暨校长就职典礼会上，李任仁再次强调"政府创办师专的动机就是要着手改建农村"。[①]显然，广西省立师范专科学校的成立及其对广西乡村教育研究和乡村教师培养具有里程碑式的意义。

唐现之在广西期间担任重要教育机构职务，对于整个广西教育的发展有着举足轻重的作用。他主持创办两所师范学校，为广西的师资培养贡献力量，同时从 1946 年至 1949 年，他任广西省立图书馆（今桂林图书馆）馆长，在任职期间，他克服重重困难，重建馆舍，添购书籍，众筹经费、关注儿童阅览室建设，为抗战结束后桂林图书馆的恢复和发展做出贡献。他的种种举措都立足于广西教育发展实践，他关心国计民生，心系乡村教育和师范教育发展，可以说正是在他的指导下，广西教育的发展大有起色。从办学、建校、修舍等举措中可以看出他一直关心着教育物质建设，不畏艰难地将自己的一生都奉献给了广西的教育事业，他的办学经历及办学中孕育的各类教育思想使人敬佩。

三、唐现之的乡村教育理念

回顾唐现之的一生，创办学校和践行他的教育理念是他的主旋律。唐现之的乡村教育思想深刻地影响着广西乡村教育的改革，他师从中国著名乡村教育思想家、

---

① 黄伟林.历史的静脉：桂林文化城的另一种温故［M］.桂林：广西师范大学出版社,2018:181
－182.

实践家陶行知,耳濡目染于老师的教育教学理念。1926年陶行知在南京北郊晓庄创办南京试验乡村师范学校,主要是为了中国乡村教育发展的未来而培育出一批优秀的教师人才,他强调师范学校应该与乡村中心小学相联系,师范学校应该围绕乡村中心小学发展而发展,师范学校的使命就是要向乡村中心小学传递精神方法和因地制宜的本领。

创办乡村师范学校后,陶行知认为教师的主要任务不仅仅是教书育人,学生的主要任务也不仅仅是勤学思考,更重要的是共创一个学校,许许多多的教师、学生都加入修建校舍的劳动大军中,依托乡村环境,纷纷走出校园来到乡村中参与劳动,他认为这种教育才是活教育。在教学内容中他认为要把农业技术等结合起来,将办学与改造社会相结合,把农村教育与提高农民素质、推广农业技术等结合起来,使得乡村教育承担起改造社会的使命。这也与当时的时代背景息息相关,陶行知深感中国教育改造的根本问题在农村,通过创办乡村学校和乡村师范学校,提高中国农民素质,推动广大农村地区的经济、文化得以提升,进而挽救中国危亡。

(一)乡村教育理念

唐现之承袭陶行知的思想,他抱着"教育救国"的信念,力图通过创办新式、民主、科学的师范教育来改变当时乡村教育的状况,以唤醒农民争取民主、平等的意识,起来反抗帝国主义和封建主义,振兴民族经济。

抗战时期,唐现之教育思想日臻成熟和完善,使乡村教育与争取民族独立结合起来。将乡村教育理念引入广西,结合广西实际情况提出乡村教育必须和农民的根本利益相结合。唐现之重视乡村教育的发展,实质上就是坚持以人为本的思想。他认为阻碍中国社会发展的深层次因素主要是中华民族尤其是广大农村地区正处于帝国主义和军阀统治的压迫下,政治上被统治和镇压,经济上遭受剥削,教育上被忽视,因此想要挽救民族危亡,振兴中国就必须用教育这种方式去改变当前这种状况。

当时正值社会动荡时期,唐现之分析广西乡村教育落后的主要原因:一是广西当局只注重政治角逐,对教育不够重视;二是乡村教育方向错误,没有真正与乡村农民的利益相结合,也得不到农民的支持;三是师范教育缺失,师资缺乏和质量较差等问题频出。广西当时的国民基础学校教职员中大部分都是小学毕业生,甚至还有一部分人不是小学毕业,这样的师资质量难以托举广西乡村教育大业。因此,唐现之认为乡村建设的根本在于乡村教育,而乡村教育能否成功在于有没有一批优质的师资。唐现之大力新办师范学校,就是为了培养乡村师资,着手于农村建设,提高农村文化,领导农民做多方面的奋斗。

　　唐现之本着重视乡村教育的观点,以"晓庄师范"为模式创办桂林师范学校,试图把学生培养成一批"有农民的身手,有科学的头脑"的新型知识青年,分别到各县充任乡村师范教师,与农民结合起来改造教育、改造社会,以实现他创办乡村教育的理想。他认为乡村有办法,国家民族才有办法;乡村得救,国家民族才可以得救,才能抗战必胜,建国必成。为了唤起大家对乡村教育的重视,他还专门介绍了苏联、丹麦、日本和美国等国家重视和发展乡村教育的情况及经验。唐现之办学始终坚持教育以民为本,为社会服务,为大多数人服务的思想。由于他的办学举措有违新桂系办桂林师范学校的宗旨,因此他的教育思想在实施中屡遭挫折,未能尽展手脚。

(二)爱国教育理念

　　唐现之具有浓厚的爱国主义思想,回顾他办学的时代背景正处于抗日救亡时期,面对恶劣环境,唐现之鼓励众师生应该把握住时代主旋律,尤其是他在桂林师范学校创办时期强调教师应当为人师表,以身作则,领导学生、儿童、青年走向正确的方向。国家危亡时刻,应该抛下个人主义,以集体生活为主体。不仅如此,他还将抗日救国思想融入日常教育中,在桂林师范学校开学典礼上,他勉励学生应该肩负和承担保家卫国的责任,他讲到随着抗日形势、救亡运动的发展,中国人不能做亡国奴,要团结起来抗战。青年人是国家的栋梁、民族的希望,读书不忘救国,将来毕业后到社会上要教育民众,唤醒民众,保家救国,把日寇赶出去,建设独立、自由、昌盛的国家。

　　他将爱国主义思想和情感深深融入乡村教育中,与农民结成同一阵线,让农民认识到当前的处境。因此他强调要想抗战必胜和建国必成,必须动员广大民众的参加,非一致奋斗不可。要是没有广大乡村民众的参加,便没有了兵员,没有了粮食。总而言之,没有了乡村,便没有了中国。乡村是国家的基础,民族的命脉,抗战建国的重心,因此我们应重视乡村教育,使农民认识抗战、建国与自身利益的关系,万众一心共同为之努力。乡村有这样一批青年,乡村就有了生命,抗战必胜、建国必成的信念就会取得更有力的保证⋯⋯乡村教育与民族存亡密切相关,推行乡村教育刻不容缓。他不仅在发表自身观点的过程中强调爱国主义情怀,同时还聘请当时多位教育家前往桂林师范学校讲学,1938年他邀请自己的老师、著名乡村教育家陶行知来讲学,陶行知以时代背景为主题,作了名为《世界形势和抗战教育》的报告,通过讲述当前国际形势而引发抗战的激情,进而鼓励青年学生肩负使命,共同抗敌。

　　在这个阶段,唐现之将爱国主义精神用乡村教育的形式传递,他认为教育振兴在乡村,因此他让学生到附近乡村地区开办男女成人夜校班,通过教村民们识字认字,宣传抗日救国思想。他推行"小先生制",小先生制主要是陶行知倡导的制度,通过将自己的知识和学问传授给年幼的学生或民众,开展大众教育,以求传播知识、开启民智。教育者并非全是教师,而往往是学生,学生不仅是学习的主体还是教学的主体,通过将自己所学的知识随时传给周围人来解决时代背景下师资、经费缺乏等问题。在唐现之的倡导下,成人夜校班在各地纷纷举办,小先生制也很快在各地被推行,为宣传爱国主义思想,进行大众教育,促进广西乡村教育发展奠定基础。

(三)民本主义教育理念

唐现之不仅具有爱国主义思想,在他的办学和教学举措中还渗透着民主思想和仁爱思想。一方面,他积极构建亲密友好的师生关系,一是要尊重受教育者的人格,在教学过程中不能侮辱和打骂学生,更不能把他们看作工具;二是要明确人人都有受教育的权利,不分贫富贵贱;三是要人人都有充分发挥自身才能机会,不能以任何权利、任何障碍剥夺或阻止其发展,教育应该是创造人塑造人的教育。另一方面,他推崇新式教育思想,要求政府当局给予学校办学自主权,强调在与教职工沟通和交流过程中不去控制教师思想,尊重和信任他们,面对学生强调学生应该具有主动性,给予他们自己组织实践的权利,这样才能培养他们学习思考的能力,有助于他们思想觉悟的提高。

唐现之的办学举措充分体现出他的民主思想,这也为当时广西办学提供借鉴,他为学校创造良好的环境,将学校建设成一块促进学生进步和发展的沃土。唐现之办学过程也蕴含着仁爱思想,他在教学过程中不去苛责学生,更不会体罚和打骂侮辱学生,在他办学期间从未开除过学生,他认为教育者应当将国家利益放在个人利益之前,在校期间尊重同事、爱护学生,对于犯错的学生都是采用检讨和自我检讨的方式,给予学生尊重。正是他以身作则,才将学校建设成师生相互友爱,满校春风、一团和气的局面,也正是他的仁爱思想,才能够把师生们牢牢团结起来,共渡难关。

唐现之不仅是著名的教育家、思想家,还是翻译家。他翻译了不少的著作,向国人介绍西方发达国家的教育理论和实践情况,如《怎样教导子女》《近代教育家及其理论》《近代西洋教育发达史》《欧洲新学校》《美国乡村小学标准》《你的孩子你的将来》。同时,他自己也博览群书,撰写了许多著作,如《十六字薪传与教育》《教育随笔》《国民教师手册》。① 他认为要想破除旧教育制度和旧教育观念,应该把教育的目光与重点转向乡村教育,同时教育的成功与失败取决于师范教育。因此,在唐

---

① 蒙荫昭.广西古今教育人物[M].南宁:广西壮族自治区教育厅,2001:326.

现之的教育思想中,尤其重视乡村教育事业的发展以及师资队伍的建设。他主张尊重教育者的人格,切不可把青年看作工具;他主张全民教育,人人都享有受教育的权利与机会;他主张人人都具有尽量发展其才能的机会,不能以任何权利、任何障碍阻止或剥夺其发展;他主张教育最主要的作用是摆脱旧社会思想,培育具有新思想的学生,推崇教育是培养人而非是阻碍人的教育,讲求革新教育理念。

第三章

新民主主义革命时期广西乡村教育实践案例

———————— ★ ★ ————————

第一节　新民主主义革命时期广西乡村教育实践概貌

一、新民主主义革命时期广西乡村教育实践地位

（一）广西乡村教育实践具有多重价值

从历史根源来看，我国本质上就是乡土社会。就国土面积和总人口而言，乡村地区是我国最庞大最重要的组成部分，乡村地区的发展与国家的命运时刻连系在一起。所以，在民族振兴、国家富强的道路上，乡村地区的同步发展显得极为重要。广西既是我国的重要边境地区，又是我国重要的南方乡村地带。广西乡村教育作为乡村社会发展中最核心的一部分，承载着国家、乡村社会、受教育者的希望，直接关系到我国社会主义的建设进程和全面建成小康社会、教育现代化、城镇化目标的实现。诚然，这一阶段乡村教育的健康发展为新中国成立后的乡村教育起到了奠基作用。

1.有利于促进乡村受教育者的发展

教育的首要任务就是满足受教育者的发展需要，挖掘其内在潜能，帮助受教育者实现自身的意义和价值。那么，乡村教育的价值取向是游走于"离农"还是"为农"，目前来说这亦是一种选择性争论。① 无论如何，广西乡村教育最大的价值就在于提高乡村受教育者的整体素质，满足其身心全面发展的需要，充分开发他们的潜能，使其实现自我价值。不管是当前广西乡村教育的发展，还是新民主主义革命时期乡村教育的发展，皆影响着受教育者的发展。一是为受教育者获得全面发展提供有利条件，二是它能促进乡村受教育者身心健康发展，帮助其培养良好的道德品质和审美情趣。优质的广西乡村教育，让身处乡村的孩子有机会通过学校学习获得向

---

① 　贺祖斌,等.广西乡村振兴战略与实践·教育卷[M].桂林:广西师范大学出版社,2019:14-15.

上流动的机会,从而改变生存与生活状态。乡村教育的出现和发展永远离不开乡村,这是其独特性所在,也是城市教育不可能取代乡村教育的根本原因所在。乡村教育对受教育者的培养,包括对受教育者的德、智、体、美、劳素养,以及认同、适应、热爱乡村的心理倾向等的培养,更包括对受教育者传授乡村生活中的基本知识、技能和经验。这些对乡村受教育者的成长而言都是一份宝贵的财富,这种在自然环境中成长的乐趣可能也只有在乡村教育中才能获得充分的享受。

2.有利于促进城乡一体化发展

这一时期,中国教育现代化探索的脚步从未停止过。社会现代化的关键是人的现代化,人的现代化在于教育现代化。[①] 教育现代化能教育持续发展、进步的过程,教育现代化的过程就是获得和深化教育现代性的过程。教育现代化能否达成、有无或者是否需要一个统一的标准? 答案应该是肯定的。[②] 广西乡村教育是其中一个重要的指标,亦是教育现代性的表现之一。而社会现代化是教育现代化的基础,亦是目标,教育现代化是社会现代化的重要条件,二者相互作用与促进。在中国现代化的进程中,一个重要的发展任务与指标就是城镇化。城镇化使乡村教育生存与发展越来越困难,优质教育资源大都集中在城市,教育价值以城市教育为主导,乡村教育逐渐式微。而且,根据全球发展状况可知,发达国家已有先例证明:形式上的城镇化达到一个顶点,其发展重心会重新转移到乡村,从而导致需要重新建设新乡村。我们深知,重新开始建设所产生的花费是巨大的,在城镇化进程中彻底遗弃乡村的代价也是不可估量的。那么,广西乡村教育实践则为不错的选择与出路,它可以优化城镇化发展路径,兼顾乡村发展,继而推动乡村教育的发展,进而缩小城乡之间的差距,最终有利于促进城乡一体化发展。

3.有利于维护社会和谐稳定发展

新民主主义革命时期处在新旧教育的过渡期。众所周知,乡村教育在道德教化和思想意识上具有规范引领作用,社会中的每一个人的道德信念不是与生俱来的,其必须通过教育习得与培养。在广西广大乡村地区,我们必须正视的问题是,当时乡村人口的文化素质整体上不是十分高,然而乡村教育的希望却在这些人身上。乡村中的广大村民希望自己的后辈能通过教育走上更好的道路与更高的平台,拥有适

① 陈旭远.论课程现代化的四个层面与时序模式[J].东北师大学报(哲学社会科学版),2000(6):96-100.

② 钟佳容,韦义平.我国教育现代化评估核心指标体系建构[J].中国教育科学(中英文),2020(5):50-61.

应社会生活的能力与素质。乡村教育便是这些人心中的一种精神支柱,一种殷切期盼,一盏通往更高层次精神生活的引航灯。通过乡村教育,这些受教育者在学校习得各种知识和理念,不断地将其传递给不同代际的人,这样可以改变乡村居民的思想与行为,使得他们可以以更加开放与包容的态度来面对生活与社会。这样培养出的社会人将会理性对待当前的城市生活,重新定位自己的前进方向,更能接纳城市生活与整个社会。无法恰当处理城市教育与乡村教育差异问题,忽视乡村教育的特点、优点与特色,一味地追求城市教育的理想状态,则会给社会造成不和谐的隐患,久而久之会造成社会失衡与不和谐。故而,该阶段的广西乡村教育实践活动有利于和谐社会的构建与维持。

4.有利于推动教育走向多元发展之路

首先,城市教育与乡村教育是存在一些差异的,这是教育多元化发展的必要性与条件之一。广西乡村教育是城市教育的基础,城市教育与乡村教育是相得益彰的,同时城市教育亦会促进乡村教育的发展。而且,随着城镇化的推进与发展,全国甚至全世界的城市生活状态大都类似,然而在广阔的乡村地区却独具自身的魅力与特色,基于乡村及其氛围建立起来的乡村教育会呈现出其特有的活力与动力。广西是一个文化多元、城乡共融发展的省份,城市教育具有自身发展的优势,其教育资源相对乡村的丰富,可以弥补乡土资源之不足;师资力量相对乡村的充足,可以缓解因师资力量不足而带来的教育质量问题;教学设备相对乡村的先进,但是有时候会出现因采用教学设备反而缺乏必要的情境设置。然而,广西乡村教育具有丰富的乡土资源,打造本土特色的教学容易出彩,性格淳朴的教师有可能培育出具备善良、勤劳等良好品质的学生,教学环境接近自然,教学与生活联系紧密等,这都是城市教育无法相比的。这两者各有特色与生态位,不应打乱两者的秩序,人为地割裂两者之间的关系,尤其是在农村占新民主主义革命重要地位的时期,广西的乡村教育亟须得到重视与发展。综合之,则有利于推动教育走向多元化发展之路。

(二)广西乡村教育实践占据承上启下地位

在新民主主义革命时期之前,我国经历了半殖民地半封建社会,两次鸦片战争、八国联军侵华战争、新文化运动、五四运动等使人们从政治上的"落后就要挨打""中体西用"到意识到教育上的"落后"。与半殖民地半封建社会相对应的就是半殖民地半封建社会性质的教育。然而,1949年中华人民共和国成立,并于1956年走上社会主义道路,其对应的则为社会主义性质的教育。也就是说,新民主主义革命时期的广西乡村教育是处在两者之间的,这个时期的教育起到了承上启下的作用,不论是教育理论还是教育实践。然而，我国是一个农业大国，广西的乡村教育实践得到了众多教育名家的指导与亲力亲为，例如教育名家雷沛鸿、马君武、杨东莼等。这些教育名家的教育实践活动，为社会主义社会的教育铺就了一些道路，例如抗日战争时期，广西乡村教育得到了一定程度上的发展，尽管后来由于解放战争的影响，其教育受到了不少的打击与损失。但是，这都不可磨灭新民主主义革命时期广西乡村教育的重要作用与地位。

（三）广西乡村教育实践为新中国教育奠定良好基础

上述的"承上启下"地位重点在于说明历史时期的分割线及其重要性，这里着重从不同的方面说明广西乡村教育实践为新中国教育奠定的良好基础。其主要表现首先是在教育文本成果上，这个时期出版了众多教育读物与刊物，例如 20 世纪 30 年代教育实践与理论学者们发表的《岩洞教育的建议》《桂林作战时民众教育工作人员须知》等，可以为新中国教育提供良好的学术基础与资料基础。其次是教育群众基础上，尤其是在抗日战争时期，由于新民主主义革命是无产阶级领导的，人民大众的，反对帝国主义、封建主义、官僚资本主义的革命，学生们抗日救国的热潮非常活跃，积极参与到救国的行列中来。最后是教育实践影响上，当时的国人为了国家独立、自由与发展，不断地进行抗争，这种精神在教育上也得到了映射。换句话说，广西乡村教育实践亦带上了这种精神与勇气。当然，除了这些之外，还有其他的新中国教育基础条件。但是综合来看，这三点较为突出，故而其他方面不做赘述。

二、新民主主义革命时期广西乡村教育实践观

（一）革旧迎新，发展教育

新民主主义革命时期的乡村教育处于新旧教育过渡时期，故而这时期的教育亦具有一种"革旧迎新"的风格与特点。1840 年鸦片战争前，中国是一个独立的封建国家。鸦片战争后，帝国主义的不断入侵，改变了中国社会发展的轨道，使社会性质发生了两个根本性的变化：独立的中国逐步沦为半殖民地的中国，封建的中国逐步变成半封建的中国。这个时期，中国的教育受"半殖民地半封建"社会影响明显，广西乡村教育亦不例外。广西乡村教育实践活动极大地受到限制，甚至在很大程度上是无自由或自主权的。随着 1919 年五四运动的爆发，中国从旧民主主义革命走向新民主主义革命，相应地，教育亦伴随着新旧民主主义革命的转折而带有新民主主义时期的特点与生机。例如，广西当局一直都很重视国民基础教育，并且开展国民基础教育运动，这就极大地推动了广西乡村教育的发展。到 1949 年，中国人民推翻

了三座大山,中华人民共和国成立了,这就标志着中国新民主主义革命取得了基本胜利,广西教育随着这一胜利也获得了发展的机会。这也是一个重要的转折点,昭示着广西乡村教育即将迎来新的希望与发展天地。

(二)兼顾城乡,补齐短板

尽管当时城镇化不是十分明显与发达,但是相对于乡村来说,城市教育却获得了优势发展的机会,而农村教育的发展却极为受限。根据当时的局势,广西当局领导人并没有放弃乡村教育的发展,而是同时开设了省立、市立、县立、乡立、村立等多种层次的教育,例如桂林市永福地区给予乡村小学教员每月 1—5 元的月薪,以便其养活全家、发展社会以及支持国家。当然,在艰难的时刻,广西乡村教育物资极其匮乏,例如课桌椅、黑板、教具等都极其欠缺。面对这些困难,乡村教育的有志之士则极力想办法,一是通过社会筹措资金,二是自筹资金。两种方法相结合,最后缓解了广西乡村教育中资源匮乏、资金不足等问题。由此看来,广西乡村教育实践秉持兼顾城乡教育发展,极力补齐教育短板的发展观与实践观。

(三)工农结合,家国同进

尽管新民主主义革命的指导思想是马克思主义,但是从全局来看,广西乡村教育实践是采用工农结合的方式,进而达成家国同进的鹄的。这是源于当时具备一定的经济与政治条件。从经济上来看,中国民族资本主义工商业得到了发展。第一次世界大战期间,因欧美各帝国主义国家忙于互相厮杀无暇顾及中国,且欧战各国需从中国进口原材料和农产品等因素的影响,中国民族资本主义工商业发展进入“黄金时期”。而且,伴随着中国民族资本主义工商业的发展及欧战结束后外资企业的增加,中国工人阶级队伍也随之壮大;到了五四运动后期,中国工人阶级以独立的姿态登上了政治舞台,成为运动的主力军。工人阶级不断壮大,开始形成一支强大的、最富有革命性的新的社会力量。此外,中国是一个农业大国,农民的力量是占大多数和主要地位的,这无疑给广西教育的发展奠定良好的群众基础与坚实条件,广西省政府是不会轻易抛弃乡村教育的,反而会充分调动其发展。如此看来,工与农相结合,家与国不分离,这时期广西乡村教育实践观为工农结合,家国同进,相互扶持,共同促进。

(四)抗日救国,曲折前进

在新民主主义革命的后期,中国面临外患之困境,即日本发动侵华战争。这使得当时的教育充满了抗日救国的气息与精神,广西乡村教育的发展在曲折中前进。具体表现在,首先是抗日战争带来了巨大的损失,例如师生的减少、教育经费的拮据、教育物资的匮乏以及教学场地的不足等,尤其是战争给人们带来精神上的创伤,那是无可估量和难以恢复的。这给广西乡村教育实践的开展布下了重重关卡与难题。但是,面对困难之时,广西省政府和教育界的有志之士则积极恢复教育的发展,例如采用拨款、恢复教育机构等手段,积极地恢复乡村教育发展,尽量减少或降低因战争所带来的损失。经过 14 年的艰苦奋战,中国人民终于迎来了曙光,取得了抗日战争的胜利,洗刷了近百年来中国遭外敌入侵屡战屡败的耻辱。抗战胜利后,人民渴望国家各项事业步上重建之路,希望教育事业获得复兴。广西省政府顺应历史的大潮,在"重建广西"的口号之下积极开展教育复兴,例如恢复教育行政机构和核拨教育经费等。通过这些努力,广西乡村教育实践活动才得以逐渐地恢复与发展,并在曲折中前进。

三、新民主主义革命时期广西乡村教育实践活动

(一)广西乡村各学段教育实践活动

1.幼稚园教育实践活动

幼稚园教育实践活动需要教育机构、园舍、经费、教科书、教具等的支持,故而其主要是从这些方面来着重论述的。在 20 世纪 20 年代中期以前,除了外国教会在桂林、梧州、桂平等地办的几所幼稚园,广西还没有幼儿教育机构。在 1925 年之后,广西随着各级各类教育的逐步发展,幼儿教育才开始兴办起来。20 世纪 30 年代前的幼稚园,主要分布在广西平原地区的县城或者圩镇,边远山区或者贫困地区极少。梳理史料发现,这些幼稚园大多数附设在城镇小学内,单独设置幼稚园的很少。幼稚园的园舍、设备、教学用具等都很简陋,许多幼稚园园舍是利用祠堂、庙宇及其他旧房改建而成,教学条件极差,例如教室破旧、阴暗、潮湿,有的无固定园舍。并且,园内的教学设备无统一标准,玩具、教具奇缺,幼稚园教育无统一教科书,一般由各园教师自编或以讲故事的形式进行教学,开展相关高质量的教学极为困难。众所周知,教育经费是幼稚园教育实践活动的保障,然而,当时幼稚园的教育经费很少,学生也不多。此外,社会上对幼儿教育的认识还受传统观念的影响和束缚。总而言之,广西的幼儿教育总体上起步晚,发展很慢,广西乡村的幼儿教育更是如此。

2.中小学教育实践活动

(1)初等教育实践活动

小学教育是国民的基础教育,在五四运动的影响之下,一些革命志士为传播新文化、新思想,在各地兴办学校。于是,广西有一批新型普通学校诞生。这一时期,

广西乡村小学主要是进行兴办与改造工作,如振华小学等就是案例之一。革命青年梁福臻于 1923 年在凤山县盘阳乡(今属巴马县)创办振华小学,其任振华小学校长,该校的经费由凤山县府拨给。这个教育实践活动的目的是通过教育来唤醒民众,洗刷国耻,振兴中华。1924 年春,南宁师范毕业的学生甘承先、许宝光等到该校任教。该校除文化课外,还设"军训操"、政治时事课。当时,除了振华小学在开展教育实践活动,其他乡村小学也在采取行动。1923 年起全国开始实行新学制课程标准,但是广西延至 1924 年下学期才由省长公署决定施行。一般来说,省立、县立的小学教员学历较高,乡村小学的教员学历较低。而且,省立、县立小学比乡立、村立小学教员的学历高,公立小学比私立小学教员的学历高。1927 年初,黄松坚等人以振华小学为基地,策划盘阳起义,成功地在左右江地区竖起第一面起义红旗。同年,时任省教育厅厅长雷沛鸿提出整顿全省县市乡立小学的规划。1929 年,蒋桂战争爆发后,局面混乱,各地小学设施遭到破坏,许多学校停课或停办。

20 世纪 30 年代起,广西乡村小学教育实践活动更为频繁与曲折。1930 年初,教育部规定 7—10 岁的儿童入初级小学,但是广西不少农村儿童是 10 岁以后才入学的。当时,根据地的党和苏维埃政府非常重视发展普通教育事业,发出了关于县、区、乡都要开办劳动小学的通知,并规定革命根据地中心区域各县都办劳动小学,其分为初级和高级,其中东兰县高级劳动小学最为出名。该校主要招收贫苦农民子弟入学,不收学费,教员由工农政府供应伙食,不领薪金。1932 年,学龄儿童入学率最高的桂林也只有 38%。[1] 许多儿童入学后,因家庭贫困,不得不中途辍学或者退学。在广大乡村,青壮年大部分是文盲,在少数民族聚居的山区,"文盲村"较为普遍。1933 年,省政府颁布《广西省普及国民基础教育五年计划大纲》。此后,义务教育与成人教育合并举办,国民基础教育运动得以开展。同年,全省 99 个县共 25 494 个行政村街,12 640 个村街有小学,12 854 个村街未办有小学,未办有小学的村街占 50.4%。其中,文化教育比较发达的是桂林、邕宁和郁林三县,具体情况如下:桂林县共 807 个村街,有小学的 334 个村街,未办有小学的 473 个村街,未办有小学的村街占 58.6%;邕宁县共 759 个村街,有小学的 428 个村街,未办有小学的 331 个村街,未办有小学的村街占 43.6%;郁林县共 751 个村街,有小学的 419 个村街,未办有小学的 332 个村街,未办有小学的村街占 44.2%。文化比较落后的百色、凌云、西隆三县

---

① 广西壮族自治区地方志编纂委员会.广西通志:教育志[M].南宁:广西人民出版社,1995:151.

的情况更不乐观。① 广西的小学教育包括乡村小学教育,虽然有一定的发展,并逐渐步入正轨,但是其教育发展仍然缓慢、不平衡。各地的小学除中心校校舍、设备较好外,村街办的小学校舍、设备大都十分简陋。许多学校借用民房或者祠庙上课,学生需要自带桌凳,而且有的学校无寝室,有的学校教室宿舍是并用的。多数学校没有体育活动场地,各地学校学龄儿童入学率都很低。1931 年,广西省政府采取有效措施整顿教育。同年 5 月,广西颁布《广西省推行义务教育计划概要》,并提出义务教育计划的目标是使全省学龄儿童接受初级 4 年的义务教育;各地根据乡村的情况,学龄儿童入学方式可采取变通办法;等等。同年 8 月,省政府公布《广西省教育施政纲要》,进一步规定初等教育以普及为主,教育设施从简适用,尤其应该注重乡村教育。但是乡村小学教员的工资不是很高,据 1934 年上学期永福等县小学教员工资统计,大多数小学教员月薪 6—15 元,少部分 16—25 元,山村小学教员月薪只有 1—5 元。② 当时学校教师除工资之外,一般没有其他福利。例如小学教员在看病、租房等方面都需要自己掏钱,旧社会就业机会少,大多数教员靠自己的工资养活全家。

　　抗日战争前广西发起的国民基础教育运动,在抗战时期继续开展并达到高潮。1940 年,国民基础教育运动结束。村街国民基础学校招收对象分为三种:一是本村 6 足岁至未满 12 足岁的学龄儿童,修业期限 4 年,分前后两期,每期 2 年;二是招收 12 足岁至未满 18 足岁的失学儿童,修业期限 1 年,但必要时得延长 1 年;三是招收 18 足岁以上 45 足岁以下失学成人,修业期限 6 个月。乡镇中心国民基础学校除承担村街国民基础学校应办的各种教育外,尚须设高级班,招收 4 年期满的学生,或具有同等程度者,修业期限 2 年;辅导乡镇内村街国民基础学校。③ 6 年的国民基础教育运动,基本实现原定计划,每乡镇设立 1 所中心国民基础学校,每村街设立 1 所国民基础学校。据统计,全省共有 2 339 个乡镇,其中 2 273 个乡镇设立中心国民基础学校;全省共有 23 958 个行政村街,其中 19 298 个村街设立国民基础学校,在校小学生 158.7 万人,小学生占全省总人口的 11.64%。④ 国民基础教育在教育辅导上采取本省中心辅导制,乡镇中心学校负辅导国民学校之责。⑤ 由此看来,国民基础教育

① 广西教育旬刊:第一卷:第 6-8 期合刊.广西教育厅,1934.

② 蒙荫昭.广西教育史志:1989 年第 1 期总第 9 期[M].《广西教育史志》编辑室,1989:12.

③ 蒙荫昭,梁全进.广西教育史[M].南宁:广西人民出版社,1999:544-545.

④ 广西壮族自治区地方志编纂委员会.广西通志:教育志[M].南宁:广西人民出版社,1995:196,133.

⑤ 卢显能.转型期的国民基础教育[J].广西教育通讯,1942(3-4):2-47.

成绩斐然。在抗日战争时期,村街国民基础学校的经费,除校长生活费由县款支给之外,其余由各村街自行筹集,不足部分由县经费补助;乡镇中心国民基础学校由县经费支给,县款不够时,由地方自行筹集。经费筹集办法有:由乡镇村街长征集民工,借用土地,举行公共耕作,将所得收入拨充基金;或者利用乡镇村街所有荒山荒地,由基础学校、乡镇村街公所主持垦荒造林,将所得收入拨充基金;或者职员捐赠财产等。90%以上的乡镇和行政村设立了国民基础学校。虽然大多数村街国民基础学校的校舍、设备十分简陋,条件很差,但毕竟有了学校,许多山村是第一次有学校,很多儿童有了上学的机会。但是,从当时的情形可知,普及基础教育并非一件易事,广西乡村许多适龄儿童失学,即使是上过学的学生在毕业时也大多数识字不多,不能看书读报,仍属于文盲。据历史记载,日军入侵给广西教育带来了巨大的破坏,很多学校被摧毁殆尽,校舍、教具、仪器、图书、文档等很多荡然无存。例如梧州的村街国民基础学校被毁者有 45 所,共计损失 5 455.5 万元。[①] 因抗战,外地也有部分学校迁到广西。如成都师范学院,1939 年迁至桂林西门外复课,还在桂林东郊潜经村设立回民小学。又如淮安市新安小学,1938 年 11 月 15 日经衡阳迁至桂林,在桂林东郊观音山新村租用民房筹备恢复新安小学,汪达之任校长,月底正式上课,同年 9 月中旬迁至西郊致和村。由于学校远离市区,学生一律住校,实行集体生活制度,采用复式教学,并且该校还得到过教育家陶行知的指导。从 1941 年 2 月至 7 月,新安小学主要成员分批经湛江、香港、上海奔赴苏北新四军抗日根据地。新安小学为广西农村教育和抗战都做出了巨大的贡献。抗战胜利后,广西农村小学逐步恢复,但由于战争破坏严重,复原经费严重不足,直到 1949 年,许多小学设备仍然未恢复到战前水平,可谓损失惨重、发展缓慢。

(2)中等教育实践活动

初等教育实践活动铺就的道路与已有的基础,为中等教育的发展与实践活动的开展奠定了一定的根基。经过梳理史料可知,相比之下,中等教育实践活动没有初等教育实践活动那么丰富。省政府在发展中等教育的过程中,着重对其进行整顿和改造,本文也着重介绍新桂系时期中等教育实践活动。从 20 世纪 20 年代后期就开始调整学校布局,改革学校管理体制和教育内容。1928 年,广西省政府对全省中学进行整顿,并颁布《广西省立中学校组织大纲》等法规。该法规规定了中等教育的宗旨,即根据三民主义继续小学之基础训练,增进学生之智识技能,为预备高深学术及

---

① 苍梧教育文化概况报告[N].苍梧日报,1946-06-19.

从事各职业以达适应社会生活之目的。20世纪30年代初，省政府提出"建设广西，复兴中国"，进行"四大建设"。1934年，广西省政府委员会通过了《广西全省中等学校改造方案》。该方案指出，现有中等教育制度不适合国情及地方情形等问题。这个时期广西的中等教育在改造中得到一定的发展，进一步正规化，办学质量有所提高。经过几次改组和调整，1936年，全省中学共46所，在校生11 013人。在课程设置上，各校基本上执行教育部规定的课程标准。但省政府特别强调公民训练和军事训练，向学生灌输"三民主义"、"三自三寓政策"和《广西建设纲领》，要求学生切实信奉三民主义等。1936年2月26日，广西省政府颁布《广西国民中学办法大纲》和《广西国民中学组织规程》，规定国民中学以县立或者数县联立为原则，设校地点以农村为原则。同年，在邕宁、苍梧、桂平、桂林试办4所国民中学。国民中学担负起了衔接基础教育、发展民族文化和培养乡村基层干部的重要任务。它的着眼点不在城市而在广大贫穷落后的农村，它的毕业生不像许多普通中学毕业生那样不愿意回(到)农村基层服务，而是绝大多数人愿意扎根农村；他们来自农村，熟悉基层，有较强的吃苦精神和必需的就业基础和本领。事实证明，创办国民中学，对改变广西人才紧缺状况起到了积极的作用。广西乡村教育实践活动离不开教师，关于教师工作方面，1933年以前，广西中学教师的工资实行"按时计俸"制，即以每周的授课时数之多少计算工资。教师工作"按时计俸"，弊端较多，有的教师只讲授课的数量，不讲质量。1933年7月起，中学教师工资改为"分级计俸"制，共分为12个等级。校长、专任教师最高级月薪110元，最低级月薪60元；职员最高级月薪80元，最低级月薪25元；雇员最高级月薪30元，最低级月薪8元。抗日战争前广西物价比较稳定，中学教师的工资由"按时计俸"制改为"分级计俸"制后，中学教师的工资待遇仍然是比较高的。大多数的中学分布在桂林、南宁、梧州和桂东南地区，桂西少数民族地区许多县还没有中学，那里的大多数劳动人民的子女还是不能上中学。总的来说，广西农村的中学教育仍然很落后，发展缓慢。抗日战争胜利后，广西农村的普通中等教育有所恢复。

　　中等职业教育在一定程度上也属于中等教育的范畴，故而在此亦作简单介绍。清末民初，广西曾办过一些职业教育。但是在20世纪20年代初职业学校大都先后停办。广西的中等职业教育始于清末，到新桂系统治广西前期得到缓慢发展。1925年后，新桂系提倡发展职业教育。邕宁、北流、郁林和苍梧等县先后开办职业学校。20世纪30年代初，全省仅剩下苍梧、邕宁两三所职业学校。当时，新桂系重掌省政后，制定发展职业教育的计划。1939年公布的《广西教育今后施政纲领》提出，"职业教育注重农业及改进本省原有工业",女子中学改办职业学校。20世纪二三十年代,广西的农、工、商业都还十分落后,就业不容易,因此职业教育"设计较多,执行较少"[①],发展缓慢。职业学校几乎都集中在城市,省办的多,县办的少。县办职业学校经费、师资、设备、实习、就业等较难解决,导致其多为昙花一现。但是这些职业学校的开办,为抗战时期中等职业教育的发展积累了经验,奠定了基础。综上所述,该时期广西乡村的职业教育没有得到很好的发展。

(二)广西乡村各种教育类型实践活动

1.成人教育实践活动

成人教育实践活动在整个新民主主义革命时期并不是始终贯穿的,其发展呈现一些阶段性特征。1938年,广西省政府决定把1939年作为全省"成人教育年",在这一年内集中和动员社会各方面的力量,彻底扫除青壮年文盲,完成普及国民基础教育的计划。1939年掀起声势浩大的"成人教育年"活动,该活动的开展与雷沛鸿的努力是分不开的。广西省政府先后制定和颁行了《广西成人教育年实施方案》和《广西成人教育师资训练班办法大纲》等六项附则。实施方案提出了总体规划,比如18足岁以上至45足岁以下的男女失学成人及尚不能阅读并不了解部颁民族学校课本第一、二两册课文者,均须入成人班学习;以男女分别教学为原则(不足25人或路途遥远、人口分散的乡村,设置成人班巡回教师,实行巡回教学),采用抽签的方式,分期强迫入学等。成人班多利用基础学校儿童班的教室于晚间或者农闲时间授课,尽量利用各学校、团体原有设备。其他如课本、文具费等开支,除县款补助外,由各乡村自筹解决。关于师资来源方面,其方案也有规定,它的来源有四种,例如调用各乡镇中心国民基础学校辅导班主任等。成人班上满8周后,即举行结业测试,测试内容包括生活训练、妇女特殊训练、生产劳动等方面。成人班还制定了较为严格的考核制度,如各乡镇村街长及成人班教师的考核,由各县政府根据成人班办理成绩及县视导员报告进行考核,并报省政府备案。各科考试成绩合格者,由县政府发给结业证书,不能结业者,则须补受教育。可见,学生要符合成人班结业要求并非易事。不过,这对广西乡村基层建设事业和乡村教育事业的发展起到了促进作用。

2.平民教育实践活动

广西的平民教育是五四运动前后兴起的新教育运动,一般通过办平民夜校来推行。1924年以前出现的平民夜校,既有爱国知识分子创办的又有官办的。1924年

---

① 广西统计局编辑.广西年鉴:第二回[M].广西统计局,1935:911.

至 1926 年间,一些共产党人和革命志士在左右江地区办的平民夜校,是以唤起民众为解放事业奋斗为宗旨的。据不完全统计,1926 年隆安县全县 47 个村街有 60 个平民夜学班,如隆安县龙庄村平民夜校等,入学群众达 3 000 人。该年冬天,隆安县龙庄村平民夜校由隆安县农会在龙庄村开办,主持人梁启龙,学员 30 多人,全是龙庄村文盲农民。学习时间为每晚两个小时左右,课程有国语和算术,国语教材是《千字课本》,算术课程教一些简单的加减乘除计算方法,此外还教唱歌等。学员不用交学费,课本免费发放。学校还免费供应灯油给学员晚上学习。1927 年四一二反革命政变后,农会遭到严重破坏,平民夜校随之夭折。当时除了隆安县龙庄村平民夜校,还有其他几个平民夜校,如龙州县下冻平民夜校。1926 年 10 月,龙州县下冻平民夜校由中共党员陈霁、易挽澜等在下冻乡棒场村开办,招收贫苦百姓入校学习文化。教师上课用自编教材,以农民运动知识为主要内容。他们通过夜校教育群众,发动群众参加农民运动,并在 7 个村成立了农会。在下冻平民夜校的影响之下,那造村、河渡村也分别开办了平民夜校。四一二反革命政变后不久,农会主要领导人被杀害,平民夜校停止活动。总体来说,平民夜校为广西农村扫盲、培养人才和实现教育公平提供了有力的帮助。

3.农民教育实践活动

从全国来看,根据地的建设和巩固都要发动和依靠农民,因此党和苏维埃政府十分重视农民教育工作,在广西则以百色起义后的革命根据地尤为突出。红七军在百色起义后不久即发出通告,要求实行平民教育,开展识字运动,以提高群众的革命觉悟,使其参加根据地的各项建设事业。因此,各县、区、乡级苏维埃政府成立后,积极采取措施,利用庙堂或者发动群众腾出空房和自制黑板、课桌,开办农民文化夜校或平民夜校,以开展农民教育。农民的学习积极性很高。从 1929 年 12 月至 1930 年 1 月,左右江根据地各县,凡是建立苏维埃政府的乡村都有农民文化夜校或者平民夜校。夜校的教员一般是聘请当地小学教师担任或者由苏维埃政府工作人员兼任,尽管没有任何报酬,但是他们的积极性很高。夜校的主要教材为左右江苏维埃政府编写的《工农兵识字课本》,课本的知识性、思想性都很强,很适合工农群众学习。农民文化夜校分男女班,错开时间上课,解决夫妻同时上学家务无人料理的困难。有的乡村还专门设立妇女夜校。妇女向来备受歧视,她们得到解放后,学习文化的热情很高,学习氛围最为活跃。这些夜校的学员们不仅在夜校里认真学习文化、政治,唱革命歌曲等,还积极配合苏维埃政府各个时期的中心工作,组织宣传队开展宣传工作。这些为新民主主义革命的胜利奠定了良好的群众基础与教育基础。

4.特种部族教育实践活动

在新民主主义革命时期,特种部族教育(简称特种教育)是对特种部族所施行的教育。特种教育这一名词为广西首创。此种教育实施于全省的特种部族社会,因其自为体系,而有别于普通教育,故而称之为特种教育。① 新桂系和历代统治者一样,对少数民族实行民族歧视和民族压迫政策。民国时期,新桂系把苗族、瑶族、侗族等统称为特种部族,把壮族分为"熟壮""生壮"两种,并认为"熟壮"已经汉化,不承认他们是少数民族。据吴彦文编著的《广西之特种教育》所载,广西少数民族分布在兴安、蒙山、武宣、三江、宜山、东兰等61县,共323 411人。新桂系把对少数民族实行的教育称为特种部族教育或边疆教育,这就是民国时期广西特种教育的由来。这个时期有特种部族师范教育和特种部族小学教育,本文只论述特种部族小学教育。早在清末年间,广西当局就在修仁、平南、龙胜等县的一些乡村开办过"化瑶"小学。1931年,新桂系派遣国民党党政训练所毕业生到平南所属大瑶山南部瑶族聚居的罗香和桂平所属的大瑶山西南部瑶族聚居的横冲,开办"化瑶"小学,开始在特种部族地区举办教育。1933年,广西省政府颁布《广西特种教育实施方案》后,新桂系便有计划地在全省特种部族地区普遍推行特种部族教育工作。这时全省开展普及国民基础教育运动,要求各乡村设立国民基础学校,因此特种部族教育地区乡村和其他地区一样限期普遍设立国民基础学校。1940年,先后在宜山县北牙瑶族乡,全县(今全州县)东山、蕉江瑶族乡,桂平县紫荆、开化瑶族乡等地,创办特种部族基础学校和回民小学共247所。② 广西特种部族地区还先后创办了一些主要招收少数民族子女的学校。但是,由于特种部族地区人民生活贫困、教育经费奇缺、交通闭塞等原因,教师质量和校舍、教学设备等一般都不如汉族地区。就拿校舍来说,特种部族地区十分简陋,有的小学利用祠堂、庙宇或借用民房作校舍,许多村的国民基础学校设在村公所内,更多的小学校舍为茅棚草房。至于教学设备更是普遍欠缺,有的小学以一块长木板架起来当课桌,用一根长木条架起来当凳子,五六个学生一起挤着坐。不少学校连中国地图、地球仪等都没有。因此,特种部族地区小学教学质量普遍比较差。但是,这些学校为少数民族的子女提供了读书的场所,使一部分少数民族的子女能够进入小学接受教育,这是广西开展特种教育中值得肯定的成果。

5.三民主义教育实践活动

孙中山提出了三民主义的思想,并且在当时得到一定程度的宣传。1927年7

---

① 蒙荫昭,梁全进.广西教育史[M].南宁:广西人民出版社,1999:394.
② 根据有关县《教育书稿》《广西教育大事件》及编者调查材料整理、统计。

月,广西教育厅提出《请确立党化教育为广西全省教育方针草案》。该草案提出所谓"党化教育"的适当定义就是在国民党指挥下使整个教育革命化与民众化。在全国各省中,广西推行"党化教育"是领先的。1928 年 5 月,有人提出"党化教育"过于露骨,应以"三民主义教育"代替"党化教育"。国民政府强调,"三民主义教育"宗旨是"陶融儿童及青年忠、孝、仁、爱、信、义、和、平之国民道德"。[①] 由于广西连年战乱,许多学校被迫停课甚至停办,三民主义教育遭到严重破坏,上述宗旨未能在广西贯彻实施。但是,这对于广西乡村教育的发展亦是有一定影响与促进作用的。

6.国民基础教育运动

20 世纪 30 年代,广西开展了国民教育运动。新的教育运动促进了教育科学研究工作的开展。1933 年 9 月,广西省政府决定在全省开展普及国民基础教育运动。经过雷沛鸿等人的努力,该年 12 月广西普及国民基础教育研究院在南宁津头村正式成立,雷沛鸿以省教育厅厅长的身份兼任院长。这是广西由政府当局设立的第一个教育科学研究机构,是一所新型的学术研究机构。院本部比较简单,设有社总务、实验推广、训练辅导 3 个部,工作人员 10 余人,设科学馆、图书馆、实验中心区等。实验中心区以津头村为中心涵盖周围 20 公里包括 20 个村和两条街。雷沛鸿提倡学术自由、兼容并蓄、博采众长的学风,先后从全国各地聘请了一批热心基础教育、民众教育的研究和实践的教育专家来院工作。如陶行知的生活教育社、梁漱溟的山东邹平乡村建设研究院等都有人来南宁在研究院工作。他们当中不少人是当时国内教育界的著名学者或者知名人士,如黄齐生、徐敬五、唐兆明、陈希文等。这些专家学者使研究院成为当时闻名全国的教育科研园地。改革传统的教育模式使教育内容和教育方法生动活泼是研究院的主要任务。研究院提出了"教学做合一"的理论,运用这一理论辅导教师做"自动的学生",学生做"自动的教师",并参加工农活动等。此外研究院还编辑出版了教材和 20 种通俗读物等。这些教材对全国通用小学教材内容进行删改、补充和调整,增加了乡土知识,体现了广西地方特色,具有内容丰富、形式活泼多样、图文并茂、通俗易懂等特点,体现了爱国教育和生产教育的新的教育思想,能够激发学生爱家乡、爱祖国、爱劳动、爱人民的思想感情。国民基础教育运动期间,各地农村筹集小学教育资金曾取得显著效果,在贫困落后的广西县镇乡村,一座座学校纷纷建起。1940 年,全省 90%以上的乡镇和行政村街设立了中心国民基础学校和国民基础学校。[②] 这是新中国成立前广西乡村小学发展最快的

---

① 姜书阁.中国近代教育制度[M].上海:商务印书馆,1934.
② 蒙荫昭,梁全进.广西教育史[M].南宁:广西人民出版社,1999:349.

时期。国民基础教育运动结束之后,各级领导不像过去那样重视教育了,再加上日军侵桂的严重破坏,乡村小学教育又逐渐回到了原来的落后状态。

四、新民主主义革命时期广西乡村教育实践活动的启示

(一)加大经费、均衡配置、兴旺实践

新民主主义革命经历了四个阶段,即第一阶段(1919—1927)的"大革命"时期,第二阶段(1927—1937)的"土地革命"时期,第三阶段(1931—1945)的"抗日战争"时期,第四阶段(1945—1949)的"解放战争"时期。每个阶段的教育发展都有其特殊性与差异性,例如"抗日战争"时期,因为日本的侵略而使得广西乡村教育实践受阻,教育经费几乎得不到保障。又如"解放战争"时期,由于国内人民陷入战乱之中,教育经费时常得不到及时的拨款或者无法保障。历史的经验告诉我们,教育经费是乡村教育发展的重要条件。在抗日战争之后,广西当局极力恢复教育的发展,及时拨款给教育领域。例如,在抗日战争期间,日军两次侵略广西,即 1939 年和 1944 年,这不仅给广西人民的生命财产造成了严重的损失,同时也给乡村教育造成了不可估量的损失,严重阻碍了广西乡村教育的发展。但是,抗日战争后,国民政府拨给广西教育复员费先后总计 14.25 亿元。[①] 广西本省教育文化经费,1946 年为 28 593.5 万元,占省经费总数(164 062.8 万元)的 17.42%;1947 年度为 1 148 320 万元,占省经费支出总数(8 838 659 万元)的 12.99%。[②] 可见,当局加大了对教育的投入,并且包括教育复员费、教育文化经费等方面,教育经费多元化。

(二)加强领导、重用人才、振兴教育

在新民主主义革命时期,通过调整教育行政机构、招揽人才、教育改革等方式加强领导,进而振兴广西乡村教育。首先看教育行政机构,由于广西教育家雷沛鸿在广西教育中做出了巨大的努力与贡献,故而在此以他为例进行简要介绍。

1927 年省政府改组,省务会议改为省政府委员会,委员会主席是黄绍竑,雷沛鸿任省政府委员会委员兼教育厅厅长。教育厅内机构废科设处,分为总务、校务、导学和编译 4 处。蒋桂战争爆发后,广西省内连年战乱,教育行政机构频繁更迭,刚刚发展起来的教育事业又遭到了破坏。1933 年,雷沛鸿再次出任教育厅厅长。省教育厅成为省政府内部的一个单位,对外命令概以省政府主席名义发布。教育厅内设 3 科,另设编审室,负责教育书报的征集、编辑和审查等工作。1936 年,增设第四科和

---

① 《广西省政府工作报告》(1947 年 1 月)。
② 《广西地方教育观察报告》(1947 年 12 月)。

导学室。1939 年,雷沛鸿第三次任教育厅厅长,在任期间他大力倡导教育改革,发动国民基础教育运动,创办国民中学,全省教育事业空前发展起来。可见,广西乡村教育在有魄力、有能力的领导者和教育家引领下得到了不错的发展。此外,在新桂系统治时期,为培养人才,当局招揽和延聘专家学者,振兴广西教育,其间涌现出一批热心办教育、指导教育的人物。除了雷沛鸿之外,还有马君武、杨东莼、曾作忠、陶行知、梁漱溟、徐悲鸿、马千里、千家驹等都是杰出的代表。科学家、学者马君武还从国内物色、聘请了一批批知识渊博、学有专长的专家和学者来广西任教,如马名海、雷瑞庭、费鸿年和林炳光等。这些杰出代表根据广西的教育实际,制定了相应的教育方针,改革教育体制、内容和方法等。正是有了这些杰出人士的领导与指导,并且延揽重用人才,这样才逐步地振兴与推动了广西教育事业的发展,当然包括广西乡村教育事业的发展。

(三)制定制度、建设广西、中兴科教

及时、恰当的教育制度有利于广西乡村教育的发展与推进,保障乡村教育走向科学、合理的道路。雷沛鸿担任教育厅厅长期间,他就很重视教育立法工作,并倾注了大量精力与心血。并且,这一时期是广西制定和颁布教育法规、规章最多的,包括城市教育与乡村教育制度与法律法规等。国民基础教育是广西独创的一种教育制度,因此是广西地方教育法规建设的重点之一,例如《广西省各乡镇中心国民基础学校辅导村街国民基础学校实施办法》,该教育法规在教学方面颇有说法,并为广西农村教育的发展提供了良好的法律保障。又如马君武,他本来是一个科学家,自身很重视科学教育的发展,为之也制定了相关的教育制度。20 世纪 30 年代,省政府公布了《广西省教育今后施政纲领》,该纲领进一步规定初等教育以普及为主,设施以简易适用为主,尤应注重乡村教育。1931 年,广西颁布《广西省推行义务教育计划概要》,该概要提出义务教育计划的目标是使全省学龄儿童得受初级小学 4 年的义务教育;各地根据乡村的情况,学龄儿童入学方式可采取“变通办法”等。所有这些教育制度、法律法规等都为广西乡村教育理论与实践提供了良好的保障,在制度层面上给予了广西乡村教育实践以具体指导与启迪。

(四)一致对外、统筹内外、复兴中国

当时,广西当局对外需要面对日本倭寇的侵略,对内需要面对内战派系的纷扰与打压,较为恰当的做法即为一致对外、统筹内外,方能更好地建设广西、复兴中国。对外来看,在抗日战争 14 年期间,日本的侵华战争既给广西教育的发展带来了挑战与损失,同时也带来了新的机遇。其挑战表现在:在抗日战争期间,广西大部分地区

曾两次沦陷,学校的各种设施设备、教学场地等均受到了严重的破坏,损失惨重。其机遇表现在:广西当局为了适应抗战建国的需要,大力发展各级各类教育。而且,抗战期间,广西是抗日战争的大后方,全国各地的教育专家、学者云集于桂林、柳州等地,这样就为广西教育的发展创造了良好的条件。正是因为借此有利时机,广西教育得到了空前的发展机会,包括学校设置的数量、教育普及的程度等方面。加之,广西全省各地小学师生的抗日宣传活动十分活跃,各级国民基础教育学校把抗日爱国作为思想政治教育的主要内容,在思想上树立正确的爱国观与教育观,这在一定程度上加速了抗战的胜利。抗战胜利之后,本期待迎来美好的生活与良好的教育,但是不料在国内发生了三年的内战。内战期间,广西乡村教育在不断地萎缩,得不到生长与发展。再加上广西发生了自然灾害,据统计,1947年全省水、旱、虫、风灾并发,受灾面积达94%,灾民数百万,灾情之重,灾域之广,令全国震惊。[1] 综合这些因素,这不仅导致了广西经济日益衰败,也动摇了广西教育的基础,阻碍了广西乡村教育的发展。针对此,广西当局采取的措施是一致对外,统筹内外,大力建设广西,最终为复兴中国添砖加瓦。

第二节　雷沛鸿与广西乡村教育实践活动

雷沛鸿(1888—1967),字宾南,广西南宁市宣化县东门乡(今南宁市青秀区)津头村人,是中国近现代史上一名杰出的教育家。纵观其一生,从学、从教、从政,以一省为范围,以近20年的时间,对小、中、高不同层次教育进行改革实验,为建立一个大众化、中国化的中华民族教育新体系而辛勤耕耘,并立下"宏愿","愿以有生之日,为穷而失教之劳苦大众教育事业而奋斗"[2]。他五度执掌广西教育行政,受时代和社会局限,其教育改革推行实践颇多周折,然其教育理论的许多精华,则具有跨时代和地域的先进性。

在他的诸多成就中,雷沛鸿的教育贡献不囿于广西乡村地区,但是广西乡村教育是雷沛鸿教育改革实验的起点与重心,他清楚地认识到了中国处于农业社会的现实,并进行了积极的教育实践与探索,雷沛鸿推行的"国民基础教育"实验与陶行知倡导的"生活教育"、晏阳初创立的"平民教育"、黄炎培提倡的"农村改进",成为当

---

① 广西壮族自治区地方志编纂委员会.广西通志:大事记[M].南宁:广西人民出版社,1998:246.

② 韦善美,潘启富.雷沛鸿文选[M].桂林:广西师范大学出版社,1998:527.

时活跃的教育思潮,其在广西乡村教育的实践活动对我国当前乡村教育颇具启发
意义。

一、雷沛鸿的广西乡村教育实践活动

20 世纪 30 年代,在新桂系的全力支持下,广西教育行政当局在全省范围内开展
了一场声势浩大的国民基础教育运动。是时,经济危机席卷全球,资本主义国家处
于政治危机之中,中国也面临着内忧外患的复杂局势,加上广西本就"穷"的实际情
况,普及广西国民基础教育面临着严峻的挑战。然而,雷沛鸿知难而上,担任了这场
运动的倡导者、组织者和设计者。

(一)策划推行广西普及国民基础教育运动

1933 年,雷沛鸿第三次出任广西省教育厅厅长,并在就职时郑重宣誓:"要求通
过国民基础教育运动,在五六年内使全省无地无学校,无人无学问,不论贫穷,不论
贵贱,不论性别,不论老小,人人都能受教育,务求教育的彻底普及,实现教育生根于
民众生活。"[1]雷沛鸿还多次强调,"国民基础教育是中华民族对于现代,对于现代环
境不断地努力而做出的调整行为"[2],"国民基础教育运动实具有双层意义:其一,它
代表一种教育改造运动;其二,它代表一种社会改造运动……这是要说,我们所期望
的教育,是要替中华民族建筑广大深厚的基础;在其上务使中国四万万人各自有其
用处,各自能发挥其个人的能力,不宁唯是,我们将凭借这种新教育的力量,造成一
个庞大的怪物;这怪物,它有四万万只头、四万万张嘴……但是它只有一颗心"[3]。
雷沛鸿力图发挥国民基础教育的功能,促进社会的进步,凝聚民族的力量,助成中华
民族的振兴。

为实施教育目标,雷沛鸿首先起草了《广西普及国民基础教育五年计划大纲》
(简称《五年计划》),经省政府 103 次常务会修改通过,试验一年,因时间过短、部分
条文抽象等,经省政府 152 次会议修正,将"五年计划"改为"六年计划",成为自
1934 年以来国民基础教育的施政计划。[4] 六年计划首先指出广西普及国民基础教
育运动的主旨是以政治为推动力量,辅之以经济和社会力量,限时六年普及于全省,
以此助成广西的政治、经济、文化、社会建设;其次,确定了广西普及国民基础运动的

---

①　刘东霞.雷沛鸿普及国民基础教育策划活动研究[D].重庆:西南大学,2007:18.
②　韦善美,马清和.雷沛鸿文集:续编[M].南宁:广西教育出版社,1993:363.
③　韦善美,马清和.雷沛鸿文集:下册[M].南宁:广西教育出版社,1990:139-140.
④　刘东霞.雷沛鸿普及国民基础教育策划活动研究[D].重庆:西南大学,2007:18.

方法,在于学问与劳动合作、学问劳动与政治合作,以此"指引有志青年重回田园间去,以复兴农村"①,破解"过去传统教育,多一个人受教育,便多一个人到城市去,同时也就少了一个到田园去"②的畸形现象;再次,就是在受教育年限上,并没有因袭旧法强迫儿童接受六年义务教育,而是考虑到广西的穷苦现状,实事求是,因地制宜地规定"由 8 岁至 12 岁的儿童强迫受 2 年限期国民基础教育,13 岁以上至 18 岁的失学儿童,强迫受 1 年限期的国民基础教育,18 岁以上未经读书识字者,不论男女都要强迫受 6 个月的国民基础教育"③。此后又制定和颁布了《广西全省成人教育实施方案设计研究》和《广西省实施非常时期成人教育方案》等政策法规,把全省儿童及青壮年成人都囊括在国民基础教育的受教育范围中。

(二)确定广西普及国民基础教育实施步骤

为保证国民基础教育普及运动的顺利进行,雷沛鸿确定了开展国民基础教育的四个渐进步骤。

第一,由调查而假设。之所以由调查而假设,是因为要重新测定教育,为我国教育寻求出路,更为我国教育决定新动向。在纵观国内外教育后,雷沛鸿强调,对于西方的教育不能简单拿来使用,他批评盲从外国为尚的洋化教育,指出:"我自我,人自人,知识和科学固然没有国界,然而一国教育制度却不可不由自己从实际做出而建立起来。因此,我要以'到民间去'来代替'到国外去'而求出整个教育的政策;又要以'在本国调查'来替代'往外国考察'而搜求思考材料。更要以'到田间去,到市井中去,到工肆中去'代替'到欧洲去,到美洲去,或到日本去',而作设计研究,诚能如是,我们的教育假设才有实际,然后任何一种假设才具有试用价值。"④这是"我们在教育改造运动上之'内向'(对外而言)工夫和'土化'(对洋化言)工夫"⑤。

第二,由试验而推广。雷沛鸿强调:"我们不为试验而试验,反之,我们实为推广而试验。"特别是对于广西这样的穷省,受不住挫折和牺牲,所以,"在事先非有事实根据、复有精密计算不足以言试验,又非有试验的良好结果不足以言大规模办理"⑥。基于这样的科学认识,雷沛鸿颁布实施了广西普及国民基础教育试办区规程,规定推广的程序为三期:其一,办中心区;其二,办试办区;其三,办推广区。中心

① 韦善美,潘启富.雷沛鸿文选[M].桂林:广西师范大学出版社,1998:275.
② 韦善美,潘启富.雷沛鸿文选[M].桂林:广西师范大学出版社,1998:275.
③ 韦善美,潘启富.雷沛鸿文选[M].桂林:广西师范大学出版社,1998:254.
④ 韦善美,潘启富.雷沛鸿文选:下册[M].南宁:广西教育出版社,1990:73.
⑤ 刘东霞.雷沛鸿普及国民基础教育策划活动研究[D].重庆:西南大学,2007:19.
⑥ 郭道明.雷沛鸿国民教育概论[M].桂林:广西师范大学出版,1998.

区的主要任务是试验人民群众的生活教育;试办区的主要任务是以旧六道区为试办区;推广区则会依期限又依序将试行中心区所得结果推广至各县。试办区是在试验中心区完成任务的基础上开展工作的,又是在前两个区完成任务的基础上才可以完成任务,试验过程中,抓住重点,以点带面。①

第三,由乡村而城市。通过对中国教育制度和体制的研究,雷沛鸿提出了当时教育普遍患偏枯、空虚和点缀门面的弊端,明确指出我们的社会改造运动应以农村为重心,而非可以都市为重心,学校的开设偏重于城市、县府,而置农村于无睹,教学内容多为"谈玄说理",没有生存的一技之长,学校培养出来的人才被视为高等游民,而且"教育并不是为民众而办,倒是为政治上的点缀品而办,此非敷衍了事而何? 不信,读者试问为何学校都集中于城市,而不遍设于民众最多的乡村呢?"②因此,雷沛鸿抓住问题的根本,推行普遍化大众化教育,使得"城市乡村行将消灭此疆彼界而归于和谐一致"③。

第四,由成人而儿童。教育是一份"远瞩未来"④的事业,但是在"这样危亡绝续而系千钧于一发的中国","目前所有教育,纵使竟有普及之一日,恐怕未必即能相助解决社会问题"⑤。雷沛鸿认为:"今日中国所急需,不但是在于努力强迫一般儿童,使之来受适当教育,而且是在于设法以引进全国成年民众,使之能自求学问,复能自用心思。"⑥在时局危急的中国,"由成人而儿童"的教育实施步骤是为中华民族继续生存和未来建国而进行的准备。

(三)创建广西普及国民基础教育研究院

1933年12月,雷沛鸿在南宁市郊津头村创立广西普及国民基础教育研究院,并亲兼研究院院长,这是广西历史上第一个教育科研机构,也是中国最早依法建立的教育科研机构之一。⑦研究院的创建旨在谋求教育学术与教育行政的紧密结合,解决广西普及国民基础教育过程中的实际问题。⑧

---

① 刘东霞.雷沛鸿普及国民基础教育策划活动研究[D].重庆:西南大学,2007:19.

② 江锦钱.雷沛鸿教育思想仍光芒四射:读《雷沛鸿教育文选》有感[J].科教文汇(下旬刊),2015(11):126.

③ 江锦钱.雷沛鸿教育思想仍光芒四射:读《雷沛鸿教育文选》有感[J].科教文汇(下旬刊),2015(11):126.

④ 韦善美,潘启富.雷沛鸿文选[M].桂林:广西师范大学出版社,1998:220.

⑤ 韦善美,潘启富.雷沛鸿文选[M].桂林:广西师范大学出版社,1998:217.

⑥ 韦善美,潘启富.雷沛鸿文选[M].桂林:广西师范大学出版社,1998:217.

⑦ 韦善美,潘启富.雷沛鸿文选[M].桂林:广西师范大学出版社,1998:20.

⑧ 肖全民.雷沛鸿办学实践研究:基于教育家办学的视角[D].武汉:武汉大学,2015:52.

雷沛鸿先后亲拟《广西普及国民基础教育研究院开办计划》和《广西普及国民基础教育研究院组织大纲》,明确了研究院的宗旨,细化了研究院的工作性质、工作职能和工作原则等相关事宜。该院的宗旨是:以学术研究所得之结果辅助教育行政,完成普及国民基础教育六年计划于全省。研究院的工作性质是:倾向于群的生活,倾向于大众化,不是单靠个人的独居深思;既为辅导促进国民基础教育普及于广大民众,又在生产教育上有所努力;发挥教育的整个性的功能。该院的职能包括五种:第一,开展教育工作调查,"调查研究全省社会状况及民众生活需要,以为实施普及国民基础教育之依据"①;第二,涉及研究方案,"根据调查的情况研究各地如何开展普及国民基础教育事宜,以及计划各项建设的教育方案"②;第三,组织短期培训,培养普及国民基础教育所需的各种人才;第四,辅导职务人员并协助其进修,辅导教师参加农工活动;第五,编辑有关教材,"编辑国民基础学校之教本图书,及关于爱国教育、生产教育、社会服务等通俗书报"③。研究院的工作原则:一是切合生活日常,二是应付目前急需。雷沛鸿亲自主持研究院工作,从广西省内外聘请教育专家和教师来院开展教育研究、教育实验、师资培训、教材编写和教育指导等工作,在研究院充分实践了"兼收并蓄"和"兼容并包"的思想,曾到研究院工作和讲学的专家学者,几乎包括了当时国内的各种教育流派,研究院的工作达到当时国内的先进水平,对普及国民基础教育起到先行和后援作用。

(四)成立广西普及国民基础教育师范学校

为了解决国民基础教育师资数量不足、质量低劣的矛盾,雷沛鸿在出台的"六年计划"中明确规定:"师范教育当然决定一切。本省今后须注意培养未来师资,鼓舞在职人员进修……改善教师待遇,以安定全省教师之生活,而促进其为国家为民族效力之服务精神",决定设立省立国民基础师范学校和县立国民基础师范学校,在全省八大国民基础教育师范区每区设立一所省立国民基础师范学校,一方面培养国民基础教育的师资,另一方面"给中学的教师有一个进修的机会"。④

省立国民基础师范学校的主要任务是与普及国民基础教育研究院分工合作,从

①　广西普及国民基础教育研究院组织大纲[J].广西普及国民基础教育研究院日刊,1935(247).

②　黄文华.救亡与救穷的双重使命[D].成都:四川大学,2007:49.

③　广西普及国民基础教育研究院组织大纲[J].广西普及国民基础教育研究院日刊,1935(247).

④　王慧.师范教育改革的一个成功范例:雷沛鸿师范教育思想及实践[J].河北大学学报(哲学社会科学版),2004(3):41.

事于区内各县国民基础教育之设计与研究;从事于区内各县国民基础教育之巡回指导;将区内各县在职教师分别抽调,施以训练;招收区初中毕业生,施以一年或三年之专业训练。① 县立国民基础师范学校与所在区的省立国民基础师范学校分工合作,进行国民基础教育的设置、研究、指导及训练等事宜。基础学校师资的所修科目有心理建设、军事训练、国民基础教育概论、国民基础学校实施法、爱国教育实施法、生产教育实施法、卫生教育实施法、问题讨论等。② 后雷沛鸿又起草了《请推广女子师范教育草案》,在南宁、柳州等地设立四所女子师范学校。③ 为使经济文化发展落后的少数民族聚居区的壮、苗、瑶、侗等"特殊部族"40 万人普遍接受教育,雷沛鸿主持制定《广西省特种教育委员会组织大纲草案》,于 1935 年成立了"特种师资训练所",即民族师范教育机构,学生所学科目最初包括国汉、算术、教育、自然、社会、卫生、心理建设、体育、劳作、艺术、医药常识等,后又增加社会调查统计、乡村工作纲要、军训、公民及教学实习等科目。其中,算术科包括笔算、珠算在内,教育科包括国民基础教育实习法、生产教育实习法、爱国教育实施法、小学教学法等在内,艺术科包括图画、音乐在内,劳作科包括农林、园艺在内。④

(五)规范广西普及国民基础教育推进细节

1.组织管理

雷沛鸿希望把儿童教育与成人教育打成一片,把学校教育与社会教育冶于一炉,在这样的思想下,"三位一体"就成为国民基础教育的教学组织管理办法,即"一人三长""一所三用"。"三位一体"指乡(镇)村(街)两级必须设置三个主要机构:公所、中心国民基础学校和民团后备大队部。"一人三长"是从人事方面说的,即乡(镇)长兼中心国民基础学校校长和民团后备队大队长。"一所三用"是从事务方面说的,即乡(镇)村(街)公所和国民基础学校、民团后备队队部合并办公。⑤ "三位一体"的方法能够在普及国民基础教育运动中施行,主要是因为"基础学校校长兼村街长和民团后备队队长,学校同为村街公所及民团后备队队部,一方面是政教合一,另一方面是文武合一,再一方面是管教养卫打成一片,校长兼后备队队长,以国民基础教育协助民团的训练,又以明耻教战为国民基础教育实施方针之一,这是适应自卫

① 李彦福,黄启文,莫雁诗,等.广西教育史料[M].南宁:广西人民出版社,1990:495.
② 李彦福,黄启文,莫雁诗,等.广西教育史料[M].南宁:广西人民出版社,1990:495.
③ 王慧.师范教育改革的一个成功范例:雷沛鸿师范教育思想及实践[J].河北大学学报(哲学社会科学版),2004(3):41.
④ 李彦福,黄启文,莫雁诗,等.广西教育史料[M].南宁:广西人民出版社,1990:588.
⑤ 钟文典.20 世纪 30 年代的广西[M].桂林:广西师范大学出版社,1993:77.

的需要;校长兼任村街长,教职员学生辅导村街民大会推行政令,又普及教育,扫除文盲,以促进地方自治,这是适应自治的需要;提倡生产教育配合基层经济建设,通过村街公所办理村街造产、合作事业及其他经济设施,这是适应自给需要。"可以看出,"三位一体"的教学组织管理是根据实际需要所推行的。

2.学校设置

"国民基础学校不仅在求儿童及成人教育的普及,并须以国民基础学校作改良社会的中心机关。尤须注重于民团训练,巩固村(街)自治的组织,推进合作运动等工作。"[1]国民基础学校在乡村基层的核心作用,决定其在乡村的设置必须统一。村街国民基础学校,以每一村街设置一所为原则;乡镇中心国民基础学校以每一乡镇设立一所为原则。其他同等学校一概不得设立,如有私人或私法人所设立之小学,或其他与小学同等程度之教育机关,应一律改组,编入各乡(镇)村(街)国民基础学校,便于统一组织和管理当地所有需要接受国民基础教育的儿童和成人。学校设置因地而设、因需而设,"如居民密集,相距不过三里者,可联合数村设立;居民散处三里以上,或山川阻隔不便集中施教者,可酌量设立分校","如因财力紧张或其他特殊原因,可由数乡镇联合设立,乡镇中心基础学校所在地的村街,则并入中心基础学校办理"[2]。国民基础学校的命名是以所在村(街)的名字来命名的,称为"某某县某某乡(镇)某某村(街)国民基础学校",如果是数村(街)联合设立的基础学校,就命名为"某某县某某乡(镇)某某学校所在地之村(街)名数村(街)国民基础学校",其他分校的"分校"字样加于原校名之下,乡(镇)中心国民基础学校命名以此类推。[3]

3.班级类型

在班级的类型上,雷沛鸿根据广西实际情况,设立了五种类型的班级,并且对接受教育的年龄及期限都做了明确的规定。如:初级前期班、初级后期班、高级班、短期班和成人班。[4] 初级前期班主要是接收 6 岁到 12 岁的学生,修业两年;初级后期班收初级前期修业期满之学生,修业两年;高级班收初级后期结业者或同等程度者,修业两年;短期班收 12 岁到 18 岁之失学儿童,修业一年,必要时可延长一年;成人班收 18 岁到 45 岁以下之失学成人,修业六个月,后改四个月,男女分班。各种班级

---

① 梁上燕.国民基础学校的行政问题[M].民团周刊社,1938:6.
② 广西雷沛鸿教育思想研究会.雷沛鸿教育思想研究文集 2[M].南宁:广西教育出版社,1995:254.
③ 黄文华.救亡与救穷的双重使命[D].成都:四川大学,2007:54.
④ 刘东霞.雷沛鸿普及国民基础教育策划活动研究[D].重庆:西南大学,2007:23.

学生修业期满,考查成绩及格者,给予毕业证书。在班级的人数上,基础学校每一教室以 40 人为度,至少 25 人,至多以 60 人为限。[①]

4.课程教材

在课程教材的编制上,首先制定了《国民基础学校课程编制纲要》,指出课程要实现的要旨包括:以民族解放运动为中心;根据民族生活之需要,全部课程之企图,为教化儿童及成人于集团生活中发展其所长;全部课程不采用纯粹设计组织,仍酌量设置教学科目,唯科目力求简单化;全部课程采取单元组织。其次,颁布了课程大纲,儿童班课程大纲分为乡土概况、本省建设、民族历史及现状、世界大势四个单元;成人班课程大纲分为乡土概况与社会建设及中华民族与世界大势两大单元。[②] 国民基础学校所开设的课程比全国规定开设的 11 门课程减少了 6 门。前、后期班只开设国语、算术、常识、唱游、工作五门,高级班加开自然、社会、美术、劳作,将唱游科拆为音乐、体育两科。[③] 对于西部基础教育而言,这一做法是务实的。基础学校所用的教材分为课本、补充读物及实际生活材料等,其中,课本和补充读物均由省政府编印或审定,实际生活材料以当地乡土材料为应用。[④]

5.经费筹集与使用

"经费关系于整个国民基础教育运动的前途,实至重且大。"[⑤]特别是在广西这样的"穷省办大教育",雷沛鸿也认识到这一点,对于经费的筹集,他实行相对分散的教育投资体制,主要依靠县政府,而不是中央政府或省政府,同时动员民众筹资,鼓励地方政府和民间共同参与。[⑥] 在《广西普及国民基础教育六年计划大纲》中拟定的经费来源包括:拨用各县原有粮赋,附加三成义务教育经费;拨用各县粮赋,附加三成教育经费;将来各县立中学改组经费由省库支给后,原有县中经费全数拨充;拨用其他地方公有资产及经费。曾有一位指导专员到各地指导归来后记录:"往各县各乡镇辅导国民教育,在灵川县的仪舞镇住了两夜,知道该镇中心学校,以短短的时间,筹办了一个成绩展会及恳亲会,发动了一个募捐运动,一募就达法币一万八千元

① 黄文华.救亡与救穷的双重使命[D].成都:四川大学,2007:54.
② 钟文典.20 世纪 30 年代的广西[M].桂林:广西师范大学出版社,1993:697.
③ 刘东霞.雷沛鸿普及国民基础教育策划活动研究[D].重庆:西南大学,2007:24.
④ 黄文华.救亡与救穷的双重使命[D].成都:四川大学,2007:60.
⑤ 卢显能.国民基础学校的经费问题[M].民团周刊社,1940:5.
⑥ 李林波,徐健.浅议雷沛鸿投资国民基础教育的"教育经济学"思想[J].桂林师范高等专科学校学报,2002(4):15.

左右。"①

经费的使用与筹集同样重要,如何善尽其用解决急需问题,关系到国民基础教育运动的长期发展。雷沛鸿加强了教育投资的直接管理。"基金问题不解决,固然是无米之炊,巧妇难为;但经费处理不得宜,则减削经费的效能,在经费支绌的情况之下,经费支配失当,尤足以影响整个事业的实施。"②为此,特成立教育协进会,规定由各乡村国民教育协进会负责办理学校基金的筹集、保管、收支与审核等,"预算编造需集纳全校有关各部分的意见,检查上年度决算情况,概算本年度收入支出的数目,编造本年度岁入岁出概算书草案,并提交基础教育协进会审核及村街民大会或乡镇民代表会决定,然后呈报县政府核定"③。

6.教育法规

为保障国民基础教育的顺利进行,雷沛鸿亲自主持制定了许多教育法规,于1935年3月通过了《广西省立国民基础师范学校办理通则》《广西省表证中心国民基础学校办理通则》《广西普及各县乡镇中心国民基础学校公所队部最低限度之设备标准》等。其中,《广西省立国民基础师范学校办理通则》规定"山岭重叠、住户稀散之乡村,其儿童及失学成人不便集中一校施教者,由当地基础学校巡回指导",这有利于易被人遗忘的偏远地区基础教育的普及。④ 1937年1月制定了《广西国民基础学校最低限度设备标准》,内含极其详细的用品表册,⑤后颁布了《广西各县实施强迫教育方法》《广西省教育视导办法大纲》等,这一系列法规的制定与颁布,涉及开展国民基础教育的准备、施行、监督各个阶段,为国民基础教育运动的施行提供了相当全面的制度保障。

二、雷沛鸿及其乡村教育实践活动的影响

(一)广西国民基础教育运动的困难

1.广西普及国民基础教育的组织问题

"三位一体"的组织模式是因需而生,"并没有什么理论根据,也没有什么哲学

①   戴自俺.如何发动社会力量来改进及充实中心学校及国民学校[J].国民教育指导月刊(国民教师待遇专号),1942(6):36-59.
②   卢显能.国民基础学校的经费问题[M].民团周刊社,1940:16.
③   黄文华.救亡与救穷的双重使命[D].成都:四川大学,2007:66.
④   刘东霞.雷沛鸿普及国民基础教育策划活动研究[D].重庆:西南大学,2007:22.
⑤   曹天忠.20世纪30—40年代广西的初等教育改革运动[J].历史档案,2001:3.

基础"①,只因广西的人力、财力有限,所以希望最大限度地利用资源。但随着推行,也渐渐显露出弊端。一方面,"一人三长"的组织形式使基层人员在繁重的事务中不能顾及周全,"事实上(根据各护院的报告)担任这种职务的人都觉得一个人的精力有限,周旋于三种事物之间,简直忙不过来,政务是不敢懈怠的,团务也不能躲懒,受影响最大的便是学校了"②。另一方面,行政和民团事务的地位常常置于教育之上,教育的角色难以发挥。"'一人三长'通常是乡村长或民团后备队队长兼任国民基础学校校长,而鲜有先是国民基础学校校长而后为乡村长和民团后备队队长,这就使得国民基础教育往往处于只是一种需要完成的硬性任务的地位,很多乡村长和民团后备队队长对于基础教育始终还是外行。"③另外,乡村长权力过于集中,如果缺乏有效监督,难免会出现职权滥用与贪污行为。

2.广西普及国民基础教育的教材问题

自普及国民基础教育运动开始到结束,学生数目和规模呈现迅速增长的态势,而学生的增长显然会造成教材需求的紧张。尤其是在广西若干交通不便、外汇困难、纸张缺乏的地区,如资源、龙茗、两隆、西林、镇边等县,教材和教科书的紧缺问题不易解决,教材脱稿者有数十种之多。又因 1936 年,广西普及国民基础教育研究院停办,自编课本计划并未成功,教材问题仍有待解决。④ 国民基础教育运动是整体性的,是相互关联的,教材的问题没能解决,会影响普及国民基础教育的运行,进而也影响普及的质量。

3.广西普及国民基础教育的经费问题

尽管普及国民基础教育对于经费筹集与使用计划得很周全,但有些县份的实际操作存在很多问题:贫瘠县份,经费支绌;学校基金与乡村公产,不能达到规定程度,而且一时未能积极筹集;各种建设事业,开支浩繁,无力补助各县经费。⑤ 因此,导致部分地区的国民基础教育经费一直捉襟见肘。据 1937 年统计,全省村街基础学校已筹足基金者,仅有 7 139 校,占全省 36.5%;乡镇中心基础学校已筹足基金者,仅 582 校,占全省 25.3%,而没有筹足基金者,乡镇中心基础学校为 548 校,占全省

---

① 邱昌渭.七年来的广西教育[M]//李宗仁,等.广西之建设.广西建设研究会,1939:456.
② 范昱.桂林县二十四年暑期国民基础学校教师研究会实况[J].国民基础教育丛讯,1935(9):74.
③ 黄文华.救亡与救穷的双重使命[D].成都:四川大学,2007:82.
④ 韦善美,马清和.雷沛鸿文集:下册[M].南宁:广西教育出版社,1990:256.
⑤ 雷宾南.国民基础教育实施问题[M].民团周刊社,1940:18.

23%；村街基础学校为3 574校，占全省18.2%。① 可见，国民基础教育的经费还存在着很大的问题。

（二）广西国民基础教育运动的成果

1.广西国民基础学校普遍设立

自1933年起雷沛鸿在广西普遍推行普及国民基础教育运动，全省掀起了"无地不学、无人不学、无时不学"②的学习高潮。雷沛鸿曾自我评价："全省民众在政府领导之下，各方面力量的集中，知识分子的一致倡导，广大群众的翕然向风，使这种艰巨而伟大的运动，已臻于初期完成的阶段。虽然质的改善，未能达到吾人的理想；但量的普及，则已获相当的成果。"③据《桂海春秋》记载，1934年广西有国民基础学校18 313所，入学人数合计990 315人。到1941年年底，广西有国民基础学校19 506所，分校5 402所；中心国民基础学校2 236所，分部449所；入学人数合计1 907 763人。④ 此外，广西国民基础学校数量的增加与全国其他省份同等学校数量相比是进步明显的，广西国民基础学校数在1937年度为第四，1938年度为第三，1939年度为第五，超过了我国东中部省份。⑤ 从当时广西的历史条件和社会环境来看，雷沛鸿在普及广西国民基础教育方面取得这么大的成绩，是难能可贵的，令人钦佩。1940年，教育部在重庆召开全国国民教育会议，讨论颁布《国民教育实施纲领》，广西的国民基础教育制度成为各地效仿样板，推广至全国。

2.广西普及国民基础教育研究院成绩卓越

研究院成员与当时在桂林的教育界著名人士林砺儒、董渭川等进行了上百次的座谈和小组讨论，就教育问题展开了深入研究，修订编制了20多种新教材。1941年创办《广西教育研究》刊物，其成为教育界开展教育研讨、交流教育观点的重要园地。1946年又创办《教育导报》，进一步加强广西教育理论的研究探讨。此外，研究院先后编辑出版了《国民基础教育丛讯》《国民基础教育周刊》《广西普及国民基础教育研究院日刊》《广西儿童》等系列教育丛书与刊物，有力地推动了广西教育发展。⑥

除了教育学术研究的工作，研究院还成立了实验工场，主要供各中心国民基础

---

① 卢显能.国民基础学校的经费问题[M].民团周刊社,1940:7.

② 韦善美,潘启富.雷沛鸿文选[M].桂林:广西师范大学出版社,1998:328.

③ 韦善美,马清和.雷沛鸿文集:下册[M].南宁:广西教育出版社,1990:249.

④ 肖全民.雷沛鸿办学实践研究:基于教育家办学的视角[D].武汉:武汉大学,2015:70.

⑤ 中国第二历史档案馆中华民国史档案资料汇编:第五辑:第二编:教育1[M].南京:江苏古籍出版社,1997:517-518.

⑥ 黄文华.救亡与救穷的双重使命[D].成都:四川大学,2007:50.

学校开展有关生产教育活动之用,帮助村民用科学的方法改变生产环境和生产方式,曾将制作的新农具——三铧犁送到乡村去做示范推广。① 比如在津头村,有一片长约十华里,宽约一华里的低洼田地,常是十种九难收,导致很多附近的人民过着的都是贫困日子,为此,研究院联系各村,共同规划,塞埌养鱼,将其建成了人工湖,还建造了小型抽水站,又有流动的抽水船,使得渔利水利融合为一。② 再如在柳州沙塘农林垦殖试办区,对入学的垦民子弟传授新的农业知识、农业技术、农业结构、农业组合的知识等。③ 在雷沛鸿的领导下,研究院充分地发挥了学术机构和教育机构的双重职能。

3.广西成人教育效果甚佳

实施成人教育是雷沛鸿推行普及国民基础教育运动的重要内容之一。雷沛鸿深入研究英、美、北欧诸国成人教育,开设了“世界成人教育”“英国成人教育”等课程,发表了《成人教育的哲理研究》《成人教育概观》《英国成人教育运动之起源与发展》等有关成人教育的理论成果,亲自主持和领导广西的成人教育运动,将 1939 年定为“广西成人教育年”。据 1940 年统计,全省成年妇女参加学习的达到 74%,基本上扫除了 45 岁以下的成人文盲 1 889 602 人,其验收合格结业人数占 87%,④这样的女子受教育率与扫盲率在当时的中国是罕见的。这一活动既把国民基础教育运动推向了一个新的高潮,又把广西的抗战教育扎扎实实地开展了起来,一度轰动中外,广西也因此被友邦人士誉为“斯巴达广西”,成为推动抗战的“模范省”⑤。教育家陶行知称赞广西人民不仅“把四十万兵献了出来,把一千多万白银献了出来,把几十万乃至几百万游击队都献了出来”,而且把“整个广西,都献给中华民族了”,⑥可以说,广西的成人教育为当时的抗战提供了强大的后方力量。

4.广西师范教育推行初有成效

截至 1940 年,广西有省立师范 4 所,附设基础教育师资训练班之中学 15 所,县

① 严少先.三十年代的广西普及国民基础教育研究院[M]//中国人民政治协商会议广西壮族自治区南宁市委员会文史资料研究委员会.南宁文史资料:1989 年第 1 辑总第 8 辑.1989:84.

② 严少先.三十年代的广西普及国民基础教育研究院[M]//中国人民政治协商会议广西壮族自治区南宁市委员会文史资料研究委员会.南宁文史资料:1989 年第 1 辑总第 8 辑.1989:84.

③ 刘冠群.小先生制在沙塘小学的一年(1935.8—1936.7)[M]//中国人民政治协商会议柳州市委员会文史资料研究委员会.柳州文史资料:第 4 辑.1989:37.

④ 魏华龄,李建平.抗战时期文化名人在桂林[M].桂林:漓江出版社,2000:47.

⑤ 中央教育科学研究所.林砺儒教育文选[M].北京:北京师范大学出版社,1984:149.

⑥ 华中师范学院教育科学研究所.陶行知全集:第 3 卷[M].长沙:湖南教育出版社,1985:310.

立基础教育师资训练班 2 所,艺术师资训练班及慈幼院附设幼稚师范班各 1 所,合共 23 所。各种师范班 42 班,其中高中师范 5 班,国中后期师范科 1 班,幼稚师范班及艺术师资训练班各 2 班,基础师资训练班 32 班。① 雷沛鸿也认识到要提高教师的待遇,调动教师的积极性。1940 年广西国民基础学校教师月薪最少不得低于国币 18 元,中心基础学校教师月薪最少不得低于国币 16 元。尤其是在日寇入侵,局势动荡时期,加之广西本就是边远贫瘠省份,但同期小学教师的最低工资却高于湖北、青海、浙江、安徽、陕西、河北、山西等省份的标准,这是非常不容易的。②

　　总的来说,广西普及国民基础教育运动的成效是显著的,基本上达到了"六年计划"中的普设学校,让绝大多数的儿童、成人都接受国民基础教育的目标。甚至可以说,雷沛鸿推行的广西普及国民基础教育不只是为广西教育探寻了一条出路,也是在为中国整个教育发展寻求出路。胡适曾在《南游杂忆·广西印象》中提道:"办教育的人和视学的人,眼光一错,动机一错,注意之点若在堂皇校舍,冬夏之操衣等,那样的教育在内地就都可以害人扰民了……乡间小学生的褴褛赤脚,正可以表示广西办学的人的俭朴风气。"③可以说,雷沛鸿的普及国民基础教育运动是中国乡村教育历程中一个有意义的尝试,虽然存在不少困难与不足,但却为中国乡村教育实践提供了宝贵的经验。

(三)广西国民基础教育运动的经验

1.以调查研究为根本

　　雷沛鸿的乡村教育实验以调查研究为先,他认为"大凡教育,第一,决不应远离实事;第二,又必须明白及认识当前之变化形势及实际要求"④。1933 年,在第三次就任广西教育厅厅长时,他明确指出:"这两个事实——失地未复、危机四伏及农村衰落,元气斫丧——就是我中华民族的致命伤,所以成为一切施政所应依据的基本事实。"⑤同年,成立广西普及国民基础教育研究院,其主要调查研究工作在这里完成。为实现教育大众化,雷沛鸿系统地分析中国过去 30 多年普及教育均遭失败的原因,提出了中国普及教育运动中存在的"五大弊端":一是教育缺少原动力;二是教育与政治分家;三是教育与经济分家;四是教育缺乏社会基础;五是缺乏整个性和连

① 韦善美,马清和.雷沛鸿文集:续编[M].南宁:广西教育出版社,1993:176.
② 王慧.师范教育改革的一个成功范例:雷沛鸿师范教育思想及实践[J].河北大学学报(哲学社会科学版),2004(3):42.
③ 韦善美,潘启富.雷沛鸿文选[M].桂林:广西师范大学出版社,1998:275.
④ 韦善美,潘启富.雷沛鸿文选[M].桂林:广西师范大学出版社,1998:75.
⑤ 韦善美,潘启富.雷沛鸿文选[M].桂林:广西师范大学出版社,1998:239.

贯性的教育设施。① 他还强烈批评"中国 30 多年来所办的教育……无一不是抄袭他人所有以为己用,生吞活剥地在中国实施"②,主张在中国办教育要"存良去恶,淘金去沙"③。基于以上分析,雷沛鸿在普及国民教育运动中进行了理论创新,其主要内容是:教育改造运动与社会改造运动相辅而行;儿童教育与成人教育合办,学校教育与社会教育合流,定式教育与非定式教育并举;以爱国教育为灵魂,以生产教育为骨干;学习与劳动合作,学习劳动与政治合作……结合中国乡村教育实际,办本土化乡村教育。④

2.以顶层设计为支撑

要顺利推动"中华民族文明整个的改造",需要在"有系统、有组织、有综合的知识"前提下进行,即要掌握科学的方法。雷沛鸿认为,"无论采取何种手段,使何种工具,行何种步骤,用何种方式,以求实现国民基础教育,只要能达到目的,都是国民基础教育的方法论"⑤。方法没有固定模式,但是不能没有计划,雷沛鸿非常重视教育的顶层设计工作,他认为要"取得思想起见"必须实行两种策划:社会策划和教育策划。所谓社会策划,也就是"有条理、有秩序而且有步骤和建设,使社会的各部门,都能均衡地发展,成为完全健康的社会,并且能依着一定的时间以建设新社会秩序"⑥。社会策划具有整体性,是其他各项事业策划的依据,而教育事业是社会事业的组成部分,所以,教育策划以社会策划为依据,从社会实际出发,对教育全体加以统筹,普遍加以观察,然后分门别类加以设计,全面系统地绘制广西教育发展蓝图。这种"策划"被认为是"最科学的方法",是"教育改造的标准"。雷沛鸿亲自制定《广西普及国民基础教育六年计划大纲》,为普及我国基础教育提供了重要的方法指导。

3.以三个要素为抓手

雷沛鸿说:"不论哪一种教育运动或社会运动,要它当真成为运动,而且希望它不断地继续生长和发展,以达成所要求的目的,便应考虑三个要素,第一是经济,第二是组织,第三是人才,而三者之中,尤以经济为首要。"⑦广西是全国经济贫困省份之一,在穷省办教育不得不先明了群众的经济背景与经济基础。拿在小学实施六年

---

① 韦善美,潘启富.雷沛鸿文选[M].桂林:广西师范大学出版社,1998:244-249.
② 韦善美,潘启富.雷沛鸿文选[M].桂林:广西师范大学出版社,1998:251-252.
③ 韦善美,潘启富.雷沛鸿文选[M].桂林:广西师范大学出版社,1998:246.
④ 韦善美,潘启富.雷沛鸿文选[M].桂林:广西师范大学出版社,1998.
⑤ 韦善美,马清和.雷沛鸿文集:下册[M].南宁:广西教育出版社,1990:60.
⑥ 韦善美,马清和.雷沛鸿文集:下册[M].南宁:广西教育出版社,1990:62.
⑦ 韦善美,潘启富.雷沛鸿文选[M].桂林:广西师范大学出版社,1998:250.

强迫教育来说,雷沛鸿认为这样的学制根本没有考虑到当时民众六年教育费的经济负担能力,其恶果是加速了中国乡村教育的破产。为此,雷沛鸿提出,应在广西社会经济力量许可前提下,让广西儿童、青年、妇女和壮丁均可受益于国计民生的四个月至二年不等的义务教育,并以生产教育为骨干、爱国教育为灵魂作为国民基础教育的内容。

考虑了经济要素,决定了国民基础教育年限和教育内容,雷沛鸿又依次考虑组织问题。在组织办法上,他基于现有环境及社会需要,采用"一人三长""三位一体"的办法,成其教育的整个性。雷沛鸿再进一步考虑培养人才的问题。广西的经济环境不许可大量地借才异地,而普及国民基础教育需有大量人才储备,在此情况下,他提出"反而求诸己"的策略,借用"就地取材,因地筹粮"的古代用兵术语作为人才培养原则,"小先生制、传习制、流动教学等,均无不采用。以互教共学为原则,唤起当地当时全体民众,一致参加国民基础教育运动"①。这种人才培养的方针,也是考虑了当时广西现有的环境及社会需要而决定。

4.以立法工作为保障

雷沛鸿留学英、美,深谙教育立法的重要性,所以在乡村教育实践中,雷沛鸿把教育立法作为教育管理和教育改革的重要手段和保障。他认为,教育立法与教育改造互为表里,又相辅相成。唯其如此,才能更好地运用政治力量来贯彻教育改革的主张;用民众力量来推动教育实践,使得政府与民众齐心协力致力于新社会的建设。② 为此,雷沛鸿倾注大量心血,极力施行以法治教,先后亲自拟定或主持制定并经省政府委员会以法令形式颁布的各种教育法规、法案有80多件,如关于广西普及国民基础教育运动的重要法规有《普及国民基础教育试办区规程》等近20件,关于特种部族教育的有《广西特种教育实施方案》等5件,关于成人教育的法案法规有《广西成人教育实施办法》等4件。③ 雷沛鸿正是恰当运用法律手段管理教育,使得教育管理活动做到规范化和法治化。

---

① 韦善美,潘启富.雷沛鸿文选[M].桂林:广西师范大学出版社,1998:256-257.
② 韦善美,马清和.雷沛鸿文集:下册[M].南宁:广西教育出版社,1993:435.
③ 肖全民.雷沛鸿办学实践研究:基于教育家办学的视角[D].武汉:武汉大学,2015:87.

第二篇

社会主义革命和建设时期广西乡村教育发展

（1949—1978）

第四章

社会主义革命与建设时期广西乡村教育发展历程

1949 年 10 月新中国成立之后，中国共产党成为执政党，为了更好地担负起执政兴国的重要历史使命，党领导全国人民锐意进取，加强作风建设，保持奋斗精神，顺利完成了社会主义改造，建立了社会主义制度。在此基础上，党紧紧依靠人民，奋发图强，掀起社会主义建设热潮，开启实现中国民族伟大复兴新征程。社会主义革命与建设时期，在艰辛的探索和实践中，虽然经历了"三年困难时期""文化大革命"的曲折，但依然取得了伟大的建设成就，为改革开放新时期党的建设与发展提供了宝贵的经验和深刻启示。这一时期国家百废待兴，教育事业也不例外。因长期受战乱之苦，人民对受教育的期盼更为迫切。从全面接管教育到努力建设学校，保障人民基本受教育权利，进而保证教育质量，规范教育管理，促使中国教育获得发展。但1949 年到 1976 年间的城镇化水平低，中国大约有 80% 的人口生活在乡村，乡村教育问题关系国家发展大局，成为党和政府关注的重要民生问题。这一时期，乡村学校在恢复中曲折发展，正规教育机构开始向乡村地区延伸，乡村学校在曲折中逐渐发展。

第一节　新民主主义向社会主义过渡时期的
广西乡村教育发展（1949—1956）

1949 年 10 月，中华人民共和国成立。这标志着中国革命开始由新民主主义向社会主义过渡。教育的性质也随之发生了根本的转变。1953 年，中共中央提出过渡时期的总路线，并开始执行发展国民经济的第一个五年计划，将教育工作纳入国家发展轨道。1953 年至 1954 年，按照中央提出的"调整巩固，重点发展，保证质量，稳步前进"的文教工作总方针，广西对教育进行了整顿，各级各类教育稳步发展。1956

年我国基本完成对生产资料所有制的社会主义改造,在中央"加速发展,提高质量,全面规划,加强领导"的教育工作方针指导下,广西的教育有了较大发展。

一、过渡时期对教育的接管与再造

从 1949 年到 1956 年,我们党领导全国各族人民有步骤有计划地实现了从新民主主义向社会主义的转变。在这个历史转变时期,广西为完成对旧有学校教育事业的社会主义改造进行了艰苦的工作。

(一)对旧学校的接管

1949 年 4 月 25 日,由毛泽东、朱德签署的《中国人民解放军布告》即《约法八章》再次重申:"保护一切公立学校、医院、文化教育机关、体育场所和其他一切公益事业。凡在这些机关供职的人员,均望照常供职,人民解放军一律保护,不受侵犯。"[①]这一政策得到广大人民的拥护与支持,使得广西各地各类学校的接管工作得以顺利进行。

解放后,在中国共产党的领导下,在克服了解放初期土匪暴乱制造的困难和国民经济困难的同时,广西各级政府开始有计划、有步骤地接管国民党的公立学校,接收外国津贴办的学校,接办原有的私立学校,积极慎重地对旧学校进行初步的改造。

1.公立学校的接管

1949 年下半年,许多小学因战事影响停课,教学设备失落。1950 年许多地方又发生土匪暴乱,社会动荡不安,乡村小学无法全部恢复上课。当年广西省文教厅要求县市原有中心小学本年至少恢复原有校数、学生数70%,村街小学至少恢复 50%;原有中等学校尽量争取全部恢复。[②] 广西省政府对驻军和广大干部进行政策教育,着重强调原有的学校应该得到维持,每到一处不许损毁学校设备、房屋,要让一班原有教师安心教下去,再对这些学校进行有计划、有步骤的改革,坚决不能采取急进的冒险的政策。解放初期,部分县市根据"不打乱机构,维持原校,实行必要与可能的改革,稳步前进"的方针,在 3 个月内完成对小学的接管工作。如博白县,在 1949 年12 月获得解放后,县人民军政委员会接管教育,全县学校很快复课,并努力发展乡村小学。由于接收政策稳妥,广西比较顺利地完成了接收、接管工作。[③] 到 1950 年底,广西全省恢复上课的小学有 13 248 所(1949 年上半年有 17 387 所),在校生 48.9 万

① 严凤.毛泽东选集:合订本[M].北京:人民出版社,1991:1347.
② 蒙荫昭,梁全进.广西教育史[M].南宁:广西人民出版社,1999:624.
③ 博白县志编纂委员会.博白县志[M].南宁:广西人民出版社,1994:817.

人(1949年上半年有141.9万人)。恢复上课的普通中学有159所(1949年上半年有175所),在校生3.7万人(1949年上半年有2.5万人)。部分学校没有复课,主要由于当地还有土匪扰乱,乡村政权仍未建立。①

广西于1951年5月肃清全省土匪。从此乡村政权普遍建立,社会安定。各地人民政府发动群众维修尚未复课的学校,委派教师到校开展复课工作。有的县市还将空房或祠堂作为开办新校的场所。到1951年底,广西全省小学和中学分别发展到24 246所和182所,在校学生分别为144.5万人和5万多人,学校数和学生数都超过了1949年。②

1952年至1956年,在政治上、经济上获得解放并站起来的广大工农群众,非常渴望自己的子女能拥有上学的机会。于是,各地人民政府因势利导,从实际出发,积极发动群众先后掀起维修、扩建、新建校舍的热潮,这充分调动了广大人民群众的办学热情。有的县市还从本地的实际情况出发,因地制宜,将从地主、官僚、资本家处没收得来的房屋及祠堂、庙宇等改建为学校。到1956年全省小学和中学分别发展到22 855所和354所,在校生分别为261万人和21.2万人。③ 这几年广西的乡村教育得到了快速的恢复与发展,这充分反映了各级人民政府对教育的重视,也反映了新社会制度的优越性。

2.私立学校的接办

私立学校既是公立学校的补充,又是实施新民主主义教育的重要组成部分。新中国成立初期,私立学校由于经费紧张,造成了学生数量锐减和难以维持的困境,国家针对这一现实情况,对私立学校采取了积极维持、逐步改造、重点辅助的方针。

1949年12月30日,钱俊瑞副部长在第一次全国教育工作会议上指出:"在目前条件下,我们对中国人办的私立学校除极坏者应予以取缔或接管外,一般的应采取保护维持、加强领导、逐步改造的方针。没有必要而随便命令停办或接管,是不妥当的。我们对成绩优良的私立学校应予以奖励或补助;对纯粹为谋利而设的私立学校,要予以整顿或改造,使之逐渐地能够实行新民主主义教育,实行民主管理与经济公开;对经费困难而办理成绩不坏的私立学校应给以补助。"④1949年12月30日举办的第一次全国教育工作会议讨论了关于私立学校的管理及改造等问题,指出:"目

① 蒙荫昭,梁全进.广西教育史[M].南宁:广西人民出版社,1999:624.
② 蒙荫昭,梁全进.广西教育史[M].南宁:广西人民出版社,1999:624.
③ 蒙荫昭,梁全进.广西教育史[M].南宁:广西人民出版社,1999:624.
④ 何东昌.中华人民共和国重要教育文献 1949—1975[M].海口:海南出版社,1998:9.

前私立学校及学生占很大的比例,我们对私立学校除个别的反动特务学校应加取缔外,一般的应采取保护维持、加强领导、逐步改进的方针,对积极改进或办有成绩的学校,政府应予以奖励。"①

　　解放初期,广西对原有私立学校的政策是:对一般私立学校原则上不予接收。但有自愿要求与公办学校合并者,可以合并办理;对办学有成绩的私立学校,应予以扶植并适当予以扶助。② 但是当时的社会现实不利于私立学校的发展,如:在"肃反"运动中,有的私立学校领导被审查;在土地改革中,有的私立学校土地被没收;在工商业社会主义改造中,有的私立学校资产被充公,私立学校的经费来源和生源都成了问题,因而不得不停办或合并到其他公办学校。由国家包办教育事业,是计划经济体制的产物,是针对当时的现实情况而采取的行动,它对当时教育改革与发展起过积极作用。但是如果随着时代的发展,还盲目采取这样的政策的话,那么它将对教育事业造成有害而无益的影响,并严重阻碍教育事业的发展,因为它忽视了现实发展的状况,没有做到与时俱进,从实际出发。

(二)对旧教育的改造

1.教育工作的指导方针

　　1949 年 9 月,中国人民政治协商会议通过了《中国人民政治协商会议共同纲领》(以下简称《共同纲领》),其中第五章文化教育政策规定:"中华人民共和国的文化教育为新民主主义的、民族的、科学的、大众的文化教育。人民政府的文化教育工作,应以提高人民文化水平,培养国家建设人才,肃清封建的、买办的、法西斯的思想,发展为人民服务的思想为主要任务。"③当时,我国教育的总方针为:教育必须为国家建设服务,教育必须向工农开门。时任教育部副部长钱俊瑞在《人民教育》创刊号上发表文章指出:教育为工农服务、为生产建设服务是实行新民主主义教育的中心方针,如果离开了这个方针,教育就会出偏差,就会犯错误。④

　　1950 年 6 月 24 日,广西省人民政府在第 13 次政务会议上决定,将全国人民政协通过的共同纲领和全国第一次教育工作会议决定作为制定本省文教工作任务的出发点。这两次重要会议提出的新的教育观念和方针政策,是新中国成立初期指导

---

　　① 何东昌.中华人民共和国重要教育文献 1949—1975[M].海口:海南出版社,1998:10

　　② 蒙荫昭,梁全进.广西教育史[M].南宁:广西人民出版社,1999:624.

　　③ 《中国教育年鉴》编辑部.中国教育年鉴 1949—1981[M].北京:中国大百科全书出版社,1984:79.

　　④ 钱俊瑞.当前教育建设的方针[J].人民教育,1950(1):10.

广西进行教育改造的方针与指南。深受这两次会议的影响,当时的广西将初步建立新教育,维持改造旧教育作为本省的教育总方针。

1953 年,广西贯彻"整顿巩固、重点发展、提高质量、稳步前进"的方针,对高等学校的院系进行调整;对中等技术学校进行调整和整顿;在普通中学,增办了部分初中和高中,调整不合理分布,使高中从城市逐步向乡村城镇发展;对小学,同年 5 月,先在容县进行整顿试点,摸清一个县情况、问题和取得经验之后,指导面上整顿工作。① 广西贯彻执行党提出的政策与方针,并根据本省实际情况,制定符合自身发展的教育方针,在一定程度上促进了当时广西乡村教育的发展。

2.学习苏联经验

新中国成立后,如何建立社会主义的教育体系,当时全国都没有经验。20 世纪 50 年代初,苏联是世界上比较强大而又和我国友好的社会主义国家,以美国为首的西方国家对我国实行封锁和制裁。根据当时的现实状况,中国决定向苏联"一边倒",并学习苏联的教育理论和经验,以期我国的教育能得到新的发展。

广西学习苏联经验渠道为:一是从中央教育部制定的教育方针、教育制度和设置的课程等内容里面吸取苏联的经验与做法,然后运用行政手段从上而下地贯彻执行;二是广西各级教育行政部门和各类学校,按照当时向苏联"一边倒"的精神和上级有关指示,自行组织干部、教师学习苏联经验。

1951 年 8 月,广西省中等教育研究会传达了东北学习苏联、用新教材和教法的经验,揭开了学习苏联的序幕。1952 年 12 月底,在解放后经过三年恢复进入第一个五年建设计划开始时召开的广西全省教育工作会议,纠正学校存在的混乱现象,确立了学校教学秩序,掀起了学习苏联、改革教学的热潮;贯彻试行中小学等《暂行规程(草案)》;组织教学视导,"解剖麻雀",总结和指导教学工作;发布《广西省各级教育行职执掌试行草案》,执行"统一领导,分级管理"的原则,加强领导。②

1955 年 2 月,广西省教育厅发文要求中小学校、师范学校的领导和教师,必须选学苏联的下列书目之一:凯洛夫的《教育学》,叶希波夫、冈查洛夫合著的《教育学》,崔可夫的《教育学讲义》,普希金的《教育学讲演录》等。教育行政干部要加学波渡夫的《学校管理与领导》。广西各地学校在学习苏联教育理论和经验过程中,凯洛夫

---

① 《中国教育年鉴》编辑部.中国教育年鉴 1949—1984 地方教育[M].长沙:湖南教育出版社,1986:949.

② 《中国教育年鉴》编辑部.中国教育年鉴 1949—1984 地方教育[M].长沙:湖南教育出版社,1986:949.

的教育思想对学校领导和教师产生了较为深刻而广泛的影响。因为凯洛夫重视智育在全面发展教育中的地位和作用,强调将课堂教学作为学校教学工作的基本形式,重视培养学生的共产主义人生观等。他提出的这些教育思想在新中国成立初期受到了广大教育工作者的欢迎与肯定,对当时广西教育的破旧立新有较大的影响。

3.改革学制

《共同纲领》规定,人民政府应该有计划、有步骤地改革旧的教育制度、教育内容和教学法。这是一个艰巨的任务。1949年12月30日,钱俊瑞副部长在第一次全国教育工作会议上指出:"改造旧教育和建设新教育是两个密切联系和不可分开的过程。前者要在后者的指导下进行;而新教育的建设也必须从旧教育吸取合理的成分。旧的学制的改革是一个比较长期的过程,必须经过各级教育的不断改革,积累比较成熟的经验之后,才能有比较全盘的改革。我们不能性急。"①

1951年10月,政务院颁布的《关于改革学制的决定》,对我国各类教育的学制及有关事项做出了具体规定。新学制特别确立了工人、农民的干部学校和各种补习学校、训练班在学校系统中应有的地位,改革了各种不合理的年限与制度,并使不同程度的学校能互相衔接,以有利于广大劳动人民文化水平的提高、工农干部的深造和培养新中国建设人才的需要。广西按照当时国家提出的政策要求,对基础教育和中学教育的学制都进行了相应的改革。从1951年起,小学教育和中学教育都执行6年制的学制规定,其中,初小4年、高小2年、初中3年、高中3年,春、秋季招生。1952年,小学学制仍实行"二四"制。中学则仍实行"三三"分段学制。

4.改革课程

解放后,广西各地学校都对课程进行了相应的改革,如:德保县取消公民、童军、军训课程。1951年,初小设语文、算术、体育、图画、音乐课,高小加开自然、历史、地理课,中学增设马克思主义政治课。教材方面,中学政治、国文、历史采用新编教材,其他自然学科仍采用旧教材。1952年后,语文课内增作文、习字,数学课内增珠算;1952年,宾阳县的初中增设生理卫生。1953年开始,宾阳各校普遍学习苏联教学经验,以凯洛夫的《教育学》为主要学习资料,坚持以"课堂为中心、教材为中心、教师为中心"的所谓"三中心",建立教学秩序。在课堂教学安排上,每次课通常安排组织教学、复习旧课、讲授新课、巩固新课、布置作业五个环节。记分采用5分制。各校分科建立教学研究组,开展教研活动。1954年,初、高小均增加政治课。中学开设

---

① 何东昌.中华人民共和国重要教育文献1949—1975[M].海口:海南出版社,1998:9.

政治、语文、数学、动物、植物、生物、化学、物理、历史、地理、外国语、体育、音乐、美术、制图等课。其中动物、植物、音乐、美术只在初中开设,生物、制图只在高中开设。[①]

5.思想教育

1949 年 12 月 30 日,钱俊瑞副部长在第一次全国教育工作会议上提出了开展思想教育的五种方法,简单总结如下:第一,要将理论学习与学生的实际相结合;第二,必须抓住重点,课程以少而精为原则;第三,发扬自由思考的精神,善于民主启发,实事求是地运用批评与自我批评;第四,对不同的人要因材施教、因势利导,鼓励其运用自己的力量,里应外合、有步骤地克服其不正确思想,并做到扬长避短;第五,思想政治教育应当与劳动生产密切结合,在参加群众斗争、参观工厂等活动中进行思想教育,争取思想教育能获得良好的效果。

解放初,广西废除了国民党的训导制度,逐步确立中国共产党对学校的领导。废除国民党开设的"党义""公民""军事训练""童子军训练"等课程,开设了马列主义课程,并向学生进行"五爱""三好"等教育。[②] 当时广西大部分县市的学校思想教育目标,在于培养学生初步具有反帝、反封、反官僚主义,爱祖国、爱人民、爱劳动、爱护公共财物,遵守纪律等精神。如:宾阳县,在中华人民共和国成立后,废除导师制,设班主任,对学生进行劳动观教育、爱国主义教育和国际主义教育、时事政策教育和革命传统教育。同时,组织学生参加土地改革、抗美援朝等社会活动。[③]

1954 年后,广西各校都加强劳动教育,要求学生树立一颗红心,做两手准备(升学和就业),针对各个学生的具体情况,进行教育。

二、基础教育的初步发展

基础教育是整个教育的基石,是提高民族素质,搞好文明建设的奠基工程。基础教育的任务,是在教育为社会主义建设服务的前提下,认真贯彻德、智、体、美全面发展的方针,使受教育者在思想品德、科学文化、身体素质、审美能力和劳动技能诸方面主动地、生动活泼地发展,为把他们培养成"四有"的社会主义建设者和接班人打下基础。

---

① 宾阳县志编纂委员会.宾阳县志[M].南宁:广西人民出版社,1987:500.
② 《中国教育年鉴》编辑部.中国教育年鉴 1949—1984 地方教育[M].长沙:湖南教育出版社,1986:949.
③ 宾阳县志编纂委员会.宾阳县志[M].南宁:广西人民出版社,1987:499.

　　我国的基础教育包括幼儿教育、小学教育、中学教育三个阶段。解放后,广西的乡村教育事业虽经过曲折的历程,但也有了长足的发展。

　　(一)幼儿教育

　　幼儿教育是人生教育的开端,是全面打好基础的重要阶段,党和政府非常重视幼儿教育工作。幼儿园是实施幼儿教育的园地,它一方面对幼儿进行有目的、有计划的教育,使幼儿入小学前在德、智、体、美几方面都得到发展;另一方面又为家长解除了后顾之忧,尤其是使母亲有时间、有精力投身社会主义建设,实际上起到解放妇女劳动力的作用。

　　新中国成立以来,广西幼教事业有了很大的发展。1950年,全区仅有31所幼儿园,入园幼儿2 024人。至1956年,全区幼儿园已有1 392所,入园幼儿65 100人。[①]

　　新中国成立初,广西接管了国民党时代办的公、私立和教会办的幼儿园,并对幼儿园进行了改革。广西各地幼儿园贯彻教育必须为国家建设服务、为"工农开门"的方针,招收工农子女入园,废除幼儿园招生测试制度,采取登记与审查相结合的办法,优先录取家中无人照顾的劳动人民子女。与此同时,还组织保教人员参加各种政治学习活动,使其提高思想认识,逐步树立为人民服务的观念。

　　随着幼儿园的不断创建,幼儿师资的培训工作也相应有了发展。自1949年至1984年,广西幼儿师范学校共培养幼师毕业生3 200人,她们已成为广西各地幼教队伍中的骨干力量。[②]

　　1952年,中央教育部颁发《幼儿园暂行规程》(试行草案)和《幼儿园暂行教学纲要》(试行草案),1954年又编写了《幼儿园教育工作指南》(初稿)。[③] 上述文件,规定幼儿园负有使幼儿的身心在入小学前获得健全发育和减轻母亲对幼儿的负担的双重任务;确定幼儿园必须对幼儿进行体、智、德、美全面发展的教育。广西幼教工作者遵照教育部的要求,十分重视对幼儿进行"体"和"美"的教育,使广西的幼儿教育得到良好的发展。

　　① 《中国教育年鉴》编辑部.中国教育年鉴1949—1984地方教育[M].长沙:湖南教育出版社,1986:953.

　　② 《中国教育年鉴》编辑部.中国教育年鉴1949—1984地方教育[M].长沙:湖南教育出版社,1986:953.

　　③ 《中国教育年鉴》编辑部.中国教育年鉴1949—1984地方教育[M].长沙:湖南教育出版社,1986:953.

(二) 小学教育

1949 年,《共同纲领》提出有计划、有步骤地实行普及教育的方针。1951 年,第一次全国初等教育及师范教育会议提出到 1957 年争取学龄儿童入学率达到 80%,力争 10 年内基本普及小学教育。1956 年,《1956—1967 年全国农业发展纲要(草案)》又提出"在 7 年或 12 年内普及小学教育"的目标。为实现这一目标,国家采取了公办与民办"两条腿走路"的办学方针和多种形式办学的举措。①

当时的现实情况为:国家财力有限,仅靠政府的力量举办乡村小学,难以满足农民子女入学的要求。为了突破这样的现实困境,加快我国小学教育的发展,政府采取国家办学与群众办学相结合的方针。在稳步发展公办小学的同时,鼓励农民集资共办小学。这一政策大大激发了农民办学的热情与积极性。

解放初期,广西首先以恢复、维持、改造旧教育为工作中心,接办了旧有的小学,并在教育内容、教学方法等方面进行了初步改革,强调学校向工农开门,同时接办了南宁、桂林、梧州三个市受外国津贴的 18 所小学。此外,还积极组织教师参加社会政治活动,以提高教师的政治觉悟,培养其为人民教育事业服务的思想。从 1950 年至 1956 年,广西进行了声势浩大的剿匪反霸、土地改革、抗美援朝以及对工商业进行社会主义改造。随着剿匪反霸和土地改革的进行,乡村小学教育得到了一定的发展。接着广西又提出"重视少数民族教育工作",重点发展山区壮、苗、瑶、侗等民族教育的政策。1953 年,广西省委决定采取先点后面、先汉族地区后民族地区的方式,在两年内分批对全省小学进行整顿。通过整顿,小学教育得到了更为健康的发展。到 1956 年,全省的小学教育有了很大的发展,学校数量由 1949 年的 17 387 所发展到 22 855 所,小学在校生由 1949 年的 141.9 万人增加到 261 万多人。② 民族地区的学生达 1 008 953 人,占 38.6%,比 1950 年的 115 880 人增加 7.7 倍。③

1953 年 12 月,政务院发布《关于整顿和改进小学教育的指示》,指出"小学教育是整个教育建设的基础,它的任务是教育新后代,使之成为新中国健全的公民"④。解放后,各乡、镇、村小学相继开办,随着政权的巩固、经济的恢复和发展,教育工作也取得较大发展,教学质量也得到不断的巩固与提高。

---

① 王慧.中国当代农村教育史论[M].北京:光明日报出版社,2014:8.

② 蒙荫昭,梁全进.广西教育史[M].南宁:广西人民出版社,1999:615.

③ 《中国教育年鉴》编辑部.中国教育年鉴 1949—1984 地方教育[M].长沙:湖南教育出版社,1986:954.

④ 中央教育科学研究所.中华人民共和国教育大事记 1949—1982[M].北京:教育科学出版社,1984:94.

　　在向社会主义社会过渡时期,广西乡村小学的学制经历了相应的变动。在广西解放初期,沿用四二制。1951 年 10 月,执行政务院《关于改革学制的决定》规定小学学制为 5 年。1952 年 9 月,广西决定秋季在四个市小学的一年级试行五年一贯制。有些县的小学也进行了试验。1953 年,广西根据政务院《关于整顿和改革小学教育的指示》,学制仍沿用四二制,分初、高两级,初级 4 年,高级 2 年。小学试行五年一贯制的年级改为四二制。①

　　1950 年 9 月,广西省文教厅规定小学课程设置为:取消"公民"改设"政治"课,初小课程为语文、算术、体育、图画、音乐、手工劳动、课外活动,高小课程为政治常识、语文、数学、自然、历史、地理、农业常识、体育、音乐、图画等。对乡村单班及半日制的初级小学酌情减少科目,除国语、算术、常识、体育、音乐 5 科外,其余各科可不设置。1952 年试行五年一贯制的学校,按照教育部《小学教学计划》,初小开设语文、算术、体育、图画、音乐 5 科,高小增设自然、历史、地理 3 科。语文科包括阅读、说话、作文、语法、写字;算术科包括珠算,在四、五年级开设;初小的自然、社会等常识在语文及其他科教学和课外活动中联系进行;高小的自然科包括卫生常识。1954 年停止试行五年一贯制。是年 12 月,广西省文教厅强调贯彻中央四二制教学计划。初小开设语文、算术、体育、唱歌、图画、手工劳动课,高小加设历史、地理、自然课。要求各地根据本地情况,具体安排教学计划。条件好的学校,必须坚持正规的教学制度;一般乡村小学,要创造条件,逐步做到正规化。②

　　20 世纪 50 年代初,毛泽东两次提出"健康第一,学习第二"的号召后,广西各校开始积极改进教学方法,以适应儿童身心发展的需要。同时,开始重视伙食管理和体育卫生教育,调整体育教师队伍,纠正过去忽视体育的片面性倾向,开辟场地,增添设备,举办卫生基本知识讲座,开展户外活动和课间操等。这些措施的实施,提升了小学体育教学和保健工作的成效,增强了儿童体质,培养了儿童良好的卫生习惯。

(三)中学教育

　　解放以来,广西的普通中学教育事业同全国的教育事业一样,经历了一个曲折的发展过程。在 1952 年前的国民经济恢复时期,党和政府收回了国家的教育主权,确立了党对学校的领导,对旧中学进行了接管并开展了一些根本的改革,整顿了教

---

　　① 广西壮族自治区地方志编纂委员会.广西通志:教育志[M].南宁:广西人民出版社,1995:137.

　　② 广西壮族自治区地方志编纂委员会.广西通志:教育志[M].南宁:广西人民出版社,1995:159.

师队伍,提高了教师的思想觉悟。与此同时,大力贯彻"教育向工农开门"的方针。[①]
但是,部分私立中学及一些县立初中在解放前夕由于经费困难已自动停办,有些中学因土匪暴乱无法上课。1950年底,全省只有中学137所(加上1951年由广东划来的钦州专区则有159所)。1951年底,地75 580广西完成剿匪任务,全省(含钦州专区)中学增至182所。到1952年,全区普通中学生达75580人,比1946年增长20.89%。1953年,对中学布局进行调整,积极发展初中,到年底县县有初中,部分县有高完中。[②] 1953年以后,我省普通中学先是努力贯彻中央制订的"整顿巩固,重点发展,提高质量,稳步前进"的方针,纠正了师生参加社会活动过多的混乱现象;接着是执行毛泽东提出的"三好"指示,努力培养全面发展的一代新人;再者是广泛组织中学教师学习苏联的教育理论和教育经验,建立正常的教学秩序,开展教学改革,中学教育质量有了明显的提高。[③]

在学制上,从1950年起,广西仍沿用旧制,初中3年,高中3年,分春季、秋季始业。1953年起一律改为秋季始业。1952年3月,广西执行教育部规定,中学修业年限为6年,分初、高两级,各3年,两级合设者称中学,单设者称初级中学或高级中学。[④]

在思想教育方面,解放后,广西大部分县市都废除了民国时期的"党义"和"公民"课,并结合当地情况,采取恰当的教育方法对学生进行思想教育。如:富川县结合当时剿匪、支前、减租退押、土地改革、抗美援朝等中心任务,对学生进行思想教育。[⑤] 德保县组织教师在课堂上以《青少年修养》和《中国革命史》为政治课教材。[⑥]
1953年,富川县结合"三反""五反"运动,对学生进行拒腐蚀教育,积极宣传、贯彻毛泽东提出的"身体好、学习好、工作好"的指示。1955年,结合《中学生守则》进行"五爱"(爱祖国、爱人民、爱劳动、爱科学、爱护公共财物)教育。同时,积极配合农业、

① 《中国教育年鉴》编辑部.中国教育年鉴1949—1984 地方教育[M].长沙:湖南教育出版社,1986:958.
② 广西壮族自治区地方志编纂委员会.广西通志:教育志[M].南宁:广西人民出版社,1995:199.
③ 《中国教育年鉴》编辑部.中国教育年鉴1949—1984 地方教育[M].长沙:湖南教育出版社,1986:958.
④ 广西壮族自治区地方志编纂委员会.广西通志:教育志[M].南宁:广西人民出版,1995:14.
⑤ 富川瑶族自治县县志编纂委员会.富川瑶族自治县志[M].南宁:广西人民出版社,1993:520.
⑥ 德保县志编纂委员会.德保县志[M].南宁:广西人民出版社,1998:504.

手工业、私营资本主义工商业社会主义改造进行教育。①

在课程上,广西大部分县市都废除了民国时期开设的公民、军训、童军等课程,并对课程进行了相应的改革。如富川县在 1950 年 8 月,按照教育部颁布的《中学暂行教学计划(草案)》中的规定,在初、高中开设政治、语文、数学、自然、物理、化学、历史、地理、外语、体育、音乐、美术等科。1952 年,将自然改称为生物,但内容不变。1954 年,把生物课中的生理卫生部分分出来,另开卫生常识课。1955 年至 1956 年,把政治课中的中国革命常识改为政治常识。1956 年至 1957 年,将初中语文分为文学、汉语两科。②

三、成人教育与职业教育的兴起

(一)扫除文盲

旧中国文盲比例很高,其中绝大多数是农民。"用文化教育工作提高群众的政治和文化水平,这对于发展国民经济同样具有极大的重要性"③,因而,"从百分之八十的人口中扫除文盲,是新中国的一项重要工作"④。钱俊瑞副部长在 1950 年 5、6月的《当前教育建设的方针》中指出,新民主主义教育的中心方针是教育必须为工农服务、为生产建设服务,为了实现这样的教育方针,应当推行识字教育,有计划有步骤地在全国范围内开展扫除文盲的工作。

1950 年,第一次全国工农教育会议提出"开展识字教育,逐步减少文盲"的任务。为了"让六亿农民睁开眼睛",1952 年 11 月,中央成立扫盲工作委员会(1954 年合并到教育部);1956 年 3 月,又成立了全国扫除文盲协会,陈毅担任会长,到 11 月底,全国有 21 个省、市、自治区 80%左右的县市成立了扫盲协会。⑤

1950 年 5 月,广西发布《工农业余教育暂行实施办法》,规定要重视对工农干部和积极分子的教育,有条件的地方,可以将教育范围扩大到迫切要求入学的工农群众。从 1950 年冬起,广西省人民政府发出开展"冬学"的指示,要求各级政府今后要重视扫盲工作,并发动区、乡、村干部和小学教师、学生充当义务教员。明确提出扫

---

① 富川瑶族自治县志编纂委员会.富川瑶族自治县志[M].南宁:广西人民出版社,1993:520-521.

② 富川瑶族自治县志编纂委员会.富川瑶族自治县志[M].南宁:广西人民出版社,1993:521.

③ 毛泽东.毛泽东选集:第 1 卷[M].北京:人民出版社 1991:125-126.

④ 毛泽东.毛泽东选集:第 3 卷 M].北京:人民出版社 1991:1083.

⑤ 王慧.中国当代农村教育史论[M].北京:光明日报出版社,2014:31.

盲工作是教育事业的重要组成部分,以后要常抓不懈。是时,广西的大部分县市都积极响应上级的号召,按照政策开展相应工作,如:富川县于 1950 年开始投入冬学运动,组织壮、青、少年文盲入夜校、上冬学。[①] 1951 年 11 月,灌阳县的各村建立了冬学委员会,开展冬闲扫盲。学员按水平分为高级班、初级班。经费由各村自筹,学习内容有《农民文化》课本、《妇女文化》课本、《革命三字经》、农业常识及政策、时事等。师资以小学教师为主,同时聘请当地知识分子共同担任义务教学。[②] 1953 年,富川县成立扫盲指挥部,分级领导,各尽其责;创办民校,扫盲的主要对象是青少年,当时各区配扫盲专干,各乡配民校校长,课程由当地的小学教师兼任。[③] 1953 年土改结束后,蒙山县在乡村中陆续办起了妇女识字班。[④]

农民文化素质低是制约农业生产的一个重要因素。为配合社会主义工业化和农业合作化的发展,1956 年,中央、国务院发布《关于扫除文盲的决定》,提出在五年或者七年内基本扫除全国文盲,使乡村青壮年非文盲率达到 70%(1957 年提高到80%)的目标。[⑤]

1956 年 5 月,广西的大部分县市成立了扫除文盲协会,如德保县、容县、隆林县。在扫盲协会里设会长 1 人,委员若干人,吸收有关单位人员组成;各区成立扫盲办公室,由区宣委、文委主任、妇联、团支部、妇代会主任等 5—7 人组成,并设立夜校,乡长兼任校长,做到"乡领导,社安排,队保证",开展扫盲工作。

(二)职工教育

解放初期,广西干部队伍文化素质偏低,其中大部分人是文盲或半文盲。广西省人民政府按照国家提出的尽可能把工农干部培养成为知识分子的要求,于 1950年 9 月,首先在南宁创办省直属机关干部业余文化补习学校。同年冬在武鸣创办军政干部学校(后迁至南宁改办人民解放军速成中学)。[⑥]

在广西完成剿匪任务以后,1951 年 8 月在南宁创办省工农干部初等文化补习学校。[⑦] 此后各专区、市以及部分县也陆续兴办干部(职工)业余文化补习学校,较大的企业都办有文化学习班。当时这些学校(班)均有固定的教学计划,有专职的领导

① 富川瑶族自治县志编纂委员会.富川瑶族自治县志[M].南宁:广西人民出版社,1993:530.
② 灌阳县志编委办公室.灌阳县志[M].北京:新华出版社,1995:560.
③ 富川瑶族自治县志编纂委员会.富川瑶族自治县志[M].南宁:广西人民出版社,1993:530.
④ 蒙山县志编纂委员会.蒙山县志[M].南宁:广西人民出版社,1993:497-498.
⑤ 王慧.中国当代农村教育史论[M].北京:光明日报出版社,2014:31.
⑥ 蒙荫昭,梁全进.广西教育史[M].南宁:广西人民出版社,1999:623.
⑦ 蒙荫昭,梁全进.广西教育史[M].南宁:广西人民出版社,1999:623.

人和专兼职教师,教学工作抓得很紧,成绩相当显著。许多工农干部的文化素质都得到了很大的提高,学习到了一定的文化知识。他们中的大部分人从文盲读到小学毕业,有的甚至从小学读到初中毕业,这是与新中国成立初期重视工农业余教育分不开的。

解放后,为培养工农出身的职工,广西各县市较大的单位先后创办了速成班、扫盲班,组织职工学习文化科学知识,开展扫盲工作。钱俊瑞副部长在 1950 年 5、6 月的《当前教育建设的方针》中谈到,要实行以为工农服务、为生产建设服务为内容的教育,"推行工人业余补习教育","这种工人业余教育一般地可以设置相当于初小和高小的班次,初小以识字和算术四则为主,高小以国文、算术为主,并联系形势,进行马列主义的政治时事教育"①。1954 年,灌阳县总工会成立职工业余文化学校,开办扫盲班、初小班和高小班各 1 班,每班 30 至 50 人,主要学习语文、算术两科,采取白天上班晚上学习的办法。职工学习积极性很高,进一步提高了职工的文化基础知识。② 1956 年 8 月起,广西各地的职工、干部扫盲班以识字教学为主。职工扫盲班的学习年限为 2 年,第三、四学期加学算术;干部扫盲班学习 1 年。③

(三)农民教育

新中国成立后,教育农民就成为当务之急,因为"从今以后,中国的农民还要在全国范围内完成土地改革。然后要在一个长时期内,把自己分散的和落后的经济,变成集体化和现代化的经济"④。因此,一方面要突出对农民的政治教育,另一方面还要加强对农民的生产技术教育。

对于农民教育,国家历来主张依靠群众自己解决。1950 年,第一次全国工农教育会议提出:"开展工农教育,必须贯彻群众路线,根据群众的自觉自愿,充分依靠自己的力量进行工作……经费主要依靠群众自己解决,政府有重点地予以补助。"⑤同时,还提出"以民教民"的方针,要求农民自己解决经费问题,国家有重点地予以补助,在必要时设立一定的专任教师作为骨干。1954 年 8 月召开的第一次全国农民业余教育会议,重申了农民业余文化教育的经费应当由群众自筹解决的原则。

---

①　何东昌.中华人民共和国重要教育文献 1949—1975[M].海口:海南出版社,1998:17.

②　灌阳县志编委办公室.灌阳县志[M].北京:新华出版社,1995:561.

③　广西壮族自治区地方志编纂委员会.广西通志:教育志[M].南宁:广西人民出版社,1995:582.

④　何东昌.中华人民共和国重要教育文献 1949—1975[M].海口:海南出版社,1998:17.

⑤　中央教育科学研究所.中华人民共和国教育大事记 1949—1982[M].北京:教育科学出版社,1984:26.

1950 年 12 月 21 日,教育部发布的《关于开展农民业余教育的指示》指出:"农民业余教育一般地应以识字学文化为主,配合时事、政策教育和生产、卫生教育。""农民的常年学习必须不妨碍生产,农忙时应放假,农闲时应加紧学习。农民的学习必须根据农民需要和自觉自愿的原则,反对强迫命令与形式主义,同时防止放任自流的现象。"[①]广西非常重视农民教育工作,从 1951 年起,各村屯办夜校,大村夜校分青、壮年班,男、女班,初、高班。学习内容有文化、唱歌、讲革命故事等。广大农民迫切要求学习文化,情绪高,学风好,不管农闲、农忙连续两年多不中断。如在 1952 年秋,在博白县成立速成识字法推行委员会,抓扫盲教育,全县开办速成识字班 15 个,学员 498 人;1954 年 9 月,识字班发展到 12 个,学员 4 289 人。[②]

1955 年,毛泽东指出,在乡村合作化运动中,总是伴随着严重的思想斗争和政治斗争,必须始终贯穿对农民的思想政治教育,强调"政治工作是一切工作的生命线"。[③] 农民业余教育把提高农民的思想素质作为重点,目的是要把他们引向社会主义道路,这种以政治为"生命线"的教育方法,深深地影响了新中国成立后的广西乡村教育,同时,在一定程度上提高了农民的政治水平。

(四)工农速成中学

在旧中国,占人口绝大多数的工农大众和他们的子女几乎没有受教育的机会和权利,城乡文盲众多。新中国成立后,中央明确规定了新中国的教育向工农开门、为工农服务的基本方针。

1950 年 1 月 6 日,第一次全国教育工作会议指出:今后中国的教育方针,是普及与提高的正确结合,要做到在提高的指导下普及,在普及的基础上提高,但是在今后一个相当长的时期内应以普及为主,除了必须维持原有学校继续加以改进外,教育应着重为工农服务,而当前的中心环节,应是机关、部队、工厂、学校普遍设立工农中学,吸收大批工农干部及工农青年入学,培养工农知识分子干部,同时大量举办业余补习教育,准备开展识字运动。并在会议上公布草拟的关于开办工农中学的方案,其中部分方案内容为:建议全国解放军,各机关、工厂、学校尽量举办工农中学,招收工农干部及工农青年入学,修业年限暂定为三年至四年;课程力求精简,主要课目是国文和数学,此外,还包括物理、化学、历史、地理、自然、生理卫生的常识,基本要求是使学生获得中等文化水平和基本科学知识,能升入大学继续深造,成为新中国建

① 何东昌.中华人民共和国重要教育文献 1949—1975[M].海口:海南出版社, 1998:70.
② 博白县志编纂委员会.博白县志[M].南宁:广西人民出版社,1994:836.
③ 中共中央办公厅.中国农村的社会主义高潮:选本.北京:人民出版社,1956:255.

设的骨干。

1950 年 12 月 14 日,政务院颁布了《关于举办工农速成中学和工农干部文化补习学校的指示》,其中规定:工农中学修业年限暂定为三年,必要时得延长之,其课程相当于普通中学的基本课程;入工农速成中学的条件为参加革命工作三年以上的工农干部或有三年以上工龄的产业工人,具有相当于高级小学毕业的文化程度,年龄在 18 至 35 岁,身体健康者;工农速成中学,暂由中央人民政府教育部及各大行政区教育部统筹举办。

1951 年 2 月 10 日,颁布了《工农速成中学暂行实施办法》,其中对修业年限和课程内容等方面做了统一的部署与安排,如:工农速成中学修业年限,暂定为三年,必要时得延长为四年;工农速成中学以秋季始业为原则;学习的主要课程有国文、数学、自然、化学、物理、地理、历史、政治、制图、体育、音乐;以班为教学单位,每班学生以 40 人为标准。

1952 年至 1956 年,广西省人民政府在大力发展教育的同时,规定各类学校要优先招收工农子弟入学,因而各类学校工农成分的学生逐年增多。1950 年和 1956 年相比,工农成分学生占学生总数的比例分别为:普通中学由 55.2%上升到 73.6%;中等师范学校由 20.6%上升到 71.6%;高等学校由 12.6%上升到 34.9%。[①] 这些变化反映了改造旧教育和学校向工农开门取得的显著成果。

四、教师队伍的建设

(一)政治理论学习和思想改造运动

解放初期,广西各类学校教师绝大多数来自旧学校,当时他们对共产党领导的革命事业、相关政策和主张、教育的破旧立新等方面,暂时还没有形成全面的认识与理解。从当时的实际情况来看,在他们的头脑里主要还是民主主义和个人主义的思想,要使他们适应新中国的需要,全心全意为建设新教育服务,就必须争取、团结、教育他们,帮助他们重新学习,逐步改造旧教育观念,逐步改造旧的世界观。1959 年广西文教厅提出新教育的关键就是各地必须加强争取、团结、改造知识分子。

从 1950 年至 1956 年这段时间,广西各级各类学校都非常重视组织教师学习政治和时事,并对知识分子的思想改造采取"和风细雨"的做法,如:联系土地改革、剿匪反霸、抗美援朝、工商业社会主义改造等政治运动,不断对教师进行阶级观点、群

---

① 蒙荫昭,梁全进.广西教育史[M].南宁:广西人民出版社,1999:623.

众观点、劳动观点和辩证唯物主义观点的教育,在思想政治教育中强调树立为人民服务的思想;对教师的缺点错误进行批评时,强调"从团结的愿望出发,通过批评与自我批评,达到团结的目的"。这个时期对教师开展的政治理论学习和思想改造运动,极大地调动了广大教师的积极性,并取得了显著的教育成果。

广西解放前夕,全省小学教职员有 57 200 人,到 1956 年增至 76 919 人;中学专任教师 1949 年只有 2 761 人,到 1956 年增至 5 903 人。教师数量和质量都有明显提高,这个时期各类学校培养出来的学生,大多数后来都成为社会主义建设的骨干。[①]新中国成立初期,知识分子的大多数是刚从旧社会过来的,对他们实行"争取团结改造"是从实际出发的正确政策。

(二)教师待遇

新中国成立初期,国家财政状况还没有得到完全的好转,乡村小学教师工资非常低。1951 年,在第一次小学和师范教育工作会议上,提高乡村小学教师待遇成为会议的重要议题之一。刘少奇对教育工会全国委员会提出的改善乡村教师待遇的请示,作了允许向学生收取一点学费用于改善教师的待遇的批示,教育工会根据这一指示开展"公办民助"的试验,这个试验的开展使得试验区乡村小学教师的生活有了基本保障。但是,尽管如此,小学教师特别是乡村小学教师的待遇还是较差,1952年实施新工资标准,乡村小学教师平均工资仅为 20 万元(1 万元旧币相当于 1 元新版人民币)。

1950 年广西省人民政府规定,薪资计算一律以"分"为单位,每"分"包括中白米1.5 市斤,大鹏白布 3 市寸,花生油 5 市钱,食盐 5 市钱,木柴 3 市斤。县级干部和中学校长,大学助教、讲师,每月工资都是 100—180 分。政府一般职员和小学校长、教师,每月工资都是 60—100 分。[②] 随着经济的发展和物价的稳定,虽然工资计算单位不断变化,但教师工资与同级国家干部工资大体一致,这充分体现了国家对知识分子的尊重与重视。

在民办教师的待遇方面,广西部分县市,如德保县的做法是在 1954 年执行群众统筹、政府补贴的办法,政府给每人每月补助 10 元(折新币),其余由群众统筹。[③]在公办教师的待遇方面,上思县从 1952 年开始实行公办教师公费医疗制度。随后又实行教师退休制度,凡符合退休年龄的教工,退休后仍可领到原工资 75%—90%

① 蒙荫昭,梁全进.广西教育史[M].南宁:广西人民出版社,1999:627-628.
② 蒙荫昭,梁全进.广西教育史[M].南宁:广西人民出版社,1999:627.
③ 象州县志编纂委员会.象州县志[M].北京:知识出版社,1994:574.

的退休金。教工因公致死或病死,除发给埋葬补助费外,对教工生前负担的未成年遗属,均由政府发给生活费抚养,一直到其成年为止。公办教师工资 1950 年为粮薪制,小学教师每人月薪大米 45—60 公斤,中学教师每人月大米 75—100 公斤。① 1955 年 7 月起,忻城县教师工资由记分制改为货币工资制,当年调整部分教师工资,调整后,每位教师由每月平均工资 22.37 元提高到 26.43 元。1956 年全国实行工资改革,忻城全县中小学教师每月平均工资分别为 48.24 元、34.73 元。1963 年教育系统调整工资,全县教师中获得提升工资的 503 人,占教师总人数的 60.52%。② 1956 年,毛泽东批示要求解决小学教师待遇低、地位低、质量低的问题。为此,教育部确立了新的工资标准,规定乡村小学教师工资不低于同等程度的其他部门人员的工资,应当实行教龄津贴的工资制度,并提出所有小学教师一律享受公费医疗待遇,定期举行优秀教师代表会议等,以充分激发他们的工作热情与积极性。这些政策的颁布与落实,使得乡村小学教师的地位与待遇都得到了相应的提高。

教师的社会地位和待遇与党在各个时期对知识分子颁布的政策紧密关联。乡村公办教师享受公费医疗和退休等福利,这对稳定乡村教师队伍、调动教师的积极性,逐步形成尊师重教的社会风气发挥了一定作用。但是,由于当时国家经济发展水平较低,各级政府对教师劳动的重要性认识不足,虽然教师的生活得到了一定的改善,社会地位得到了相应的提高,但总体而言,这样的结果还是不尽如人意的,还需要付出更多的努力,从各方面给予教师更多的关注与重视,使教师的地位与待遇得到更高层次的改善。

(三)师资培训

新中国成立初期,在全国 150 余万小学教师中,约有 60 万人未达到初级师范毕业水平,乡村小学教师文化程度更低,因而,提高教师队伍质量,使教师的业务水平和能力得到提高成为当时一项十分紧迫的任务。新中国成立后,党和政府非常重视教师的培训工作,倡导对乡村教师的培训主要通过正规培养与短期训练相结合的方式进行。广西各县市积极采取各种措施开展教师培训活动,以提高教师的教育教学等业务能力。如:博白县在 1950 年 8 月,组织全县 470 多名小学教师集中于博白县中学习,学习毛泽东等中央领导的报告,学习为期 21 天。1951 年暑假,全县 450 多名小学教师再次集中到博白县中,中学教师集中到专员公署进行学习,认识知识分

① 上思县地方志编纂委员会.上思县志[M].南宁:广西人民出版社,2000:561.
② 忻城县志编纂委员会.忻城县志[M].南宁:广西人民出版社,1997:743.

子进行思想改造的重要性和迫切性。[①] 大新县执行党对知识分子(包括教师)采取包下来的政策,同时招收一批有一定文化程度的知识青年担任教师,利用寒暑假组织教师学习政治和文化知识,提高业务水平。[②] 1952 年秋,上思县办简易师范班,短期培训在职小学教师。1956 年春至翌年春,在公正、平福各办一所教师进修学校。[③] 广西各地开展的教师培训和学习活动,在很大程度上提高了教师的素质与业务能力,同时极大地促进了广西乡村教育事业的发展。

总体而言,新中国成立初期,广西乡村教育百废待兴,经过十几年有步骤有计划的艰苦努力,初步形成了广西乡村教育的体系和格局,使广西的乡村教育事业得到了进一步的发展与提高。随着社会主义计划经济的建立,也逐步探索出适合广西本土实际的乡村教育的基本路子。广西的乡村教育在中国共产党的带领下,按照社会主义改造和全面建设社会主义的需要,为建设社会主义新乡村培养了大批骨干力量,也为广西以后的乡村教育的发展奠定了基础,积累了一定的经验。至 1956 年,随着生产资料私有制的社会主义改造基本完成和第一个五年计划的经济建设任务提前完成,广西乡村教育事业也提前一年完成了第一个五年计划中教育事业发展的任务,开辟了广西乡村教育历史的新篇章。

第二节　社会主义建设探索时期的
广西乡村教育发展(1956—1966)

1956 年我国完成社会主义改造后开启了全面建设社会主义的新时期,直至 1966 年"文化大革命"开始,全国人民在中国共产党的领导下,努力探索和建设与我国国情相适应的社会主义道路。这一时期广西教育事业认真贯彻和落实党中央的教育方针政策,走社会主义发展道路,依据中央颁布的中小学"工作条例"开展教育实践,积累了宝贵的实践经验;积极试行"两种教育制度",快速发展农业中学和半工半读学校,使教育事业为经济建设做出重要贡献。这一进程中,广西教育事业虽取得发展,但是也受到了从 1957 年夏至 1958 年春开展的反右派斗争以及"左"的思想影响,同全国其他地方的教育一样,广西教育经历了曲折。社会主义建设探索时期

---

① 博白县志编纂委员会.博白县志[M].南宁:广西人民出版社,1999:840.
② 广西壮族自治区大新县志编纂委员会.大新县志[M].上海:上海古籍出版社,1989:365.
③ 上思县地方志编纂委员会.上思县志[M].南宁:广西人民出版社,2000:560.

的这十年是新中国成立后,广西教育事业在探索中曲折前进的重要十年。

一、反右派斗争与教育革命

(一) 反右派斗争的开展

1956 年 4 月 26 日,毛泽东在中央政治局扩大会上指出,"百花齐放,百家争鸣"应该成为我们的方针,包括艺术问题上的百花齐放,学术问题上的百家争鸣。[①] 1957年 4 月 10 日,《人民日报》发表题为《继续放手,贯彻"百花齐放,百家争鸣"的方针》的社论,指出"百花齐放,百家争鸣"并不是什么一时的、权宜的手段,而是为发展文化和科学所必要的长时期的方针;认为我国知识分子的大多数属于资产阶级知识分子的范围,他们的思想必然在学术文化领域内有所表现。[②]

1957 年 4 月 27 日,中共中央发出《关于整风运动的指示》,指出整风运动要真正贯彻执行中央《关于正确地处理人民内部矛盾问题的指示》,应该是一次既严肃认真又和风细雨的思想教育运动,应该是一次恰如其分的批评和自我批评的运动,应该多采取个别谈心或开小型座谈会和小组会的方式,一般不开批评大会或斗争大会。[③] 同年 5 月 1 日,《人民日报》发布了这项指示,一场党内整风运动在全国迅速展开。中央开展整风运动的要求,反映了整风运动开始时的指导思想和工作部署是正确的。

1957 年 4 月,接到中共中央发出的整风指示后,广西各级党政机关和各单位的党组织,严格按照中共中央发出的整风指示,积极开展整风运动,先后召开各种座谈会、小组会,听取党内外干部、群众对官僚主义、宗派主义、主观主义等方面的批评和建议。此外,广大干部和群众也积极响应党的号召,实事求是地对各级党政干部的思想作风提出了许多善意的批评和建议。

(二) 反右派斗争扩大化及其结束

1957 年 6 月 29 日,中共中央指出右派分子只是极少数,并且防止反击右派的对象错误扩大。但从 8 月起,中央又决定将反右派斗争进一步向地区、市、县、大厂矿以及中小学展开。1957 年 10 月 15 日,中共中央发布《关于在中等学校和小学的教职员中开展整风和反右派斗争的通知》,指出全国中等学校和小学教职员队伍很大,

---

①　王进,等.毛泽东大辞典[M].南宁:广西人民出版社;桂林:漓江出版社,1992:117.

②　李明.共和国历程大写真 1949—1993 上[M]. 北京:档案出版社, 1994:212-217.

③　《中国教育年鉴》编辑部.中国教育年鉴 1949—1984 地方教育 [M].长沙:湖南教育出版社,1986:757-758.

其社会出身和政治思想情况可能比大专学校教职员情况还要复杂。城市学校教职员可以采用机关整风的办法。农村学校教职员可以参加当地农村中的社会主义大辩论。思想政治问题利用寒暑假集中起来解决，要做到整风和教学两不误。① 整风运动的要求扩大到各级各类学校中。

广西和全国一样犯了反右派斗争严重扩大化的错误。广西省教育厅于 1957 年 8 月下旬召开中学、师范学校会议，动员深入开展反右派斗争，决定以专区、市为单位集中教师进行反右派斗争的学习，要求在当地党委领导下从 8 月下旬起用三周时间开展反右派斗争，当年秋季学期延至 9 月 26 日开学。各校上课后反右派斗争的学习仍然继续进行。1958 年 2 月至 3 月上旬（寒假），又以市、县为单位集中小学教师进行整风"反右"的学习。同年暑期仍有些单位进行整风"反右"的补课。②

整风"反右"的做法，首先是组织教师学习整风"反右"文件，然后到召开各种类型的会议进行动员和检举揭发问题，要求人人站稳立场，敢于斗争。有的教师在往日闲谈中讲到，"现在工农生活悬殊，城乡差别很大"；有的在过去某种会议中提到，"统购统销政策不好，不如自由市场方便"；有的曾讲过"农业合作社优越性不大"；也有的在整风初期说了本单位的党员领导"作风恶劣，独断专行""党员与群众之间有鸿沟"；等等。类似这些言论都被当作右派向党进攻，要在大鸣、大放、大字报、大辩论中进行揭发批判。实际上，讲这些话的绝大多数同志是拥护党和社会主义的，只是对某些问题有意见而已。由于没有谨慎地掌握政策，结果许多学校都有一些领导和教师被错划为右派分子。在被错划为右派分子的人当中，有的确实有错误言论，但不是反党、反社会主义分子，其错误性质属于人民内部矛盾；有的是对党和政府的工作失误，讲了一些偏激或批评比较尖锐的话，当时有的领导把其当作反党、反社会主义的言论。③ 反右派斗争确立和加强了党对学校的领导，但是斗争的扩大化不仅伤害了一些同志，挫伤了其积极性，而且由此引起人民对国内阶级斗争形势有了错误理解。

1956 年 1 月，中央召开了关于知识分子问题的会议，随后中共中央政治局于 2 月 24 日通过和发出了《关于知识分子问题的指示》，指出我国知识分子基本上已经成了为社会主义服务的工作人员，已经成了劳动人民的一部分。在社会主义事业

---

① 张晋藩,海威,初尊贤,等.中华人民共和国国史大辞典[M].哈尔滨:黑龙江人民出版社,1992:292.

② 蒙荫昭,梁全进.广西教育史[M].南宁:广西人民出版社,1999:635.

③ 蒙荫昭,梁全进.广西教育史[M].南宁:广西人民出版社,1999:635-636.

中,已经形成了工人、农民、知识分子的联盟。① 省委曾召开会议传达贯彻这一指示,但不久,党中央对知识分子的科学评价,被反右派斗争扩大化冲淡和动摇了。被错划为右派分子的几乎都是知识分子,长期被视作"团结、教育、改造"的对象。反右派斗争挫伤了广大知识分子建设社会主义的积极性。

各级各类学校当中,被错划为右派的同志长期受到委屈和压抑,不能在社会主义建设中发挥应有的作用,这不但是他们个人的损失,也使党和国家受到损失。特别是党的实事求是、发扬民主等优良作风受到损害。

反右派斗争扩大化的错误,使广大干部群众不敢深入地揭发批判党内存在的官僚主义、宗派主义和主观主义,转移和掩盖了整风运动要解决的主要问题。1957 年7 月,毛泽东在青岛会议上提出整风运动分为四个阶段——大鸣大放阶段、反击右派阶段、着重整改阶段、批评反省和提高自己阶段,并要求到 1958 年夏结束。但这次会议之后,广西仍以反右派为中心工作。在当时的政治气氛下,不可能深入"揭露"和"批判"党和政府工作中的缺点错误,许多单位的整风运动成了走过场。根据毛泽东在 1959 年国庆前夕的建议,全国开始纠正反右派斗争扩大化的错误。广西从 1960 年起开始对错划者进行复查,并摘去其"右派分子"的政治帽子。到 1962 年大部分都已摘帽,这部分同志的政治处境和工作生活有所改善,但还没有从根本上澄清是非和解决问题,因为当时还是以阶级斗争为纲。直到 1978 年中共十一届三中全会,否定了阶级斗争为纲,并从根本上澄清是非,从而彻底纠正了错划"右派"的各种遗留问题。②

(三)"大跃进"下的教育革命

1957 年 2 月 27 日,中共中央主席毛泽东发表《关于正确处理人民内部矛盾的问题》一文,文章提出教育方针,应该使受教育者在德育、智育、体育几方面都得到发展,成为有社会主义觉悟的有文化的劳动者,并强调要加强学生的思想政治工作。③

同年 6 月 26 日,周恩来总理在一届全国人大四次会议上做《政府工作报告》,强调今后教育方针应该是培养有社会主义觉悟的、有文化的、身体健康的劳动者;中小学学生毕业后除了少部分升学外,多数都应该参加工农业生产。今后应该对此定出一些制度,逐步实施。④

---

①   王进,等.毛泽东大辞典[M].南宁:广西人民出版社;桂林:漓江出版社 1992:116.
②   蒙荫昭,梁全进.广西教育史[M].南宁:广西人民出版社,1999:637-638.
③   中共中央文献研究室.毛泽东文集:第 7 卷[M].北京:人民出版社,1999:204-244.
④   刘英杰.中国教育大事典[M].杭州:浙江教育出版社,1993:7.

由此可以看出国家在教育方针上不断加强劳动教育,解决学生的就业问题。依据上述中共中央提出的方针政策,教育革命开始了。开始试图借此纠正此前学习苏联只注重课堂知识教育、升学准备教育,而忽视和缺乏劳动教育和职业教育,教学内容划一,普通教育为主,办学形式单一,不能调动地方及各方面的办学积极性等的教育弊病,摆脱此前教育思想中的拿来主义和教条主义,由此在教育方面走中国自己的教育发展道路。此外还在教育革命中采取勤工俭学的措施来推动教育事业的发展。勤工俭学开始把普通学校教育与劳动生产结合起来,打破普通学校长期以来轻视体力劳动的旧传统,改变学校的风气,也对社会风气产生很好的影响。

同年4月,广西开始传达贯彻中央的教育方针,用于指导和改革教学工作。[①] 其中实施教育与生产劳动相结合是贯彻和落实教育方针的一项最重要的内容。从1958年起,各地中小学开展劳动课程,初、高中各年级的生产劳动课为每周2课时。根据教学计划,每个学生均必须参加一定时间的劳动,但实际上,几乎所有学生的劳动时间都远超出教学计划的规定。各地中小学生除了在学校开办的工厂、农场中劳动外,还经常到校外挂钩的工厂和人民公社与工人、农民"同吃、同住、同劳动"。

1958年3月24日至4月8日,教育部召开了第四次全国教育行政会议,在会上批判了保守思想,强调要促进教育事业"大跃进","多快好省"地发展教育事业。4月15日至24日,中共中央在北京召开教育工作会议,讨论了教育方针,批判了教育部门的教条主义、右倾保守思想和教育脱离生产劳动、脱离实际,并指出在一定程度上忽视政治、忽视党的领导的错误。9月,中央在《关于教育工作的指示》中提出了三个"结合"和六个"并举"一整套"两条腿走路"的办学方针。广西积极贯彻执行这些关于教育改革的精神,大力批判教育工作中的右倾保守思想和教条主义,改革教育制度、教育内容和教学方法。[②] 但是在教育改革实践的过程中,由于受到此后"大跃进"运动中迅速发展的"左"的思想影响,人们对教育方针在认识上和行动上也产生了偏差。

1958年5月5日至23日召开的中共八大二次会议,通过了"鼓足干劲,力争上游,多快好省地建设社会主义"的总路线。这条总路线反映了广大人民群众要求尽快改变我国经济文化落后状况的迫切愿望,但忽视了客观的经济发展规律,片面强

---

① 《中国教育年鉴》编辑部.中国教育年鉴1949—1984地方教育 [M].长沙:湖南教育出版社,1986:949.

② 中共广西壮族自治区委员会党史研究室."大跃进"运动:广西卷[M].北京:中共党史出版社,2004:326.

调人的主观意识和主观能动性的作用,并且在宣传上片面强调总路线的基本精神是
"用最高的速度来发展我国的社会生产力""速度是总路线的灵魂""快,是多快好省
的中心环节"等。于是,盲目求快、急于求成的"左"倾思想迅速膨胀起来,制定了不
切实际的计划指标,而这样高的指标不仅无法实现,而且带来了虚报产量的浮夸
风。①

1958 年 8 月,中共中央政治局在北戴河举行扩大会议,决定在农村建立人民公
社,实行政社合一,工农商学兵相结合。会后全国农村大办人民公社的热情高涨,仅
两个月内全国农村基本实现了公社化。为了实现人民公社"一大二公",刮起了贫富
拉平、平均主义的"一平二调"的"共产"风。从此,以高指标、瞎指挥、浮夸风、"共
产"风为主要标志的"大跃进"的"左"倾错误在各行各业严重地泛滥起来。"左"的
思潮在教育思想上不断泛滥,广西的教育改革由此受到"大跃进"运动的严重影响。

这一时期,由于中央下放了教育事业管理权,调动了群众办学的积极性,并提出
"两条腿走路"的办学方针,广西教育改革取得了一定成效——广西各地各级各类学
校获得迅猛发展,走出了一条多渠道、多形式办学的新路子。但是在"大跃进"的影
响下,广西教育改革也在思想上受到"左"的思想影响,政治运动、劳动教育冲击了正
常的教学秩序,群众办学积极性失去了控制和约束,严重违背了教育规律,影响了教
育质量。

(四)教育革命在广西乡村学校中的开展

1957 年 4 月,广西开始传达贯彻毛泽东的教育思想,用毛泽东同志提出的教育
方针指导、改革教学工作,由此在过去对教育工作模糊的认识中找到了方向。② 广西
各地学校开始实施和贯彻教育与生产劳动相结合这一重要举措。

平果县平果中学认真贯彻"两条腿走路"的办学方针,建立半耕半读学校。对全
日制学校进行"改革",在教材上,采取"略外详中重本地,薄古厚今看明天"原则,对
原教材进行"砍""补""增",自编富有风土民情特色的"乡土教材";在教法上,采用
"做什么、教什么、学什么"的方式,大办工厂、农场,以工厂、农场为课堂,边劳动边上
课。当时平果中学有学农基地 100 亩,连同复种面积一起达 3 760 亩,校办 16 个工
厂、农场,还有各班另外办的厂场。师生劳动量多,学校每周教学劳动时间有四套安
排:半日制;五日制;五天上课,每天有两节劳动;晚间上课,白天劳动。师生投入大

① 蒙荫昭,梁全进.广西教育史[M].南宁:广西人民出版社,1999:638-639.
② 《中国教育年鉴》编辑部.中国教育年鉴 1949—1984 地方教育[M].长沙:湖南教育出版社,1986:949.

办钢铁,语文、数学两科只上三分之一,其他科各只上一二节课。①

1957年9月,自治区党委宣传部和教育厅在平果县平果中学召开教育与生产劳动相结合的现场会议。会议上肯定了平果中学秉持的"学校应该以党委的中心工作为中心工作,为党的中心工作服务"的"左"的做法,并推行平果中学"以政治为帅,生产为纲"和"略外详中重本地,厚今薄古看明天"的教学改革原则。② 会后不久,自治区决定在各级各类学校组织300多万师生参加大炼钢铁、大办水利的群众运动。这年冬天,学校加强学生的劳动教育,师生校外劳动时间少则一月,多则两三个月,不少学校出现了"以劳代学"的倾向。

1958年,马山县根据党中央指示的教育与生产劳动相结合的方针,把生产劳动列入教学计划;将汉语、文学统一并为语文一科;代数、几何、三角合为数学一科;政治课则改为社会主义教育。初中算术增加珠算和簿记,中国地理和历史科目添加乡土教材。学校还开展校办厂场地,便于学生参加"大炼钢铁"和"大办农业"等。③ 龙州县也贯彻执行"教育必须为无产阶级政治服务,必须同生产劳动相结合的"方针,要求各科教学实行政治挂帅,挖掘教材中的政治因素教育学生。并且还在学校中大办工厂、农场,组织师生参加劳动锻炼,加强教育与生产劳动的结合。④

在这一时期,广西区内各地学校都贯彻落实"两条腿走路"的办学方针,坚持教育与生产劳动相结合。在学校工作上坚持以党务工作为中心,在教学和课程上以加大劳动教育和社会主义教育为重点,增加乡土教材为特色进行改革;在教学时间安排上大量增加学校开展劳动教育和学生进行社会生产的时间。此外,不少学校还大办工厂、农场便于学生的劳动实践。

1958年,苍梧县的学校进一步改善相关的硬件设施,如兴建科学馆、理化仪器室和实验室等,并且在勤工俭学倡导下,经常举行一些相关的现场会议,掀起各地区学校之间比规划、比措施的竞赛。⑤

但是,这一时期在急功近利"大跃进"思想的支配下,广西各地盲目增加学校数量且大幅增加在校劳动时间,不仅忽视客观条件还违背了教育规律,导致广西的各

---

① 平果县志编纂委员会.平果县志[M].南宁:广西人民出版社,1996:557.
② 《中国教育年鉴》编辑部.中国教育年鉴1949—1984地方教育[M].长沙:湖南教育出版社,1986:949.
③ 马山县志编纂委员会.马山县志[M].北京:民族出版社,1997:624.
④ 龙州县地方志编纂委员会.龙州县志[M].南宁:广西人民出版社,1993:637.
⑤ 苍梧县志编纂委员会.苍梧县志[M].南宁:广西人民出版社1997:632.

级教育在快速发展的同时出现了教育质量低下的问题。

马山县在"大跃进"浮夸和超前目标的引领下,学校师生过多地参加社会活动和生产劳动,忽视基础知识教育,教学质量严重下降。特别是贯彻"两条腿走路"的办学方针后,全县民办中学激增,有民办中学37所,学生人数达2 125人。虽然培养了一批农村初级建设人才,但是过多的生产劳动打乱了正常的以基础知识传授为主的教学秩序,导致了教学质量的低下。

1958年11月,广西教育厅在桂平县罗播人民公社召开公社办学现场会议。推广该公社创办各类红专学校的做法,提出"人人劳动,人人学习"的口号。生产队普遍成立业余学校、幼儿园、托儿所。这次现场会进一步把公社办学"推向高潮"。但各类红专学校都是徒有虚名的"三无(无师资、无校舍、无设备)"学校,这体现了"大跃进"影响下的瞎指挥和浮夸风,成为形式主义和唯心主义的典型。[1]

(五)教育革命的深刻总结

1.生产劳动和社会活动过多,打乱学校正常教学秩序

在当时"大跃进"的情况下,师生参加校内外劳动过多,打乱了学校正常的教学秩序。许多领导对教育与生产劳动相结合的理解是片面的,用搞群众运动的办法来执行教育与生产劳动相结合,结果造成师生体质和教育质量下降。

这次教育革命的特点是"政治运动为主,强调劳动教育"。在高指标的要求下,有些生产部门,随便指令当地学校停课,叫师生参加春耕生产、植树造林、夏收夏种、兴修水利、修建马路等,每次劳动要"大干、苦干"一个多月,有的吃、住在工地上,连续"奋战",劳逸不能结合,不少师生体质下降。直到1960年5月,中共中央、国务院发文规定,高等学校全年劳动时间一般为2至3个月,高中学生每周劳动时间不得超过10小时,初中学生每周劳动时间不得超过8小时,劳动过多的情况才逐步得到纠正。[2]

2.改革违反教育规律,导致学校教学质量下降

这次教育革命批判了循序渐进、因材施教、量力而行等教育教学原则和规律,否定知识的系统性、完整性,造成人们教育思想的混乱。学校在教育改革中加大生产劳动和社会活动的比例,片面强调实践的作用,忽视间接经验和理论知识的学习,甚至贬低教师、书本和课堂教学的作用,否定专家和教师的主导地位,颠倒教学关系,

① 中共广西壮族自治区委员会党史研究室."大跃进"运动:广西卷[M].北京:中共党史出版社,2004:329.

② 蒙荫昭,梁全进.广西教育史[M].南宁:广西人民出版社,1999:640-641.

严重地打乱了原有教学体系。为了编写具有本土特色的乡土教材,普遍地存在着由学生编写教材的做法,造成了对知识系统性编写的破坏,导致教学质量下降。

3.盲目扩大办学规模,忽视国民经济的实际情况

在"大跃进"期间,广大干部、群众的初衷是尽快改变经济和教育落后面貌,但结果犯了急于求成、盲目冒进的错误,事与愿违。

1958 年和 1957 年相比,全区增加农(职)业中学 2 105 所,新增高等院校 31 所,增加小学 9 596 所,增加普通中学 267 所。这些在"大跃进"中创办的学校,大多数都缺校舍、缺师资、缺经费,有的一两年就停办,有的甚至几个月就解散,只有少部分能坚持办下来。1959 年 7 月庐山会议后,在"反右倾,鼓干劲"的口号下,全区再次出现大办教育的热潮,直到 1960 年冬中共中央决定对国民经济实行"调整、巩固、充实、提高"的方针,盲目建校才得到制止。[①]

教育"大跃进"的失误留给人们的教训是深刻的,提出教育"大跃进"是违背客观规律的。忽视经济基础和教育发展水平的制约,必然会导致教育事业发展受到阻碍,造成教育质量的下降。在教育教学中,忽视人的身心规律,违背教育的基本原则和规律,教育为社会主义培养全面发展的人的目标只能是空谈。"大跃进"提出的"鼓足干劲,力争上游,多快好省地发展教育事业",夸大了人的主观意志作用,长时间地向浮夸的高目标进发,会消解人们劳动生产的积极性。

二、教育事业调整与学校工作条例的试行

(一)八字方针的提出与贯彻

受到国民经济和教育事业"大跃进"的影响,1959 年国家进入困难时期。在严重困难面前,中共中央经过对国内形势的深入调查研究,于 1961 年 1 月,在中共八届九中全会上提出"调整、巩固、充实、提高"的八字方针,标志着这个历史阶段中党的指导方针新的重要转变。

1960 年 10 月 24 日至 12 月 12 日中央文教小组召开了全国文教工作会议。会后,文教小组向中共中央提交《关于 1961 年和今后一个时期文化教育工作安排的报告》,1961 年 2 月 7 日由中共中央转批。该报告提出:当前文化教育工作必须贯彻执行"调整、巩固、充实、提高"的方针,普通教育和高等学校要着重全面提高教育质量。[②] 中共中央提出的八字方针为纠正"左"倾错误思想,调整遭到破坏的正常教学

---

① 蒙荫昭,梁全进.广西教育史[M].南宁:广西人民出版社,1999:642.

② 何东昌.中华人民共和国重要教育文献 1949—1975[M].海口:海南出版社,1998:1027.

秩序带来了可能。

1961 年 7 月,教育部又召开中等学校调整工作会议,讨论了缩短战线、压缩规模、合理布局、提高质量等问题。1962 年 5 月,中央批转教育部党组《关于进一步调整教育事业和精简学校教职工的报告》。该报告指出 1958 年以来,我国教育事业有很大发展,成绩显著;但由于发展过快,规模过大,超过了国民经济的负担能力,特别是超过了农业生产水平,也超过了教育事业本身发展条件,影响了教育质量的提高。因此必须根据中央关于增产节约、精兵简政的方针和减少城市人口的指示,进一步调整教育事业。①

1962 年 6 月,全区教育会议提出《关于调整我区教育事业和精简各级学校教职工的方案》,根据这一方案,大幅度裁并高等学校,特别是专科学校;大幅度裁并中等专业学校;适当调整普通中学,小学采取普及方针。② 因此,分别在小学六年级设生产常识课、初中三年级设生产知识课,这两门课主要讲授农业生产知识,每周都是各 2 课时。③

(二)广西乡村教育事业的整顿

按照一系列指示精神,教育厅对全省普教事业进行了全面的调整。1961 年 2 月,自治区要求各地根据人力、财力、物力的可能条件,区别不同情况,合理调整现有教育事业,坚决控制发展数量,大力提高质量。

1961 年,柳江县根据"调整、巩固、充实、提高"的八字方针,对民办小学作了调整,动员一部分超龄生回乡参加劳动,全县民办小学班由 326 个压缩到 180 个。学生减到 4 802 人。1965 年,县教育局按照上级指示精神,为了进一步提高小学入学率,在全县范围内(特别是山区)合理地布局设点,让适龄儿童能就近入学,民办小学班又增加到 244 个,学生增加到 16 638 人。④

1962 年,象州县贯彻自治区《关于调整我区教育事业和精简各级学校教职工的方案》,"压缩规模,精简人员,提高质量,合理布局",采取并校、并班、并点的办法,缩减 52 所村小教学点,精简下放部分教师。但由于被撤销教学点的村屯儿童,不便和不愿到别村上学,出现学生流失的现象,当年小学在校生从原来的 2 万多人降为

① 何东昌.中华人民共和国重要教育文献 1949—1975[M].海口:海南出版社,1998:1095-1098.
② 《中国教育年鉴》编辑部.中国教育年鉴 1949—1984 地方教育[M].长沙:湖南教育出版社,1986:949.
③ 王慧.中国当代农村教育史论[M].北京:光明日报出版社,2014:6.
④ 柳江县志编纂委员会.柳江县志[M].南宁:广西人民出版社,1991:493.

1.6 万多人。1964 年,随着经济的恢复和发展,群众办学积极性高涨,贯彻"两条腿走路"方针,充实学额,发展民办小学和耕读小学。同年 9 月,小学数量比上年增加 313 所,在校学生增加 1.3 万多人。1965 年,在 5 所小学试行五年一贯制(即从初小一直读到高小,5 年毕业)。①

同年,鹿寨县以调整为中心,对全县小学进行压缩规模,精简人员,提高质量,合理布局,并校并点。调整农村小学,共计精简超编和动员不称职教师 119 人回乡参加农业生产。同时贯彻"两条腿走路"方针,积极发展民办教育。通过增设网点、减免学费、兴办巡回小学和耕读小学等办法,使全县适龄儿童入学率达 85% 以上。1965 年全县小学达 384 所(其中民办 142 所),学生 36 151 人(其中民办 1 210 人),教师 1 121 人(其中民办 321 人)。②

(三)学校工作条例的颁布

1963 年 3 月 23 日,中共中央发布《关于讨论试行全日制中小学工作条例草案和对当前中小学教育工作几个问题的指示》,并且附上《全日制小学暂行工作条例(草案)》和《全日制中学暂行工作条例(草案)》。指示中明确了八点内容:

第一,为了总结经验、发扬成绩、纠正缺点、继续前进,中央教育部因此拟订了《全日制小学暂行工作条例(草案)》和《全日制中学暂行工作条例(草案)》,发给各地讨论和试行,但是这两个条例由于还不够成熟,先作为草案发给各地讨论和实行,对外不公布,不登报。

第二,中小学教育是整个教育事业的基础。提高中小学的教育质量,是一项具有战略意义的任务,应该把这个问题摆到党和政府的议事日程上来。在中小学阶段,必须十分注重德育。在智育方面,小学阶段必须注重语文和算术的教学,中学阶段必须注重语文、数学和外国语的教学。中小学校还要适当注意体育。教育部和各省、市、自治区教育厅和教育局,必须按照上述要求给予直接指导和帮助。

第三,中小学教育事业要认真贯彻执行"两条腿走路"的方针。应该采取多种多样的形式举办中小学教育,国家举办的全日制中小学是中小学教育的主体,对集体和个人举办的学校,政府教育部门应该加强领导管理,提供适当的教材。对私塾必须加以领导和管理,提供适当的教材和教师,不要轻易取消,也不能放任不管。对于存在的大量二部制学校,必须采取措施,逐步减少二部制学校所占的比重。

第四,教育事业必须适应以农业为基础、以工业为主导的发展国民经济的总方

---

① 象州县志编纂委员会.象州县志[M].北京:知识出版社,1994.

② 鹿寨地方志编纂委员会.鹿寨县志[M].南宁:广西人民出版社,1996:544.

针,直接地和间接地为这个总方针服务。为此,要加强对一切中小学教师进行为农业服务的教育。努力办好农村中小学校,支持集体举办的农业中学和简易小学。全日制中小学应分别设置生产知识和生产常识课程,并使城市和农村的学生有适当的交流。

第五,教育部要制定和修订全日制、二部制教学计划和教学大纲,编写通用教材。

第六,建立一支又红又专的教师队伍。加强对教师的团结教育工作,切实办好师范院校。

第七,继续坚持进行中小学校教学改革的实验。

第八,各级党委必须加强对中小学教育的领导,充分发挥教育行政部门和学校行政领导的作用。①

1963年,中央发布《全日制小学暂行工作条例(草案)》和《全日制中学暂行工作条例(草案)》,明确各级政府分级管理乡村教育的职责:第一,县级负责制订全县全日制小学、农业中学、半工(农)半读中等职业学校以及扫盲和农民业余教育的发展规划;直接领导、管理一部分重点中学、小学;调整初中,试办半工(农)半读中学、农业中学和职业学校;决定全日制小学的设置和停办;负责各级学校的人事,指导各级学校教学业务,负责教师的业务培训等。第二,人民公社负责制订本行政区域幼儿园、半工(农)半读小学、半工(农)半读中学、扫盲和农民业余教育的规划;用好国拨经费;解决民办教师的工资待遇问题;对教师进行短期培训;动员和组织社队集体办学等。第三,生产大队协助教育部门办耕读小学、农民业余学校;解决民办教师的工资待遇问题;负责划拨校舍用地、修建校舍、购置教学仪器设备等。乡村全日制小学由县教育主管部门统一管理,也可委托人民公社管理;乡村初中一般由县、市、自治区教育厅、局管理,也可委托所在专区或县教育主管部门管理。这次体制改革,办学责任是分清了,但再次犯了统领过死的毛病,逐渐形成了影响深远的"统一领导、分级负责、条块结合"的乡村教育管理体制。②

1961年10月召开的全区宣传文教会议要求中小学校试行区教育厅拟订的《重点中学和重点小学暂行工作条例(初稿)》,1963年3月,教育部拟订的《全日制中学和全日制小学暂行工作条例(草案)》发布后,改试行教育部拟订的条例。针对在幼儿园,1962年2月,区教育厅拟订了《市县公办幼儿园暂行工作条例(草稿)》,并颁

①　何东昌.中华人民共和国重要教育文献 1949—1975[M].海口:海南出版社,1998:1027.
②　何东昌.中华人民共和国重要教育文献 1949—1975[M].海口:海南出版社,1998:1027.

发试行。[①]

(四)学校工作条例在广西乡村的试行

由于各种《条例》的颁布试行,广西区内各县的中小学进一步明确了学校教育的任务和培养目标,确立了学校的教学秩序,坚持以教学为主,从而使广西的教育质量得到了稳定和提高。

1960年马山县全县增办古寨和金钗两所公办中学,各招新生两班。1961年进行了调整,将古寨中学合并进古零中学,周鹿中学停招高中班,把原高中生并到马山中学就读。强调提高教学质量,民办中学随之停办。[②]

1961年起,罗城仫佬族自治县进行调整。1963年3月贯彻《全日制小学暂行工作条例(草案)》,注重德育,重视语文、算术教学。至1965年,全县有小学396所,其中民办小学153所,学生22 504人。[③] 1963年贯彻《全日制中学暂行工作条例(草案)》,注重德育、智育,教学质量随之提高,农业中学也得到发展。1965年,全县中学数量为1956年的10.67倍,在校学生是1956年的1.18倍。[④]

1963年后,横县按照中央发布的《全日制小学暂行工作条例(草案)》规定,制定全日制小学培养学生的目标。强调使学生具有"五爱"品德,拥护社会主义,拥护共产党;具有初步的阅读、写作和计算能力,具有初步的自然常识和社会常识,培养良好的学习习惯;使学生的身心得到正常的发展,具有健康的体质,培养良好的生活习惯和劳动习惯。[⑤]

三、两种教育制度与半农半读学校

(一)两种劳动制度和教育制度的推行

1958年5月,中共中央副主席刘少奇在中共中央政治局扩大会议上提出,我们国家应该有两种主要的教育制度和劳动制度同时并存,一种是全日制学校制度,一种是半工半读学校制度。同年9月,中共中央、国务院《关于教育工作的指示》提出,

---

① 《中国教育年鉴》编辑部.中国教育年鉴1949—1984地方教育[M].长沙:湖南教育出版社,1986:949.

② 马山县志编纂委员会.马山县志[M].北京:民族出版社,1993:624.

③ 罗城仫佬族自治县志编纂委员会.罗城仫佬族自治县志[M].南宁:广西人民出版社,1993:475.

④ 罗城仫佬族自治县志编纂委员会.罗城仫佬族自治县志[M].南宁:广西人民出版社,1993:477.

⑤ 横县县志编纂委员会.横县县志[M].南宁:广西人民出版社,1989:510.

全国将有三类主要的学校,即全日制学校、半工半读学校及各种形式的业余学校。三类学校中,有一部分要承担提高的任务,另一部分要通过发展大量业余的文化技术学校和半工半读学校的形式来普及教育。

1964 年 8 月 22 日,刘少奇在广西壮族自治区干部会议上作题为《关于两种劳动制度和两种教育制度》的讲话,他在讲话内容中指出,半农半读学校和半工半读学校既是劳动制度,又是教育制度,还是一种学校制度;我们社会主义要逐渐消灭三个差别,即消灭脑力劳动与体力劳动的差别、城乡差别和工农差别,而从长远来看,半工半读学校培养的新人,既能从事脑力劳动又能从事体力劳动。他指出开展半工半读是我国教育制度的方向,是新事物,将来要大发展。两种学校和两种教育制度明确后,由此在全国广泛地推广开来。[1]

1965 年 6 月,召开了自治区半农半读的会议,确定大力发展耕读小学;农业中学以巩固为主,适当发展;积极试办半农半读中等技术学校。[2]

在 1958 至 1965 年间,广西的半农(工)半读教育的发展经历过高潮和大幅度的调整。第一次高潮是在 1958 年,是在“人民公社”和“大跃进”的背景下展开的;第二次高潮是在 1960 年,为适应工业生产发展的需要,创办了一批不同层次的业余学校和职业学校。接下来,由于三年自然灾害的影响,也由于办学经验缺乏、对这些新型学校认识不足,以及迫切想要改变教育环境的愿望,在 1962 年前后贯彻八字方针时,对这些学校进行了大幅度的调整。1964 年,中央发出推行“两种教育制度”的号召,广西再次掀起了大办半农(工)半读学校的热潮。

(二)广西乡村地区的耕读小学

广西的区情特点是大石山区自然环境恶劣、交通不便、群众居住分散、生产发展水平很低,在这些地方只办全日制小学,群众子女很难上学。广西各地在总结多种形式办学的基础上,根据两种教育制度的思想,积极创办耕读小学。1964 年 6 月,根据全国厅(局)长会议提出的“集中力量,狠抓农村教育”精神,自治区教育厅派出工作组到博白、东兰两县进行发展耕读小学的试点,摸索丘陵地区和山区发展并办好简易小学(后改为耕读小学)的经验。

1964 年 8 月,玉林专署文教局传达刘少奇在南宁作《关于两种劳动制度和两种

① 何东昌.中华人民共和国重要教育文献 1949—1975[M].海口:海南出版社,1998:1305-1307.

② 《中国教育年鉴》编辑部.中国教育年鉴 1949—1984 地方教育[M].长沙:湖南教育出版社,1986:950.

教育制度》的讲话精神,加强对耕读小学的领导,健全耕读小学制度,培养耕读小学教师,完善耕读小学教材,妥善筹措耕读小学经费。到 1964 年底,博白全县共有各种形式的耕读小学 1 300 多所,学生 15 000 多人,占全县在校小学生总人数的18.9%。在耕读小学学生中,贫下中农的子女占 92.6%,其中女孩占 52.3%。全县耕读小学学生和全日制小学学生合计,适龄儿童入学率为 85.3%,普及小学教育取得显著成绩。①

　　1965 年 1 月 14 日,《广西日报》在头版头条上发表《博白县耕读小学越办越好》的长篇通讯,第二版则以《办好耕读小学,让更多的贫下中农子女上学》横贯通栏标题,全版介绍博白县举办耕读小学的经验。通讯中指出博白县教育行政部门积极采取措施巩固耕读小学,并且在广大贫下中农的支持下使得耕读小学得到蓬勃的发展。但是举办耕读小学是一项新工作,经验还很不足,学校办起来后,仍存在不少问题,这些问题如不解决,耕读小学就难以继续办下去。所以必须使耕读小学在贫下中农中根扎得更牢,才能进一步巩固和发展。②

　　1965 年 3 月,自治区教育厅又组织工作组到东兰县,进一步试办耕读小学。

　　自治区教育厅工作组在重点考察和研究博白、东兰两县特点的基础上,根据学生学习生活实际情况灵活安排教学时间,开设早、午、晚班,实行半日制、隔日制、三三制(三天上学,三天在家);课程上精简内容,只学习语文、算术课程;办学规模可大可小,教学形式有单班、复式、定点巡回等,以此解决学龄儿童入学难的问题。

　　耕读小学的积极创办,促进了广西乡村小学教育的发展。1962 年,全区小学在校生 258.2 万人,到 1965 年增至 400.7 万人,小学学校数发展至 40 433 所,在增长的140 多万小学生中,有一部分是耕读小学的学生。耕读小学教育质量虽然不高,但是对扫盲工作起到了一定作用。③

　　(三)农业中学的确定与兴办

　　农业中学起始于"大跃进"时期,是在刘少奇倡导"两种教育制度"、实施"半工半农"教育制度下,由农民自创的一种半耕半读学校。当时农村普通中学数量少,难以满足高小毕业生升学需要,且农村中小学培养目标脱离农村生产实际,难以提供大批符合农村社会主义建设需要的人才。

----

①　博白县志编纂委员会.博白县志［M］.南宁:广西人民出版社,1994:69.
②　博白县教育科通讯组.博白县耕读小学越办越好［N］.广西日报,1965-01-14.
③　广西壮族自治区地方志编纂委员会.广西通志:教育志［M］.南宁:广西人民出版社,1995:127.

1958 年 3 月,教育部在北京召开了第四次全国教育会议,将"大力举办农业中学"作为教育工作的五大任务之一。同年 4 月,中共中央批转江苏省委《关于民办农业中学问题的报告》,指出"发展农业中学,对于满足广大农民学习科学文化的强烈要求和小学毕业生的升学要求,有重大的作用。……凡是有条件的省、市和自治区,应当仿效江苏的办法,大力发展民办农业中学和其他职业中学"①。同年 4 月 21 日,《人民日报》发表社论《大量发展民办农业中学》号召大量发展民办农业中学,这对于满足广大农民学习科学文化的强烈要求和小学生升学的要求,有重要作用。②

随着"大跃进"和"人民公社"运动的展开,中央下放教育事业管理权,农村中学在全国各地兴办起来,农业中学的数量大幅度增长。但是由于受到"大跃进"影响,各地创办农业中学片面强调数量,忽视经济发展水平和教育自身发展的规律,致使大多数学校因为缺少基本物质条件和必要的师资准备,而使得教育教学质量难以保证。

1962 年 3 月,在柳江县洛满农中召开的全区农业中学会议上,确定农业中学具有为农业服务,耕读结合,小型分散,因地制宜的特点。1963 年 11 月,区人委转发教育厅制订的《广西壮族自治区农业中学暂行工作条例(试行草案)》《广西壮族自治区农业中学教学计划(草案)》给各地试行。

自治区在洛满农中召开全区农业中学现场会总结交流经验后,柳江县全县农业中学增到 16 所,共 31 个班,学生 1 372 人,教职员工 62 人。1963 年,县政府在成团镇建立民办完全中学 1 所,招高中 2 个班,初中 3 个班,共 264 人。1964 年,自治区教育厅副厅长吴青光率领工作组到洛满农中编写农业中学教材以及经验文章,印发交流,指导农业中学发展。中央教育部副部长刘季平也到洛满农中参观视察。1964 年 8 月 22 日,国家主席刘少奇在南宁作了《关于两种劳动制度与两种教育制度》的讲话,讲话中曾表扬洛满农中。为了解决农村生产队、学生家庭缺乏劳动力的困难,满足学生学习科学文化知识的需要,1964 年至 1965 年,柳江县还先后开办了 35 所耕读中学,在校学生 1 216 人。1966 年,全县农业中学发展到 47 所,学生 5 315 人。③

农业中学的积极创办,为改变广西农村文化教育的落后面貌,探索新的办学形

---

①　中共中央文献研究室.建国以来重要文献选编:第 11 册[M].北京:中央文献出版社,2011:220.

②　何东昌.中华人民共和国重要教育文献 1949—1975[M].海口:海南出版社,1998:825-826.

③　柳江县志编纂委员会.柳江县志[M].南宁:广西人民出版社,1991:502.

式发挥了极大的作用。

(四)农业中学办学经验总结

农业中学办学具有自身特点:

第一,农业中学办学和劳动形式灵活多样。农民群众是农业中学的办学主体,农业中学办学形式大体有四种:一种是一个大队建校,学生"学习在校,劳动在队,食宿在家";一种是多个大队联合建校,学生以回队劳动为主;一种是一个公社建校,在校劳动和回队劳动相结合,学生部分住宿,部分走读;一种是多个公社联合建校或国营场圃建校,学生集中在校学习和劳动,实行生产自给。

第二,教学与劳动同时进行。少数农业中学是以在校劳动为主,多数农业中学是以回队劳动为主,或者是两者相结合,以在校劳动的收入养校,以回队劳动的收入解决学生的生活费用。因此,教师既要抓学生的在校劳动,又要抓学生的回队劳动。

第三,教学和劳动的时间灵活安排。按照"农闲多学,小忙少学,大忙不学"的原则,上课时间采取半日制,半日上课,半日劳动。由于农业中学的教学面向农村、面向农民,不能按照全日制普通学校那样放寒暑假,也不能不管农忙农闲,因而农业中学大多根据农事季节来安排教学与假期,全年教学、劳动、休假的比例约为6∶5∶1,真正做到耕读结合。

第四,课程和教学编制坚持少而精和理论联系实际、学以致用的原则,教学与农业生产紧密结合。农业中学大多数为初级农业中学,一般开设语文、数学、农业基础知识、政治四门课,语文加强了应用文教学,数学强化了珠算和簿记教学,农业基础知识注重与农业生产密切联系。在教学方法上,采取了三个"三结合"的方法,即教学、生产劳动与科学实验三结合,教师、学生与老农三结合,学校、生产队与农村"四站"(技术推广站、拖拉机站、机电排灌站、畜牧兽医站)三结合的理论联系实际的方法,为学生打好了两个"基础",即中等文化知识的基础、农业生产知识和技能的基础。

第五,教师多为本地的兼职教师。农业中学的师资来源可分三类:一是没有能够继续升学的高中毕业生;二是下放的农业技术干部、乡社干部;三是同时教课的普通中小学教师。此外,许多农业中学还会聘请当地具有丰富生产实践经验的农民传授经验,传播农业知识和技术理论,而乡镇的基层干部负责在校内宣传政治思想。农业中学的教师不能专职于教学其实是特殊环境下的无奈之举。①

---

① 　王慧.中国当代农村教育史论[M].北京:光明日报出版社,2014:28.

农业中学为乡村培养了一批适应农村建设发展的人才,改变了农村文化、教育的落后面貌,探索开创了新的办学形式。第一,农业中学成为高小毕业生升学的一大去处。第二,农业中学为农村培养了一大批适合农村建设需要、能扎根农村的劳动者、管理者和初级技术人才,促进了农民素质的提高和农村经济的发展。第三,农业中学的发展有力地推动了农村各类教育水平的提高,突破了农村单一的中等教育结构,在一定程度上缓解了农村人口的就业压力,同时,也有利于农村成人扫盲教育的推广。第四,农业中学由农民集资举办,减轻了国家教育经费不足的压力,适合当时的国情。第五,农业中学探索、尝试了教育与生产劳动相结合,开设农业知识课程,实行耕读结合的教学形式,虽然这只是一种浅层次结合,但已触及农村学校的培养目标、农村教育为农村政治经济服务等深层次问题。

农业中学在创造辉煌业绩的同时,仍然存在许多不足:第一,农业中学受政治因素影响过多。在1958年至1965年间,广西农业中学的发展随着政策的实施经历过高潮和大幅度的调整。第二,农业中学办学忽视农村经济实际发展水平及承受能力。许多农业中学校舍简陋、设备匮乏、经费缺乏、师资不足,盲目扩大学校数量与招生数,对教学的有效开展造成严重影响。第三,农业中学招生数量与毕业生数量差距悬殊。1958年招生200万人,1960年毕业生不到15万人,招生人数是毕业人数的13倍之多,说明大多数人中途辍学、转学或延期毕业,这也从侧面反映农业中学的办学质量存在严重问题。①

从社会主义改造完成的1956年到1966年5月"文化大革命"爆发前的十年间,广西的教育事业是在实践中摸索前进的。1957年,根据毛泽东提出的全面发展的教育方针,广西各级各类学校明确了培养目标。20世纪60年代初,广西执行由邓小平主持制定的大、中、小学的"工作条例",学校工作开展有制度有章程依照。1964年,国家主席刘少奇在南宁提出试行"两种教育制度",随之农业中学和半工半读学校快速发展起来,满足了社会主义探索时期对大批人才的急迫需求,为这一时期的经济建设发挥了重要作用。总的来说,这十年广西教育的发展道路是曲折的,但前途是光明的,成果是可喜的。

①　王慧.中国当代农村教育史论[M].北京:光明日报出版社,2014:29-30.

第三节　"文化大革命"时期的
广西乡村教育发展（1966—1976）

一、"文化大革命"期间广西动乱及其对教育的影响

1966 年,当发达国家的经济、技术正在突飞猛进发展时,中国正在经受"文化大革命"的大浩劫①。中共中央发表《中国共产党中央委员会通知》(《五一六通知》)和《关于无产阶级文化大革命的决定》,要求全国开展"文化大革命"。1966 年至1976 年"文化大革命"的十年,广西和全国一样,教育方面成了"严重灾区"②。

1966 年 5 月,中共中央发表的《五一六通知》,号召全党"高举无产阶级革命的大旗,彻底揭露那些反党反社会主义的所谓'学术权威'的资产阶级反动立场,彻底批判学术界、教育界、新闻界、文艺界、出版界的资产阶级反动思想,夺取在这些文化领域中的领导权"③。群众运动就此掀起了革命的狂潮。6 月 4 日,根据上级领导指示,南宁市成立自治区党委"文化大革命"小组,组长伍晋南,副组长贺亦然、侠静波、郭永昌、段远钟、段纯和、罗立斌。④ 各区县派出工作组入驻各校试点,6 月 14 日,自治区党委派出工作队(组)进驻各大专院校、区直各文化部门、文艺团体和《广西日报》社,先后掀起"破四旧"(旧思想、旧文化、旧风俗、旧习惯)"立四新"(新思想、新文化、新风俗、新习惯)和大鸣、大放、大字报高潮,揭阶级斗争盖子。"文化大革命"在广西不断发展,一些学校领导和教师被当作"反动学术权威""牛鬼蛇神""走资派""反革命"进行批判斗争,众多教师的身心都遭受到了严重的摧残。

1966 年 8 月 18 日,毛主席在首都天安门接见全国各地红卫兵。此后,灌阳红卫兵组织也应运而生⑤。中旬,北京红卫兵南下串连队前后 3 批 300 多人到南宁进行

---

① 蒙荫昭,梁全进.广西教育史[M].南宁:广西人民出版社,1999:654.

② 《中国教育年鉴》编辑部.中国教育年鉴 1949—1984 地方教育[M].长沙:湖南教育出版社, 1986:950.

③ 何东昌.中华人民共和国重要教育文献 1949—1975[M].海口:海南出版社,1998:1398.

④ 广西壮族自治区地方志编纂委员会.广西通志:教育志[M].南宁:广西人民出版社, 1995:381.

⑤ 灌阳县志编委办公室.灌阳县志[M].北京:新华出版社,1995:474.

"革命串连",鼓动横扫"四旧",揪斗所谓"走资派"和"牛鬼蛇神"①。当时,象州县的红卫兵也"杀"向社会,到街道、农村大"破四旧",许多民族文化和文物古迹被当作"四旧"破掉②。同年9月5日,根据中共中央关于组织高等学校、中等学校学生代表和教职工代表奔赴北京参观"文化大革命"运动的通知,广西各高等学校和中等学校师生开始大串联。11月初,各校红卫兵陆续到南宁、武汉、广州、上海等大中城市"取经"。外省(市)的红卫兵也到广西来"送宝",贴大字报(炮打司令部),散发传单,公布"中央首长讲话"的"最新消息",北京、上海"来电",鼓吹"造反有理"。很快,从校内校外逐步蔓延到本省,甚至全国各地学校"停课闹革命",掀起了"红卫兵"大串联的高潮。从11月底到12月初,学校停课闹革命,从城镇到乡村,从学校内到机关单位、企业单位的正常运转受到影响,特别是教育领域全面停课停学,严重影响了当时的教育研究和教育实践。

1967年1月,《红旗》杂志、《人民日报》发表社论《无产阶级革命派大联合,夺走资本主义道路当权派的权》,认为革命群众要联合和团结起来夺权,号召全国"无产阶级革命派联合起来,向党内一小撮走资本主义道路当权派夺权"③。在社论的号召下,广西继1966年学生大串连之后,大批干部职工也纷纷起来"造反",参加"四大"(大鸣、大放、大字报、大辩论),许多人脱离工作(生产)岗位,外出串连④。各区县基层单位成立造反战斗队,全区所有党政机关领导班子、学校、企业等被强令交权靠边站,被诬陷为"走资派""叛徒""特务""牛鬼蛇神",戴着高帽子游街等。广西各个区县大部分领导先后被迫罢官,党政机关被夺权,社会处于瘫痪状态,整个自治区处于无政府的混乱局面。1月24日,广西军区遵照中共中央、国务院、中央军委、中央文革小组发出《关于人民解放军坚决支持革命左派群众的决定》,介入地方"文化大革命",担任"三支"(支工、支农、支左)、"两军"(军管、军训)工作。4月,象州县受到南宁市形成的两大派组织的影响,多县形成了以"支韦打伍"和"支伍打韦"("韦"指的是时任区党委第一书记韦国清,"伍"指的是时任区党委书记伍晋南)两大派对立的组织。前者成立"广西无产阶级革命派联合指挥部筹委"(简称"联

①　广西壮族自治区地方志编纂委员会.广西通志:教育志[M].南宁:广西人民出版社,1995:382.
②　象州县志编纂委员会.象州县志[M].北京:知识出版社,1994:488.
③　何东昌.中华人民共和国重要教育文献1949—1975[M].海口:海南出版社,1998:1411.
④　广西壮族自治区地方志编纂委员会.广西通志:教育志[M].南宁:广西人民出版社,1995:385.

指"），后者成立"四二二造反大军"（简称"广西 4·22"）①。这些政治斗争和"夺权"运动严重影响了当时广西教育事业的发展，广大教师和学生参加到"斗争"的队伍，无心上课，价值观扭曲，对文化失去尊重和信仰。"文化大革命"的开展直接导致广西教育停步不前。

二、"文化大革命"期间的干部和知青下乡及其对乡村教育的影响

1968 年 10 月 5 日，《人民日报》为《柳河"五·七"干校为机关革命化提供了新的经验》一文加的按语中指示，毛主席提出："广大干部下放劳动，这对干部是一种重新学习的极好机会，除老弱病残外都应该这样做。在职干部也应分批下放劳动。"②全自治区掀起了大批干部精简下放的工作狂潮。干部下放农村，虽是为了给干部提供一个良好的学习机会，同时也为农村地区发展有一定的帮助，特别是在干部并非自愿的情况下促使乡村教育发生了一定的变化；但这实际上更多的是为了向毛主席靠拢，学习毛主席的"最高指示"，对自己进行自我检讨的一个过程。

1968 年 6 月 15 日，中共中央、国务院、中央军委、中央文革《关于分配一部分大专院校毕业生到解放军农场去锻炼的通知》提出："将大专院校毕业生安排到解放军农场去锻炼，是贯彻毛主席教育的伟大思想，培养无产阶级革命事业接班人的一项重要措施。"③1968 年 12 月 22 日，《人民日报》发表为《我们也有两只手，不在城市里吃闲饭！》一文加的按语，其中毛主席指示："知识青年到农村去，接受贫下中农再教育，很有必要。要说服城里干部和其他人，把自己的初中、高中、大学毕业的子女，送到乡下去，来一个动员。各地农村的同志应当欢迎他们去。"④因此，在"文革"期间，广西户籍的毕业生基本上都被分配到农村里插队落户。广西大学、广西民族学院、广西师范大学的师生分别要去到田东县林逢和祥周公社、平果县练沙公社、兴安县榕江公社进行劳动教育和训练⑤。这些到农村插队的师生主要是由当地的农民带领他们从事农业活动，比如，耕地种菜、运送农家肥、饲养家禽、参与"春种秋收"等。同时，当地的村干部还会专门为下乡师生召开忆苦思甜知识讲座，通过这种讲座让师生永远不忘阶级苦，永远不忘阶级斗争，增强革命的坚定性。这一系列活动的开展，

---

① 象州县志编纂委员会.象州县志[M].北京:知识出版社,1994:488.
② 何东昌.中华人民共和国重要教育文献 1949—1975[M].海口:海南出版社,1998:1432.
③ 何东昌.中华人民共和国重要教育文献 1949—1975[M].海口:海南出版社,1998:1425.
④ 何东昌.中华人民共和国重要教育文献 1949—1975[M].海口:海南出版社,1998:1437.
⑤ 蒙荫昭,梁全进.广西教育史[M].南宁:广西人民出版社,1999:666.

实际上对乡村农业教育产生了一定影响,从乡村教育角度来讲,对职业教育和成人教育都具有一定的帮助,但是促进作用不大。

此外,广西的各个县城也同样贯彻执行"知青上山下乡"的学习方针。1969年3月,南宁市知识青年137人到西林,安排到那佐、西平、古障等公社插队落户①。同年10月,南宁1 030名知识青年到大新县农村插队。随后,大新县先后把城镇非农业人口的高中、初中毕业的知识青年共1 949人放到农村插队,接受所谓的"贫下中农再教育"②。1969年3月9日,《广西日报》报道:自治区各地响应毛泽东主席关于"知识青年到农村去"的号召,掀起了到农村插队落户的高潮。据统计,几年时间里,共有20多万人先后下到农村③。知青上山下乡接受再教育,对培养他们勤俭节约、艰苦奋斗的传统精神具有很大的促进作用。从乡村教育角度讲,很多知青都是"文化人",临时充当乡村教师,带来较为先进的观念,对促成乡村教育有一定影响。但是,通过体力劳动作为评判一个人是否先进的标准的做法,不仅削弱了知青继续学习注入"新血液"的动机,而且否定了他们在社会中的作用,不利于社会的发展,也不利于乡村教育的健康发展。

三、"文化大革命"期间广西乡村教育发展现实

(一)教育领域的"斗、批、改"

"斗、批、改"指的是"斗争走资派,批判修正主义、改革不合理的规章制度"。1967年3月7日毛主席在对《天津延安中学以教学班为基础实现全校大联合和整顿巩固发展红卫兵的体会》的批示中提出,"应分期分批对大学、中学和小学高年级实行军训,并且参与关于开学、整顿组织、建立三结合领导机关和实行斗、批、改的工作"。④ 1968年5月5日,陆川县部署以阶级斗争为纲,开展革命大批判,搞好斗批改。在机关、农村全面进行"三批三查",向阶级敌人猛烈进攻。⑤ 9月7日,《广西日报》《解放军报》就"全国山河一片红"发表社论《无产阶级文化大革命的全面胜利万岁》,指出:"建立三结合的革命委员会,大批判,清理阶级队伍,整党,精简机构,改革不合理的规章制度、下放科室人员,工厂里的斗、批、改,大体经历这么几个阶段。"

① 西林县地方志编纂委员会.西林县志[M].南宁:广西人民出版社,2006:576.
② 广西壮族自治区大新县志编纂委员会.大新县志[M].上海:上海古籍出版社,1989:337.
③ 广西壮族自治区地方志编纂委员会.广西通志:教育志[M].南宁:广西人民出版社,1995:394-395.
④ 何东昌.中华人民共和国重要教育文献1949—1975[M].海口:海南出版社,1998:1415.
⑤ 陆川县县志编纂委员会.陆川县志[M].南宁:广西人民出版社,1993:171.

1968 年 9 月 8 日,《广西日报》发表《充分发挥工人阶级的领导作用,掀起斗、批、改的新高潮》的文章,宣传自治区革委会、广西军区部署开展"斗、批、改"的精神和决心。[①] 1969 年 9 月 11 日至 22 日,自治区在南宁召开全区中、小学教育革命工作会议。会议要求:"提出系统批判苏联的凯洛夫教育体系,批判 60 年代初制定的'小学 40 条''中学 50 条''高教 60 条',批判旧的规章制度,废除考试和按分数录取新生制度。"[②]这次会议进一步否定了"文化大革命"前 17 年的教育工作。

1971 年 4 月 15 日到 7 月 31 日在北京召开全国教育工作会议。"四人帮"操纵会议,最后由姚文元、张春桥制定了《全国教育工作会议纪要》,并于 8 月 13 日通过中共中央批准。《全国教育工作会议纪要》炮制荒谬的"两个估计",即"文化大革命"时期,"毛主席的无产阶级教育路线基本上没有得到贯彻执行","资产阶级专了无产阶级的政";"大多数教师和解放后培养的大批学生的世界观基本上是资产阶级的"。以这"两个估计"作为理论依据,在"教育革命"中,始终与新中国成立后 17 年的"资产阶级反革命修正主义路线"的大批判相挂钩。此外,《全国教育工作会议纪要》还提到摆在面前的一项重要任务是开展批修整风,要批判"全民教育"、"天才教学"、"智育第一"、"洋奴哲学"、知识私有、"个人奋斗"、"读书无用"的谬误。它强调了一系列关于教育的政策和方案,比如:强调工农兵、革命技术人员和原有教师三结合;注重中小学教师队伍建设;普及教育,扫除文盲;缩短学制等[③]。会议提出的这些做法都是基于教育的根本问题进行批判,否定了新中国成立后 17 年的教育成果以及教师的作用,狠抓"三尺讲台"的阶级斗争,批判"师道尊严",教育事业发展再次遭受挫折。

总之,"教育革命"就是与"十七年修正主义教育路线"对着干,这种否定一切的决定论从一定程度上打压了知识分子的学习积极性,广西薄弱的乡村教育事业发展逐渐失去生机。

(二)中小学的"教育革命"

1967 年 3 月 7 日,《人民日报》社论发表《中小学复课闹革命》的重要指示[④]。10 月 14 日,中共中央、国务院、中央军委、中央文革小组发出《关于大、中、小学校复课

① 广西壮族自治区地方志编纂委员会.广西通志:教育志[M].南宁:广西人民出版社,1995:392.

② 蒙荫昭,梁全进.广西教育史[M].南宁:广西人民出版社,1999:661.

③ 何东昌.中华人民共和国重要教育文献 1949—1975[M].海口:海南出版社,1998:1478-1482.

④ 何东昌.中华人民共和国重要教育文献 1949—1975[M].海口:海南出版社,1998:1414.

闹革命的通知》，文件指示："在向党内一小撮走资本主义道路的当权派夺权的新阶段和关键时刻，摆在中小学革命师生面前的光荣任务，就是响应党中央的号召，复课闹革命"，"要求全国各地大、中、小学一律立即开学"①。广西部分学校师生响应国家号召回校上课，但是正处于"夺权"激烈的斗争和学校半瘫痪的状态下，相当多的学校无法上课，或者短时间复课后又停课，各类学校"复课"行动举步维艰。

"文化大革命"期间，大部分学校基本上都受到了严重的冲击，教学秩序混乱。幼儿园在广西区县内基本被迫停办。在"学制要缩短，教育要革命"思想指导下，原施行的六年制小学改为五年一贯制，取消小升初、初升高的考试制度，全国统编教材被废除，用毛泽东语录和"老三篇"（《为人民服务》《纪念白求恩》《愚公移山》）代替政治、语文等学科教材。此外，教育相关部门发出"贫下中农管理学校"的指示，一些县城组织工人毛泽东思想宣传队（简称"工宣队"）和贫下中农毛泽东思想宣传队（简称"贫宣队"）进驻中、小学校，请老工人、贫下中农、解放军战士到校讲课。数学课就由老贫农来教珠算；政治课就由老贫农、解放军战士做忆苦思甜报告。"小将上讲台"的方式异化了"真教师"的作用，用零碎的教材内容和固化的教学方法传授知识从一定程度上阻碍了学生综合地、系统地学习知识，导致学生思想文化出现断层。这些运动的开展扰乱了乡村学校教学秩序，让乡村教育无规矩可循，无内容体系可学，对乡村学校教育造成巨大影响。

1968 年 11 月 14 日，《人民日报》为《关于将公办小学下放到大队来办的建议》加的按语表示："所有农村公办小学下放到大队来办，国家不再投资或少投资小学教育经费，教师都回本大队工作，国家不再发工资，改为大队记工分。"②因此，据此，广西农村很多地方把公办小学下放到大队去办，教师子女改为农村户口，回农村上学。虽然县里仍然掌握公办教师的财政大权，但是也有部分公办小学教师得不到国家的经济补贴。这一措施直接导致农村教师难以保证生活质量，也大幅度降低了农村教师的社会地位。

2 月 3 日至 10 日，自治区革委会在南宁召开中、小学教育革命座谈会。会议指出：全区有 13 万多工人和贫下中农组成毛泽东思想宣传队，开进了 4.7 万多所大、中、小学。各地农村小学已先后下放给大队管理，各市许多中、小学也由工厂或街道管理。废除了重点学校、中心学校、干部子弟学校以及入学考试、升留级等办学制

---

① 何东昌.中华人民共和国重要教育文献 1949—1975[M].海口：海南出版社,1998：1420.
② 何东昌.中华人民共和国重要教育文献 1949—1975[M].海口：海南出版社,1998：1433.

度。许多地方"读小学不出村,读初中不出大队,读高中不出公社"①。

1972 年秋,根据中央关于教育要整顿的精神,各中学重新使用自治区编制教材来开设语、数、英、政、史、地、物、化等课程。大多数地区学校掀起了狠抓智育、提高教学质量的狂潮,教学秩序有所成效,学生质量有所提高。普及素质教育反映了"文化大革命"期间的社会动态和教育需求,但是这种教育革命仍然受到"左倾"思想的影响,最终这种做法被当作"智育第一"的典型例子遭到了批判。

"文化大革命"中,广西农村公办小学下放大队办的占小学总数 76%;同时,在"读初中不出大队,读高中不出公社"的口号下,盲目发展中学,小学戴帽办初中,挤占小学校舍、设备,把小学的大批教学骨干拨到初中任教,然后大量增加民办教师。1976 年,全区小学民办教工占小学教职工总数的 60.9%②。十年的教育动乱,导致乡村教学质量下滑,乡村教育事业受到了严重摧残。

(三)高等学校的"彻底革命"

高等学校招生是关系到培养无产阶级革命事业接班人的重大问题,是一项严肃的政治任务。1966 年 7 月 24 日,《人民日报》发布中共中央、国务院《关于改革高等学校招生工作的通知》,提出:解放以来,高等学校招生考试办法,虽然不断地有所改进,但是基本上没有跳出资产阶级考试制度的框框,不利于贯彻执行党中央和毛主席提出的教育方针,不利于更多地吸收工农兵革命青年进入高等学校。这种招生办法必须彻底改革③。当日,《人民日报》发表社论《彻底搞好文化大革命,彻底改革教育制度》,要求:"彻底搞掉资产阶级教育路线的一个突破口,从这里着手,对整个旧的教育制度实行彻底的革命。"④

1970 年 9 月 21 日,《人民日报》发表《大家都来关心高校招生》,文件指示:"招生制度的改革是整个教育制度革命的重要一环。在学校这个阵地上,两个阶级、两条路线的斗争,首先集中地表现在招生上。""过去,在修正主义教育路线统治下,高校在招生中大搞'分数挂帅',鼓吹'分数面前人人平等',实际上是对劳动人民实行

---

①　广西壮族自治区地方志编纂委员会.广西通志:教育志[M].南宁:广西人民出版社,1995:394.

②　《中国教育年鉴》编辑部.中国教育年鉴 1949—1984 地方教育[M].长沙:湖南教育出版社,1986:955.

③　何东昌.中华人民共和国重要教育文献 1949—1975[M].海口:海南出版社,1998:1404-1405.

④　冯克诚.中华道德五千年 20 现代中国的道德演变与德育理论 2[M].北京:中国文史出版社,1982:149-150.

资产阶级的文化专制。工农兵一针见血地说：'分数线，分数线，工农兵的封锁线。'这次高校招生，要用毛泽东思想统帅招生工作的全过程，突出无产阶级政治，放手发动群众，实行群众路线，采取自愿报名、群众推荐、领导批准、学校复审的办法，真正把工农兵和上山下乡以及回乡知识青年中的优秀分子推选出来。"[1]

同年11月23日，自治区革委会发出《关于高等学校招生问题的通知》，确定广西大学、广西民族学院、广西农学院、广西中医学院、广西医学院、广西艺术学院、桂林医专、百色医专8所高等院校开始招生[2]。从此，工、农、兵学员开始"上大学，管大学，改造大学"。

1971年2月21日，广西大学、广西农学院、广西医学院、广西中医学院、广西民族学院5所高等院校举行开学典礼，迎接第一批工农兵大学生入学[3]。1971年2月，广西全区8所高等学校共招收工、农、兵的人数达到1 910人[4]，但是工、农、兵学员的文化水平普遍不高，程度参差不齐，甚至部分学生只达到了初中文化水平。

1973年5月29日，自治区革委会发出《关于高等学校1973年招生工作几个具体问题的通知》。通知提出，在招生对象上，普通班从有经验的工农兵中招生，工科主要从厂矿、企业和农村"五小"工厂的青年工人中招生；文科主要从报刊通讯员、业余文艺创作人员和机关干部中招收；农科主要从对口厂、站、所的青年职工和农村知识青年中招生；医科主要从农村、工厂的赤脚医生、卫生员和护士中招生；师范主要从农村初中、小学民办教师中招生[5]。总体来看，各专业都应适当招收上山下乡、回乡知识青年和复退军人。

由此可见，招生制度改革首先是人才的选拔形式，取消考试制度，取而代之的是"群众推荐""领导批准"。其次是改变了传统的"读高中升大学"的形式，取而代之的是面向有经验的工、农、兵招生。这两种方法在一定程度上虽然能够在控制传统招生考试的弊端以及缓解应试教育压力方面显有成效，但是如果只采取单一的招生录取形式，容易助长青年轻视文化知识的不良行为，滋生家长滥用权力推荐入学的

① 李志华.大家都来关心高校招生.红旗,1970(10).
② 广西壮族自治区地方志编纂委员会.广西通志:教育志[M].南宁:广西人民出版社,1995:401.
③ 广西壮族自治区地方志编纂委员会.广西通志:教育志[M].南宁:广西人民出版社,1995:403.
④ 蒙荫昭,梁全进.广西教育史[M].南宁:广西人民出版社,1999:669.
⑤ 广西壮族自治区地方志编纂委员会.广西通志:教育志[M].南宁:广西人民出版社,1995:412.

歪风邪气,严重降低新生质量,加深社会矛盾。

(四)"开门办学"的学校模式

工农兵学员上大学的重要形式就是"开门办学"。1966 年 5 月 7 日,毛主席对军委总后勤部《关于进一步搞好部队农副业生产的报告》的批示(即"五七指示")指出,学生也是这样,以学为主,兼学别样,即不但学文,也要学工、学农、学军,也要批判资产阶级。① 因此,在坚持"开门办学"的前提下,学校应该要注重培养学生把课堂实验同参加社会实践结合起来,把学问同学工、学农、学军结合起来,这样深入贯彻"五七指示"才能有成效。但是,"极左"路线把"文化大革命"之前的大学当作"象牙塔",培养的学生都是精神贵族,因此必须拆掉大学的"围墙"。根据毛主席指示,广西实行"走出去(即到工厂、农村参加劳动,拜工人、农民为师),请进来(即把工农兵请到学校讲课)"的开门办学形式。广西要求各类学校以举办农场作为学农的基地,文科类以整个社会作为工厂,而工科类以"典型任务带教学",到一个工厂结合产品来进行教学改革实践。有的文章批判学识渊博的教师为"臭老九",把教室看成"滋生资本主义的温床",极力主张"开门办学"。还有的文章批判,有的工农子弟进了大学,受到资产阶级的腐蚀,"一年土,二年洋,三年不认爹和娘",变得同工农兵格格不入。"只有让学生到'阶级斗争的大风大浪里锻炼',才能培养出无产阶级革命事业的接班人。"②

因此,贯彻落实"五七指示"的重要途径就是开展勤工俭学活动,建立学工、学农基地。广西许多农村学校重视创办农场、果场等;城镇学校注重兴办工厂、农村小分校等。比如:上思县强调贯彻执行"学工、学农、学军"的"五七"指示,实行开门办学,采取"走出去,请进来"的形式,搞厂校挂钩、校队挂钩,到工厂和生产队去,接受工人阶级和贫下中农的再教育。各中学还办有农场,作为学生的学农基地,文化课的教学置于次要地位。③ 宁明县大办农场,全县中小学校办的农场总面积 8 000 多亩,学校把课堂搬到农村去,搞"高产试验""蔗海""林海"等。④ 乐业县提倡学校办工厂、农场,学生劳动多,教学质量严重下降。⑤

注重理论与实践相结合,能够让学生更直接地接触社会以及工农,对提高学生

① 何东昌.中华人民共和国重要教育文献 1949—1975[M].海口:海南出版社,1998:1396.
② 何东昌.中华人民共和国重要教育文献 1949—1975[M].海口:海南出版社,1998:1479.
③ 上思县志编纂委员会.上思县志[M].南宁:广西人民出版社,2000:549-550.
④ 宁明县志编纂委员会.宁明县志[M].北京:中央民族学院出版社,1988:539.
⑤ 乐业县志编纂委员会.乐业县志[M].南宁:广西人民出版社,2002:484.

素质和教育改革提供了帮助,对农业和农村也有更深入的了解。但是,如果把体力劳动当作改造资产阶级知识分子的手段,在培养国家现代化服务人才方面容易造成阻碍,影响国家的发展。

四、"文化大革命"对广西乡村教育事业的破坏

(一)乡村教师队伍畸形发展

在 1968 至 1969 年期间,广西各个县都卷入了"清理阶级队伍"的浪潮中,教师的社会地位受到了严重的歧视,不少教师被批斗、关押、无故开除公职,严重的甚至被迫害致死。比如:1966 年 6 月至 1968 年 9 月,西林县在县城八达召开"万人大会",在会议主席台四角架起机关枪,民兵全副武装,在各条路进出口守卡放哨,气氛森严恐怖。在"文化大革命"中,西林全县共有 1 632 人被揪斗,其中机关干部和教师 405 人(科技以上领导干部 123 人),被打死和迫害致死的干部和群众 119 人。[1]宾阳县全县有 107 名教职工被迫致死,155 名教师被立案审查。[2] 阳朔县全县 626名中小学教师被集训 27 天,重点批判斗争 19 人,开出 10 人,退职 30 人。回校后,先后有 300 多名教师被扣上"黑教师""资产阶级知识分子"等帽子,遭到"造反派"批判斗争,49 名教师被开除,7 人被迫害致死。[3] 这种行为导致各级各类学校的教师遭到极大摧残,精神上和肉体上受到了巨大的打击和伤害。

在"文化大革命"十年期间,各级教师的培训以及函授进修全部停办,高校停止招生四年之久,各级各类教师都没有合格的师资补充,导致后来出现教师普遍性紧缺、教师学历合格率严重下降的情况。1970 年,在"读小学不出村,读初中不出大队,读高中不出公社"的办学思想影响下,各县开始执行公社办高中、大队小学附设初中班,学校的数量激增。比如:忻城县"全县共 81 人由初中教师升为高中教师,占高中教师的 50.6%;全县有 152 人由小学教师提升为初中教师,占初中教师总数的68%"。[4] 教师队伍数量明显呈上升趋势,但由于长时间未能正常从事教学工作和定期参加培训,上岗教师难以胜任教学工作。

(二)乡村学生发展受阻

"文化大革命"期间,乡村学生的思想因为党和国家的教育方针被"四人帮"篡

①　西林县地方志编纂委员会.西林县志[M].南宁:广西人民出版社,2006:575-576.
②　宾阳县志编纂委员会.宾阳县志[M].南宁:广西人民出版社,1987:515.
③　阳朔县志编纂委员会.阳朔县志[M].南宁:广西人民出版社,1988:349.
④　忻城县志编纂委员会.忻城县志[M].南宁:广西人民出版社,1997:740.

改而被扭曲。"四人帮"把考试交白卷的辽宁省张铁生抬举为"白卷英雄",制造"宁愿要没有文化的劳动者,也不要有文化的精神贵族"的谬误。[1] 当时这种被称为所谓"风靡时尚"的做法,歪曲了青少年的人生观、价值观,致使他们个人主义泛滥,道德水准大幅度下滑。

由于乡村学校的德育工作遭受严重的破坏,乡村学生的上课秩序也变得混乱。大部分学生不讲道德规范,随意扰乱课堂秩序;有的学生不服从学校的管理,随意进出校门,甚至与校外青年勾结,打架斗殴。"当时南宁、桂林、梧州、柳州等城市,都成立工读学校,主要招收违法乱纪的青少年就读。经过多年的拨乱反正,学校德育工作的优良传统才逐步恢复。"[2]

在智育方面,当时的学校强调"开门办学",学生要上山下乡,拜工农为师,再加上对"专家治校""智育第一"的批判声不断,学校被诬蔑为"培养资本主义的温床",以致形成以"劳"代"学"的倾向,使青少年无视文化知识的学习。数据显示,1978年,平果中学对 5 个高中毕业班 258 人的调查,语文、数学成绩达到高中毕业的只占9%。只有高小文化程度的近 60%。1978 年全自治区高考考生 39.8 万人,各科平均及格的只有 1 536 人,占考生总数的 0.39%,其中 24 个边境、少数民族和教育基础薄弱的县,各科平均及格仅 50 人,及格率为 0.18%。[3]

"文化大革命"的十年动乱,使广西的教育事业同全国一样遭到新中国成立以来严重的挫折和损失。这种遭遇导致人民生活水平下降,文化教育畸形发展,科技水平差距加大,历史文化古迹被破坏。但是,"文化大革命"期间也并非凋零一片,在党和人民群众共同对"左"倾错误的抵制和反革命斗争的努力下,教学科研在逆境中仍然被坚守,部分干部、教师坚持科研、教学,在困境中支撑着教育事业,维系教育事业缓慢发展。

---

[1]　何东昌.中华人民共和国教育史:上册[M].2007:487.
[2]　蒙荫昭,梁全进.广西教育史[M].南宁:广西人民出版社,1999:674.
[3]　蒙荫昭,梁全进.广西教育史[M].南宁:广西人民出版社,1999:675.

第五章

社会主义革命与建设时期广西乡村教育人物思想

——— ★ ★ ★ ———

第一节　新民主主义向社会主义过渡时期的
广西乡村教育人物思想

　　新中国成立之前，广西社会经济极其落后，教育水平低。新中国成立以后，广西教育走上了社会主义现代化道路，教育事业发生了巨大深刻的变化，培养造就了一大批"有理想、有道德、有文化、有纪律"的社会主义事业建设者和接班人，为社会主义现代化建设做出了重大的贡献。

　　解放初期，在中国共产党的领导下，广西各级政府接管、接收、接办了旧政府的公办学校、原有的私立学校以及外国津贴兴办的学校，对旧学校进行改造。

　　一是对于旧中国学校、旧教育制度和旧教学方法都进行了改造。各级学校学习、借鉴苏联教育经验，改造旧的教育制度、教育内容和教学方法，中小学教育得到了较快的发展。二是构建社会主义教育体系，使其结构完善、规模不断扩大。新中国成立至今，经过不懈努力，广西已初步建立起多层次、多形式、多渠道培养社会主义"四有"新人，包括学前教育、基础教育、职业技术教育、高等教育、成人教育和少数民族教育等方面协调发展的社会主义教育体系。三是不断加强对教育的投入，教育在国民经济中的地位逐渐加强。各级党委和政府坚定不移地把教育摆在优先发展的战略地位上，不断加大教育投入的力度。四是少数民族教育取得巨大成就，并有力地促进了少数民族地区经济、社会、文化的发展，尤其是民族地区教育发展也一直备受重视。解放前，广西少数民族教育很落后，文盲、半文盲达90%以上。解放后，认真贯彻党的民族教育政策，各级政府和教育部门把少数民族教育摆在重要的地位，加大资金投入力度，不断完善教学网点。五是在实践中探寻经验，用经验指导实践。在党的领导下，坚持解放思想、实事求是的思想路线，从实际出发，把党中央、国务院关于教育的各项方针政策同广西具体情况结合起来,创造性地贯彻执行党中央的方针政策,走出一条适合广西社会主义教育健康发展的道路。

广西由于壮族人口占绝大多数,因此广西教育的发展关系着少数民族教育的发展。解放前,广西由于对教育投入不足及其他原因,少数民族接受教育的人口相当有限,1949 年,广西少数民族文盲人数占少数民族人口总数的 90% 以上。[①] 新中国成立后,广西采取多种措施有计划、有步骤地发展少数民族教育事业,逐步形成比较完善的少数民族教育体系,民族教育面貌发生了天翻地覆的变化。1953 年 2 月 5 日,广西人民政府制定了《广西少数民族教育五年计划》和《广西少数民族教育五年计划实施纲要(草案)》(以下简称《纲要》),在《纲要》中提出了"一五"时期发展民族教育的总方针:贯彻执行《共同纲领》中的民族政策、文教政策和省教育会议的决议,重视和大力推行少数民族教育工作,加强爱国主义和社会主义的政治思想教育以及青壮年的文化教育,在 5 年内有计划、有步骤地为提高少数民族的政治思想水平和文化水平而努力。[②]

在各级党委、政府的关怀和重视下,广西少数民族教育事业得到了较快发展。到 1956 年,全省小学少数民族在校学生增至 100.9 万人,是 1950 年在校学生的 87 倍;中学少数民族在校学生为 4.68 万人,是 1950 年在校学生的 5.7 倍;师范学校 5 所,学生 1 857 人,学生人数比 1952 年增加了 76.5%;高等学校 1 所,学生 776 人,民族学院 1 所,学生 979 人。农民业余学习文化的达 130 万人,民族地区教育事业的发展也极大地促进广西乡村教育事业的进步。[③]

从新中国成立到"文化大革命"结束时期,广西教育事业在艰苦的环境中呈向上发展趋势。这个时期教育行政部门和高校中的教授以及领导都艰苦创业、奋发努力,为发展社会主义教育呕心沥血,为培养社会主义新型人才辛勤耕耘,他们的历史功绩永远留在人们的记忆里。这一段时期为新中国培育了大批人才,促进了广西教育事业的蓬勃发展,尤其是落实党和政府的政策,加大对于农村地区识字和扫盲运动的开展,都极大地促进乡村地区教育质量的提升。这些在社会主义建设初期为国家和广西教育事业谱写出壮丽篇章的人物,对中国教育现代化做出突出贡献的人,人们不会忘记他们,他们的光辉业绩永远在史册上闪耀着光芒。

① 本书编写组.广西辉煌 60 年 1949—2009[M].南宁:广西人民出版社,2009:27.
② 本书编写组.广西辉煌 60 年 1949—2009[M].南宁:广西人民出版社,2009:27.
③ 本书编写组.广西辉煌 60 年 1949—2009[M].南宁:广西人民出版社,2009:29.

一、时代背景概述

(一)社会主义三大改造

1949年新中国成立到1956年社会主义三大改造完成,标志着社会主义基本制度在我国初步确立。我国进入了社会主义初级阶段,实现了从新民主主义向社会主义过渡。

社会主义三大改造,即新中国成立后,由中国共产党领导的对农业、手工业和资本主义工商业三个行业的社会主义改造。我国对农业、手工业和资本主义工商业生产资料私有制的社会主义改造,在理论上和实践上丰富和发展了马克思列宁主义的科学社会主义理论,极大地促进了工、农、商业的社会变革和整个国民经济的发展,实现了把生产资料私有制转变为社会主义公有制的任务。政治上社会主义的基本制度在我国初步建立,经济上社会主义计划经济在我国基本确立,为我国的社会主义工业化开辟了道路,从此进入社会主义初级阶段。

社会主义初级阶段与新民主主义社会因为都存在多种经济成分而有某些相似之处,但却在社会性质上存在着明显差别。从经济基础方面看,它们之间的根本区别在于社会主义公有制经济是否成为社会经济的主体,从而整个经济社会生活是否牢牢建立在社会主义的经济基础之上;从上层建筑看,它们之间的根本区别在于社会主义根本政治制度、基本经济制度是否确立,马克思主义世界观在整个社会思想文化领域中的指导地位是否得到确立。

我国是在没有实现工业化的情况下进入社会主义的。以毛泽东同志为核心的党的第一代中央领导集体带领全党全国和各族人民完成了新民主主义革命,进行了社会主义改造,确立了社会主义基本制度,这一基本制度的确立为当代中国一切发展进步奠定了根本政治前提和制度基础,是中国历史上最深刻、最伟大的社会变革,使广大劳动人民真正成为国家的主人。

中国共产党紧紧依靠和紧密团结全国各族人民进行社会主义革命,创造性地实现由新民主主义到社会主义的转变,确立了社会主义基本制度,开始全面建设社会主义,在一穷二白的基础上建立了独立的比较完整的工业体系和国民经济体系,使古老的中国以崭新的姿态屹立在世界的东方。

(二)巩固新生政权

新中国成立后,为了巩固新生政权,中国共产党对外与以苏联为首的社会主义阵营建立友好合作关系,在外交政策上奉行"一边倒"的外交政策。

为了维护朝鲜的独立和中国的安全,巩固亚洲乃至整个世界的和平,新中国进行了抗美援朝;中国共产党对内建立了各地各级政府,恢复和发展了国民经济,消灭封建残余势力尤其是与国民党残余势力做斗争,通过镇压反革命保护新生政权的巩固。1951年签署了《关于和平解放西藏办法的协议》,标志着中国大陆全部地区都得到了解放。1950年到1952年的土地改革运动,将地主土地分给无地或少地的农民,实现农民的土地所有制,也标志着农民获得真正的解放,中国旧时代的封建土地制度被彻底消灭。通过以上巩固新生政权的措施,证明了新中国的强大生命力,也为我国进入社会主义社会奠定了坚实基础。

(三)乡村教育动员

新中国成立以后,中国共产党根据国情对广大农民进行了大规模的乡村动员,这是新中国成立初期乡村教育的开端,正是这次大规模的教育动员,使得农民由传统向现代化转型的同时,整个乡村社会也发生翻天覆地的改变。

1.思想政治教育

中国共产党对广大农民进行了内容丰富、时间跨度大的思想政治教育和业余文化教育。思想政治教育一方面立足于破除农民长期的封建思想和守旧的传统,更新观念,从而使农民能够更快地接受新思想、新事物的发展;另一方面主要是通过传授和解读社会主义、共产主义、爱国主义、集体主义等思想,从而提升和整合农民的思想工作,能够拥护共产党的领导,携手努力共建社会主义。

值得注意的是,这些思想政治教育总是伴随着重大事件的产生与发展,新中国成立初期的抗美援朝、土地改革、宪法制定与确立等,都深刻地影响着思想政治教育内容组成。

面对广大乡村地区,思想政治教育的开展采取不同的方针,第一是在老解放区推行识字运动,主要的对象是村干部、积极分子以及青年男女,这主要是受时间、精力、财政有限的影响,党中央把重点放在干部教育上,同时老解放区由于解放时间长,对于党的方针政策认识深刻,能够更好更快地接受,所产生的阻力小;第二是在半老新区和新解放区,主要是结合当地当时的中心工作与群众运动进行政策、时事教育,兼以采用识字教育,这与具体实际情况是分不开的;第三是思想政治教育与一系列措施相联系,如抗美援朝时期,爱国主义教育是思想政治教育的主旋律,另外如土地改革运动、宪法制定等措施的宣传也充实了思想政治教育的内容,通过时政教育的宣传,缓解措施实施的阻力,还能够有利于广大乡村地区对于政策推行的执行力。

正是通过这一系列的运动以及运动过程所带来的教育,启迪农民智慧,充实知识,对于共产主义、社会主义有一定的了解,增强了广大农民的集体主义、爱国主义热情,从而很好地达到对农民启蒙教育的目的。

2.业余文化教育

农民文化教育也大力开展。冬学是农民冬闲的时候开设的季节性学校,在抗战期间成为提升群众的思想政治教育和文化素质水平而开设的专门性学校。这类学校不仅提高群众对于抗战的认识,也激起群众共同抗敌的热情,从而增强群众抗战力量,争取抗战的最终胜利。随着新中国成立,冬学作为提升农民素质的主要形式被保留下来。1949年教育部发布的《关于开展1949年冬学工作的指示》指出,冬学是适应广大群众需要,与实际工作密切结合的教育方式,今后也应当在全国农村中普遍推行,强调冬学文化教育内容应该以识字为主。[①] 同时,1952年党中央号召推广速成识字法,并设置了"中央扫盲工作委员会",下设"农民扫盲工作司"来加强对于农村扫盲工作的引领与指导。1952年至1956年中共中央召开多次会议,并下发通知《中华人民共和国国务院关于加强农民业余文化教育的指示》[②],对领导、教学、教材等都做了规定,保证教学指导思想的正确性和教育质量的不断提升。

正是在党中央的政策下,广大农村地区积极参与,在文化教育成绩方面表现突出。冬学与全国扫盲运动发展迅速,招收大批农民进行学习和就读,符合农业生产实际和农民生活需要。扫盲运动通过以民教民的方式解决师资问题,这对于妇女解放运动也有益处。在这个过程中利用农民闲余时间进行教学,贴近农民日常生活,使农民掌握生产生活经验,因此获得很大的成效。尤其是帮助农村妇女摆脱愚昧封建思想,提高广大农村妇女的文化水平,解放农村生产力,对于提高妇女地位也有很大的作用,使她们认识到自己也是建设社会主义的一分子,发挥其积极作用,为共筑社会主义贡献一份力量。

综上,我们不难看出新中国成立以后,社会面貌焕然一新,不仅政治、经济、文化等方面得到极大的发展,而且在乡村教育层面也有许多实践尝试,尤其是扫盲运动和乡村建设动员都为乡村教育的迅速发展开辟一条道路。但新中国成立初期,物质资源缺乏,广大农村地区仍处于积贫积弱的环境中,封建思想残余仍有残留,广大农民思想还没有开化,文化素质水平不高,生产能力水平低,乡村教育还有很大的发展空间,在这一时期全国也涌现出一大批有志之士、教育家等,为推动和促进乡村教育的发展贡献自己的力量。

---

① 关于开展1949年冬学工作的指示.人民日报,1949-12-07.
② 中华人民共和国国务院关于加强农民业余文化教育的指示.人民日报,1955-06-02.

(四)社会主义过渡时期的广西教育全貌

1949 年末广西解放,在社会主义建设初期教育发展缓慢。一是在学前教育方面,1950 年广西仅有幼儿园、保育院 31 所,保教人员 79 人,入园幼儿 2 024 人。二是在义务教育方面,1950 年广西有普通小学 1.3 万所,小学教师 3.3 万人,在校学生 49 万人;初中 116 所,在校学生约 3.1 万人。三是在高中教育方面,1950 年广西只有 43 所普通高中,招生人数仅 3 453 人。[①]

二、代表人物教育思想

(一)孙仲逸的教育思想

1.孙仲逸生平简介

孙仲逸(1899—1989),汉族,安徽寿州(今寿县)城南乡瓦埠镇人。著名的教育学家、农学家、科学家。早期参加同盟会,从事民主革命,1928 年毕业于金陵大学农学院,获农学士学位,曾任该校助教、讲师。由于当时旧中国统治阶级的腐败无能,孙仲逸目睹国人受人欺凌,抱着以科学救国的理想,想学习西方的先进技术改变中国的困境。于是在 1935 年夏,他公费留学德国,次年春进柏林大学遗传研究所,1936 年冬转学到哈勒大学自然科学院农学系。在学期间,他勤奋刻苦,以优异的成绩于 1940 年获哈勒大学自然科学博士学位。而后,他又到德国莱比锡大学进修,学习牧草栽培,学成之后他不忘报效祖国,放弃国外安逸、优越的生活环境,选择回国,投身于我国农业科学和农业教育的事业中。[②] 回国后,他到广西进行工作,对广西乃至全国农业生产的发展做出重要的贡献。他在国外求学时期就注意收集适合我国生态环境生产的小麦和牧草品种,并且带回了大量的良种,是我国最早引种牧草栽培的作物育种专家。正是在他这种为国出力、心系祖国的精神下,孙仲逸为广西农业和教育事业做出了一番成就。同时孙仲逸还是中国农学会常务理事、顾问,中国草原学会名誉理事长,中国作物学会副理事长,广西作物学会理事长,广西农学会副理事长、荣誉理事长,中国农业科学院学术委员,广西科协主席,广西壮族自治区一、二、五届人大代表,第三、四、五、六届全国政协委员,广西壮族自治区第四、五届政协副主席,农工党第八、九、十届中央常委和第九、十届中央咨监常委,农工党广西区委第四、五届主委及第六届名誉主委等职。1989 年 4 月 29 日他在南宁逝世,享年 90 岁。

---

① 新中国成立 70 年广西教育事业取得辉煌成就[J].广西教育,2019(40):2.
② 蒙荫昭.广西古今教育人物[M].南宁:广西壮族自治区教育厅,2001:326.

2.孙仲逸的教育实践活动

孙仲逸在新中国成立前对广西教育进行了有益探索,在新中国成立之后继续进行了深入改革与实践,成果较为丰富。从其发展历程来看,1941 年,孙仲逸应著名学者马君武的邀请来到广西大学农学院,讲授作物育种的专题,如"抗病育种""品质育种"等课程,同时任广西农事试验场主任,广西大学农学院教授、院长、畜牧兽医系主任,中央农林部桂林良丰牛种改良繁殖场场长。1947 年国民党反动派压迫爱国学生,清查抓捕学生中的共产党员。当时学院处境艰难,他与广大教职员工冒着危险保护学生,尤其是受到当时进步思潮影响,他同情学生处境,坚持办学,积极支持民族解放运动,保卫学校,这些举措让人钦佩。

1952 年国家实行院系调整,广西大学农学院被通知独立建制成广西农学院,周恩来总理签署正式委任状任命他为广西农学院院长。为扩大农学院规模和提高教学水平,他与同事们一起制定统一的教学计划和教学大纲,建立教研组,引进教师。他不仅进行日常的授课,还有大量的行政工作管理任务等。[①]

1953 年到 1989 年期间,孙仲逸在农业教育和高等教育方面做出卓越成就,勤奋耕耘,长期从事教学和领导工作,是广西农业高等教育的先驱。他主张农业高等教育的计划性、系统性和完整性,强调理论与实践相结合和教学环节的实践过程,坚持把为广西农村提供更多实用技术和科研成果作为学校的主要研究方向。尤其是他在作物培育方面有很高的造诣,是国内知名的作物栽培育种专家。同时他的学生也遍布全国,桃李满天下。在教学和行政管理过程中不难发现孙仲逸为人光明磊落、教学风格严谨、博学多识、在工作中一丝不苟,在对学生方面做到言传身教、为人师表,深受同学和老师们的爱戴和尊敬,尤其面对工作兢兢业业,这种忘我的精神值得敬佩。

20 世纪 50 年代孙仲逸曾带领师生到桂北地区进行耕作制度调查,提出因地制宜改进耕作制度的建议,他指出用冬种绿肥来提高土壤性质的重要性。他对广西农业发展提出三点建议:一是改进耕作制度,二是农、林、牧相结合,三是发展各地传统副业。为此,他特地在 1982 年夏邀约农、林、牧专家到桂西河池地区举行咨询座谈会,效果突出。他主张南方广阔草地草山应采用天然草地经营方式,因其投资少而管理方便。他还建议,利用山区昼夜温差大的气候特点,种植高产作物马铃薯,以增产粮食。他热心于农业科普工作,经常用一些简单易懂的语言向农民朋友传播科学

---

① 蒙荫昭.广西古今教育人物[M].南宁:广西壮族自治区教育厅,2001:272.

的种植方法及管理方法,还编写了《农业科学普及中的下里巴人》的通俗读物,妙趣横生地解释了许多农业生产方法及科研的实际问题。

孙仲逸还在柳州从引进的牧草中鉴定出夏季一年生链荚豆,它生长迅速,早期封行,完全消灭杂草。秋后落叶,复地约一厘米厚。作为有机肥,翻进土壤,可以改良低产田。因其状似蓼兰,于是给它命名为蓼兰豆。在良丰牛种繁殖场工作期间大量引种牧草,如黑麦草、燕麦草等冬季良好牧草的栽培,开创了广西养牛业喂食牧草的先例。1958 年他还选育和改良了适应广西栽培的小麦品种"骊英四号",1964 年起在柳江、忻城等县推广种植,五年连续丰产、稳产。[①] 可惜遇到"文化大革命",材料全部散失。

七八十年代他也曾多次和各方面的农业专家深入到河池、百色等地进行调研,查看当地的农业生产,提出种草养畜,农、林、牧相结合,发展农业生产的建议。一直到他去世前,仍然对我国农业生产保持高度重视,曾写信给时任农业部长何康,建议认真抓好农业生产技术。孙仲逸为我国农业发展、培育农业技术人才呕心沥血,值得我们后辈铭记。

3.孙仲逸的农学教育理念

孙仲逸一生为我国农业技术发展和农业人才的培养贡献力量,立足于广西实际情况,参与实地调研,走访广西各大乡村地区,发现其不足,提出合理意见来改造和促进广西的农业发展。在这个过程中也不断促进了乡村教育的发展。农业技术发展与人才培养始终与乡村发展息息相关,孙仲逸教授桃李满天下,为农业输送了大批人才,促进乡村地区农业发展,通过更新生产方式、传授生产技术、培育和种植农作物促进广西农村地区经济作物的种植与发展,进而促进了农村地区经济发展,为农村农业的发展贡献力量。

孙仲逸于广西任教期间,一直勤学不辍,实地调研走访了广西各大农村地区,如柳州、百色、河池等地区,通过视察农业生产,提出发展建议,深入乡村开展农业教育。

孙仲逸的农学教育理念给当前的重要启示是,农业教育与乡村教育息息相关。2017 年习近平总书记在党的十九大报告中[②]明确指出要重点关注农业、农村、农民

---

① 蒙荫昭.广西古今教育人物[M].南宁:广西壮族自治区教育厅,2001:273.

② 习近平:决胜全面建成小康社会 夺取新时代中国特色社会主义伟大胜利——在中国共产党第十九次全国代表大会上的报告[EB/OL]. http://www. 12371. cn/2017/10/27/AR-TI1509103656574313-shtml.

这三大问题,这也是关系国计民生的根本性问题,要求始终把解决好"三农"问题作为全党工作的重中之重,实施乡村振兴战略。同时,乡村作为我国全面建成小康社会和全面建设社会主义现代化强国最为艰巨的任务,注重乡村发展的重要性,紧紧抓住乡村建设这一命脉,才是解决新时代我国社会主要矛盾、实现"两个一百年"奋斗目标和中华民族伟大复兴中国梦的必然要求。

实施乡村振兴要求坚持农业农村优先发展,按照产业兴旺、生态宜居、乡风文明、治理有效、生活富裕的总要求,建立健全城乡融合发展体制机制和政策体系,统筹推进农村经济建设、政治建设、文化建设、社会建设、生态文明建设和党的建设,加快推进乡村治理体系和治理能力现代化,加快推进农业农村现代化,走中国特色社会主义乡村振兴道路,让农业成为有奔头的产业,让农民成为有吸引力的职业,让农村成为安居乐业的美丽家园。因此,农业教育的发展是乡村教育的重要组成部分,农业教育不仅推广先进的技术,同时也将新思想传入农村,使其改头换面、焕然一新。传承发展以及提升农耕文明要求走乡村文化兴盛之路,文化的传承与创新要立足于农村发展实际,用农业教育推动广大农村地区经济发展,反过来经济发展又促进文化的传播,从而促进乡村教育事业鼎盛。

因此,孙仲逸终其一生从事农业教育,为广西农业技术和专门的农业技术人才培养贡献卓越力量,心系乡村地区教育事业的发展,尤其是农村地区农业技术、种植培育等方面的发展。农业教育作为乡村教育发展的重要组成部分,通过传授以农业科学技术知识为主的相关内容,并进行农业技术推广宣传和农民教育,这是传授农业科学知识和农业生产技术的重要手段。孙仲逸出版通俗读本,传授农业相关知识,对于农村地区知识普及,提升农民素质、提升农村文化水平具有促进作用。孙仲逸教授学生,也教授农民,向其传授科学技术推广先进经验,这是推动农业现代化的重要手段,其中的农民教育、成人农业教育,是加强对广大农民等人进行培训和指导为主的教育模式,这也大大促进广西乡村教育的发展。

(二)高福桂的教育思想

1.高福桂生平简介

高福桂(1911—2000),广西博白县人。中学毕业后曾任小学校长,1937年于中山大学化学系就读,其间曾休学出任中学教师、教务主任等职务。大学毕业后,先后担任过广西民团干校政治教官、广西省成人教育视导员、中学教导主任。1944年秋至解放前夕任博白中学校长;1947年参加中国共产党领导的革命工作,解放初,一度任博白县人民支前司令部副司令员、博白中学接管小组组长并兼任博白中学校长。

1952 年起至"文化大革命"爆发,历任广西省教育厅中教科科长、教学研究室主任、普教处处长。他是广西教育学会秘书长、副会长,博白县第一、二届人民代表大会代表、常委,县人大副主任,广西第一、二、三届人民代表大会代表,广西政协第五届常务委员。1981 年他加入中国共产党,1984 年离休,著有《高福桂文选》传世。①

2.高福桂的教育实践活动

高福桂在新中国成立之前对广西玉林博白教育做出了积极贡献,也是在此基础上对广西教育的进一步实践与发展。他在博白附中初任职期间,以培养有用之才为目的,实施民主科学教育,以延安抗日军政大学的"团结、紧张、严肃、活泼"校风,培养"勤奋学习,追求真理,讲道德,守纪律,爱劳动"的学风。② 鼓励学生在学好课本知识的同时,积极阅读课外书籍,参加各种学术研究和文化活动。提高学生爱国热情和追求民主进步的思想,他在博白中学一直与中国共产党地下组织合作,聘请共产党员和进步教师来校任教,还利用合法身份和个人在地方上的威望,对上层人物和开明人士积极地开展统战工作,掩护、支持地下党员的革命活动。当时,附中成为地下党哺育青年的革命熔炉,为桂东南游击区输送了大批人才,也为解放后社会主义建设培养了大批骨干。③

高福桂在任职处长期间,重视学校教育管理和教师的培训提高,强调按照教学计划办事,确立学校教学秩序,制定规章制度,开展教学理论学习和研究活动,他曾组织由校长、教务主任参加"解剖麻雀"的教学视导活动,研究总结被视导学校的经验和问题,积极建议调整中学布局,改变某些县没有中学的现象,提出将一些县的初中改办成完中,使高中逐步向农村城镇发展。

根据厅党组的决定,1964 年至 1965 年他先后组织工作队分别到博白、都安、东兰等县,摸索山区和丘陵地区发展简易小学和耕读小学的办学经验。"文化大革命"期间,他受"左"的冲击,在广西民族学院图书馆管理古籍书库,为教学科研整理古籍,服务深受师生赞扬。

1979 年他调任广西教育学院教学研究室主任,1980 年任教育学院副院长,主管学院教学研究室工作。他针对当时师资队伍严重不合格、教学有困难的新情况,组织举办各种短训班,建立区、地、县三级师资培训网,帮助部分教师过好教材关,总结和推广优秀教师的教学经验,进行教材教法改革实验,开展群众性教学科研活动,密

---

① 蒙荫昭.广西古今教育人物[M].南宁:广西壮族自治区教育厅,2001:333-335.
② 蒙荫昭.广西古今教育人物[M].南宁:广西壮族自治区教育厅,2001:333.
③ 蒙荫昭.广西古今教育人物[M].南宁:广西壮族自治区教育厅,2001:333.

切配合教学研究室的各种教研组与教学教育协会各分科教学研究会,布置和落实研究课题,举办各种形式的教学研究活动,包括交流心得成果,请专家做专题讲座报告,上示范课、研究课等。同时还编制教学资料和刊物,以适应广大教师的教学需要。

在解放初期,他不仅是博白中学校长,而且身负广西省教育厅要职,任职期间重视学校教育的管理以及教育师资的培养问题,并大力组织各种活动以提高广西省教育教学质量。他尤其注重中小学的建设,一方面他曾就任博白中学校长,在校期间积累了丰富的办学和管理经验;另一方面他从具体情况出发,提出调整中学布局,尤其是部分县由于教育资源落后,仍没有县中学。他提议:教育厅应注意偏远县区的中学创建,同时应该把中学建设成完中,促使高中向农村地区发展;乡村教育不仅要注意基础教育的发展,中等教育的发展也尤为关键,关注农村地区的中等教育和职业教育发展,促使乡村学子的职业规划和培育路径更加多元化。1964年至1965年,受教育厅的指导,他先后派出工作队前往博白、都安、东兰县实地调研,摸清当地的教育发展实际情况,因地制宜地创办简易小学和耕读小学。尤其是偏远各县都位于山区和丘陵地区,农业结构复杂,求学路途遥远,经济条件落后,家庭子女多等现实条件阻碍当地教育水平和质量的提升。简易小学和耕读小学为了不占用广大农村地区的农忙时间,通过设置早班、午班、晚班半耕半读的形式授课上学,或者通过巡回上课的形式,一个老师负责多个教学点,保证乡村地区的学生有书可读,提高其识字率,还能够缓解师资短缺、教学场所不足、教材资料不齐全等问题。高福桂在广西教育厅任职期间通过以上措施与途径心系农村地区和乡村教育事业的发展,始终关系着师资队伍建设以及农村学生的入学门槛,解放初期广西乡村教育事业的蓬勃发展离不开他的一份贡献。

3.高福桂的爱国主义教育理念

高福桂异地求学最后选择回到广西这片土地,肩负教授学生的使命,为广西教育事业发展培养一批有才能的人。1944年至1949年解放前夕,高福桂一直就任广西博白县中学校长,在校期间,他严谨治学,从事教书育人的教学工作,和学校管理的行政工作。他对学生要求严格,严防学校产生不良风气,对于中国共产党的积极进步思想给予认可和接纳,暗中对中国共产党进行帮助和协作。对于学生的进步思想也给予积极支持,经常聘请进步人士宣传抗战救国、战线统一等进步思想,提高学生对于国家危亡的紧迫感和爱国热情。

由于阻碍当局利益,1949年之际,高福桂被反动派监禁,直到解放前夕才被释放,他的这种为大家舍小家、不惧强权、敢于发声的精神值得我们敬佩。在抗日战争期间,由高福桂领导的博白中学仍坚持正常的教学,同时在抗日热潮的推动下,他鼓励博白中学师生组织抗日宣传队下乡向群众宣传抗日。他们通过文艺演出、出壁画板报的形式宣传抗日救国思想,构建抗日救国统一战线,提高了农民认识,唤起了群众的民族自信心和爱国热情,同时也对学校师生有着认识提升作用,让他们亲身实践感受爱国主义教育,树立抗日必胜的信心。

(三)余明炎的教育思想

1.余明炎生平简介

余明炎(1916—1988),曾用名余铭艳,广东省博罗县人。1937年加入中国共产党,同年参加北平中华民族解放先锋队广州分队,1938年毕业于中山大学教育系。历任中山大学青年抗日先锋队书记、广东青年抗日先锋队秘书长、中共广州市委候补委员、中共广东省廉江县县委书记、越南华侨工委委员、中共滇桂黔工委委员。

1947年到1949年广西解放前,余明炎一直任广西右江地委副书记兼组织部部长,并于1949年任中国人民解放军滇桂黔边纵队桂西区副政委。[①] 20世纪50年代初至80年代初,一直在广西壮族自治区教育厅担任领导工作。1952年至1954年,任桂西文教局局长;1955年至1958年任省教育厅党组书记;1955年至1966年,余明炎一直任广西教育厅副厅长。1973年至1977年任广西教育党组副书记兼任教育厅副厅长;1979年至1984年任党组书记兼任人民政府文教办公室副主任。他曾是第六届全国人大代表、第四届和第五届广西政协委员,第一、二、三届广西教育学会会长,第一、二届广西高教学会会长。先后发表重要教育论文50多篇,出版《余明炎教育文选》著作,享受副省级医疗待遇。[②]

2.余明炎的教育实践活动

在职期间,余明炎与各级党政领导、各级教育行政部门、广大教育工作者以及各族人民共同努力,使得广西教育事业取得骄人成绩。1984年与1955年相比,全区幼儿园由原来的208所增至2 506所,在园幼儿由原来的1.99万人增至35.39万人,小学在校生由198.67万人增至523.63万人,其中少数民族小学生由77.27万人增至206.81万人,普通中学在校生由11.18万人增至111.48万人,其中少数民族中学生由3.05万人增至35.73万人。同一时期,普通高等院校在校生由1 664人增至2.43

---

①　蒙荫昭.广西古今教育人物[M].南宁:广西壮族自治区教育厅,2001:301.

②　蒙荫昭.广西古今教育人物[M].南宁:广西壮族自治区教育厅,2001:304.

万人,其中,少数民族大学生由 136 人增至 6 424 人。[①] 这些成绩的取得,其因素是多方面的,其中有他的一份贡献。

他在担任教育厅领导工作期间,工作认真负责,作风民主,艰苦深入,善于团结同志、领导和下属干部,群策群力,努力构建广西社会主义教育的基本框架,包括:一是逐步在学校中确立党对教育工作的领导;二是逐步确立社会主义的办学方向,采取措施培养社会主义的新型师资;三是逐步改革旧的教育思想和教学方法,贯彻执行党和国家规定的教育方针政策;四是逐步树立健全学校的规章制度,努力培养好的学风校风。尤其值得注意的是,在他任职期间,各类学校培养出来的学生,后来大多数成为改革开放以后各类教育的有用人才,广西社会主义教育框架的形成以及学校育人取得的成果,其因素是多方面的,这其中也有他的一份贡献。

他认为办好教育要依靠教师,在教育厅工作期间,除强调加强师范院校建设外,他还经常通过到校视察、召开会议、发表文章等措施强调师资队伍建设要经常抓、反复抓。

正如他刚到教育厅不久就深入学校调查,发现有的学校办得好,原因是有健全的领导核心,教师团结,一直面向教学,勤勤恳恳,拥有专业教材,改进教学方法,提高教学质量;而那些办得不好的学校往往领导不团结,文人相轻互不服气,名利思想严重。他除了召开会议进行教育外,还在《广西教育》上发表《掀起学习优秀教工的热潮 克服文人相轻互不服气的思想》。凡召开各类教育会议和下发重要教育文件,师资队伍建设往往是其中重要的内容之一。

3.余明炎的改革教育理念

1956 年,余明炎曾在文章中指出,全面发展教育要包括德育、智育、体育、美育、基本生产技术教育五个方面,五育是有内在联系的有机整体,不能够分割,要密切结合、相互配合,各科均要贯彻五育思想。重视全面贯彻教育方针,是他几十年来长期坚持的教育思想。

他认为社会主义学校必须加强对学生进行思想政治教育,通过课堂的各科教学进行思想政治教育是最常用而又能使学生从感性提高到理性的一个有效方式。课堂教学的思想教育是潜移默化的,要帮助教师总结在教学中渗透思想教育的经验。坚持把德育放在学校教育工作的首位,坚持把德育渗透在各科教学之中,做到教书育人,这也是他一贯的办学思想。

---

① 蒙荫昭.广西古今教育人物[M].南宁:广西壮族自治区教育厅,2001:302.

　　余明炎是新中国成立后,广西社会主义教育战线的指导者和实践者,在解放后几十年的教育行政领导工作中,他坚持理论联系实际,坚决贯彻党的教育方针政策和法规,对广西社会主义教育体制、教育思想、教育制度、教育方法以及师资队伍建设等都做了大量艰苦细致、卓有成效的领导工作。几十年来,广西各类教育获得了不断的发展,都有他不可磨灭的贡献。

（四）李晓光的教育思想

1.李晓光生平简介

　　李晓光(1922—1967),原名李仁修,曾用名李玉华。山东桓台县西沙沟河村人。1938年加入中国共产党。1939年先后在桓台县青年救国会担任秘书、组织委员等职。1940年在山东分居党校学习时被评为模范。1940年至1943年期间在清河地区任职。1944在广饶县和桓台县任宣传部部长、工委书记一职。1946年10月任中共桓台县委书记。1946至1952年,任横县县委书记等职务。1952年至1953年任华东贸易干校副校长等职务。1953年李晓光被调任中央扫盲委员会城市业余教育司副司长,后被调任教育部工农教育司司长等职务。1958年任广西壮族自治区教育厅副厅长和厅党组书记。"文革"中,受到迫害,于1967年去世,享年45岁。[①]

2.李晓光的教育实践活动

　　李晓光在广西任职期间,在党组织集体领导下,广西各类教育发展都有他的身影。

　　一是自费选送学生到国内名牌大学培养。由于广西高层次人才有限,通过商议拟定自费选送毕业生,大学毕业后回到广西,保证广西高层次人才的数量与质量,同时为家庭贫困的高中毕业生承担大学学费,助他们完成学业。二是南宁、柳州、桂林、梧州四市重点中学向农村地区招收学生。保证入学门槛的公平性,也为广大农村地区的学生提供学习机会。这也是基于当时高考录取农村学生人数少,考虑农村教育发展境况,通过择优选取中考学生去市重点学校就读,促进乡村教育的再发展。三是重视师资能力水平的提升。为提高在职小学教师的业务水平,1958年广西教师进修学院设立业余函授师范教育研究室,编写业余函授教材和研究相关的师范教育内容,同时所购设备费用、进修费用由教育厅承担,保障经费,提升中小学教师的学历和执教水平。四是创办简易小学。为了解决山区适龄儿童入学问题,1964年在教育厅的指导下,在博白县和都安县创办简易小学以保证山区和农村地区小学入学

① 蒙荫昭.广西古今教育人物[M].南宁:广西壮族自治区教育厅,2001:359.

率。在教育厅的指导下,东兰县也创办了简易小学,虽然小学设施简陋、师资薄弱,但是利用农闲时间授课,极大地提高了当地学生的识字率和入学率。五是重视调查研究。李晓光任厅长期间,深入实地调研,不仅前往农村地区小学进行实地调查,深入思考后撰写文章阐述要办好公办学校,民办学校要尽快提高教学质量,同时紧跟时代潮流,紧跟党的重要方针政策,将办学和教育方针落实到位。六是重视教学质量的提升,尤其是积极借鉴外地经验,重视教学设备的配置、中小学各种规章制度的确立,以及积极发挥试点学校的示范作用,带动其他学校学习。这些有力举措都为广西各级教育质量的提升奠定基础。

总而言之,李晓光在任期间心系广西教育事业的发展,兢兢业业地工作,将理论与实践结合起来,尤其是他将目光投向广西农村地区中小学的创办,为乡村教育经费投入和教学点设置都做出了重要贡献。

3.李晓光的乡村教育理念

在李晓光任职广西教育厅副厅长长达九年的时间里,他热切关注关心各类教育的发展,尤其关注广西乡村教育事业的蓬勃发展,竭尽所能为贫困地区的学生争取上优质大学的名额;为加强农村中小学的师资力量而设立函授研究室,进一步提升他们的教学水平;为广西偏远山区如博白县、都安县、东兰县的农村地区创办简易小学,提高当地孩子的入学率,从而提升当地的教育质量。

同时他也注重深入实地调研发现问题,将理论与实际结合,尤其是他深入农村学校和农村地区,考察当地师资和学生就读入学的情况,为广西教育政策的制定和进一步落实奠定基础。①

李晓光在教育工作中牢牢抓住农村教育命脉,创办乡村小学,鼓励更多的孩子上学读书,同时根据农村的实际情形和经济发展状况,将入学和上学的年限进行调整,如实行早班、午班、晚班制,隔日制,三三制(顾名思义指的是三天上课,三天在家劳动或照护弟弟妹妹等)。通过因地制宜地开展教学活动、开设班级,既照顾到农村地区农业活动繁忙、家庭子女多的情况,也达到让适龄儿童进入学校识字读书、扫除青壮年文盲、提高农村教育质量和改变孩子的命运的美好设想。

他所创办的简易小学的教师多是采用巡回上学,一方面是农村地区师资缺乏,另一方面是有效利用资源,节省教师时间的同时还能充分传授学生知识,可谓一举两得。据史料记载,简易小学是实施与普及义务教育的一种办学形式。早在1936

---

① 蒙荫昭.广西古今教育人物[M].南宁:广西壮族自治区教育厅,2001:360.

年国民政府时期就已经存在,主要是为义务教育的推行而设立的一种短期的小学,学制一般为三年。招生对象是 6 至 12 岁孩童,课程开设也是以小学为限。

新中国成立后,根据国情要求可以酌情放宽办学要求,鼓励多种办学形式,尤其是偏远山区、经济欠发达地区、民族地区或者农村地区都可以采用半日制、耕读小学、简易小学等多种办学形式进行招生和授学。简易小学这一形式多在 20 世纪 60 至 80 年代出现。而巡回教学指的是没有固定校址,教师轮流到各地开展教学活动。这种情况往往出现在贫困地区,政府通过派遣或设置岗位,让教师轮流到交通不便的地区对当地失学儿童进行教学。巡回教学具有时间、空间安排的灵活性,也是师资广泛利用的集中体现,尤其是为了普及义务教育,在地区辽阔、居住分散、流动性大的山区和边远地区往往适用于这种模式。广西于 1949 年 12 月全境解放,但是当时的广西经济发展程度低,受政治经济影响,教育水平低,农村地区采用简易小学和巡回教学的教学方式对当时广西的社会发展具有积极意义。

李晓光不仅积极办学,关注乡村教育模式的发展,同时还重视吸收和学习外地经验,这也与他的从政背景和人格品质相关联。李晓光出生于山东,做过秘书、组织委员、宣传委员、党校支部书记等,他从自己的政治背景中汲取经验,注重吸收和接纳外地经验,不因循守旧,但恪守党纪党律,是一个不失变通有自己底线的中共好党员。尤其是他刚开始在广西任职,就立即去州县农村等地区走访调查,可以说深入贯彻“从群众中来,到群众中去”的路线,心系百姓的教育发展。从他创新的政策观点中也能看出,他是一位积极吸收意见,并且能够化繁为简,主动思考与探索的教育家。但是在“文化大革命”期间,李晓光遭到诬陷和迫害,最后含冤去世。①

(五)韦善美的教育思想

1.韦善美生平简介

韦善美(1928—1999),壮族,广西都安瑶族自治县人。1949 年参加革命,同年加入中国共产党。1949 年韦善美参加中国人民解放军滇桂黔边区游击纵队,历任都安县独立团二中队指导员、公安队二中队指导员、都安县大队连政治指导员、宜山军分区教导队二中队区队长。1952 年在东北人民大学干部补习班学习,同年进入东北师范大学教育系学习。1956 年本科毕业,并荣获金质奖章及优秀毕业生称号。1956 年,任东北师大教育系团总支书记、助教,兼任东北师大九台教育实验区办公室主任和九台大专学校校长。1959 年任东北师大教育系教师、党支部书记,1959 年借调中

---

① 蒙荫昭.广西古今教育人物[M].南宁:广西壮族自治区教育厅,2001:361.

央教育科学研究院,参与高校《教育学》编写工作,1960 年任东北师大教育系研究生班班主任。1960 年下半年回广西任教育厅研究室研究员。1962 年到广西民族学院,历任教育教研室主任、中文系副主任、政治系副主任、教务处副处长、副院长等职务。1983 年任广西教育厅副厅长、常务副书记,1984 年任广西教育厅党组书记,1988 年任广西壮族自治区人大常委、教科文委员会主任委员,1993 年离任,离休后任广西老科协副主席、中国陶行知研究会常务理事、广西雷沛鸿教育思想研究会会长、雷沛鸿教育基金会会长、广西师大教育系兼职教授、广西教育学院教管系客座教授、教育史研究顾问等。①

2.韦善美的教育实践活动

韦善美是广西雷学研究的开拓者和领路人。由于过去广西教育界缺乏对雷沛鸿思想进行整理和宣传,中国教育界不了解雷沛鸿在教育发展过程中所作的贡献。从 1989 年起,韦善美牵头成立了雷沛鸿教育思想研究会和雷沛鸿教育基金会,他任会长。他与马清和主编《雷沛鸿文集》,与程刚合著《雷沛鸿教育思想研究》。在他的领导下,先后在南宁、哈尔滨、重庆、北京等地开过七次雷沛鸿教育思想学术讨论会和研讨会,海内外许多著名教育家、专家学者参加了研究活动,正式出版的雷沛鸿论著共 12 种,约 450 万字。

韦善美还协助有关部门和单位先后开办了南宁雷沛鸿学校、沛鸿小学,雷沛鸿纪念馆、横县沛鸿小学等。在他的引领和指导下,组织和拍摄了四集关于教育家雷沛鸿事迹的电视剧,并在全国近 20 个省市电视台播出。正是在他的宣传和推崇下,雷沛鸿在中国教育史学界已经成为常论不衰的教育家,人们逐渐认识到,雷沛鸿是中国现代教育史上有着特殊贡献的杰出教育家,他的精神遗产和教育资源为今天的教育改革提供借鉴,这些都离不开韦善美的开拓精神和辛勤劳作。

韦善美在担任教育厅主要领导工作期间,也就是 1983 年到 1998 年,在自治区党委和政府的直接领导以及教育厅其他领导的共同努力下,为广西教育的改革和发展作出了重要贡献。

如广西工学院,桂林医学院,广西财政专科学校是在韦善美主持教育厅工作期间创办的。他在教育厅的五年任期内,1988 年和 1983 年对比,广西的普通中专在校生由 21 867 人上升至 46 196 人,增长约 110%。农职业中学在校生由 28 715 人上升至 55 011 人,增长约 90%。普通高校在校生由 21 786 人增至 37 542 人,增长为

---

① 蒙荫昭.广西古今教育人物[M].南宁:广西壮族自治区教育厅,2001:366.

72%。普通中学在校生由 12 999 人上升到 20 511 人,增长约 57%。[1] 其他教育事业的改革和发展都有不同程度的进步,上述成绩虽然是各级党政领导,社会各界全体教育工作者共同努力的结果,也是改革开放带来的成果,但不能否认的是韦善美的领导作用,这五年发生的巨变是与主管教育的业务部门分不开的,与教育厅主要领导分不开的,是他在其位谋其政的业绩。

3.韦善美的社会主义教育理念

韦善美经常讲,教育改革与发展要持续、稳定、健康地运行,必须依靠法律保障,他在《教育泛论》中说他在任教育厅主要领导期间,先后组织制定并经由政府颁布了十几项有关教育的法规文件。毫无疑问,这些教育法规对规范人们的教育行为,对促进广西教育的改革与发展起到了巨大作用。这些法规的形成虽然是集体智慧的结晶,但韦善美在其中起到了重要的、不可替代的作用。韦善美认为教育改革要深化,教育科研要跟上。因此,他认真考察了美国、苏联、英国、德国、日本等国的教育情况,认真研究了雷沛鸿、陶行知、梁漱溟、晏阳初等教育家的教育与思想,以及广西教育的历史和现状,从而写出了具有理论价值和实践价值的专著及多篇教育论文。广西教育界许多干部和教师称赞他是学者型的领导。他于 1999 年因车祸逝世,享年 71 岁。[2] 国内教育界为了纪念他,由马清和主编了《教育家韦善美纪念集》,书中有国内外教育界专家学者 80 多人写的纪念文章,这些文章都是对韦善美教育事业的肯定。[3]

回顾韦善美的一生,教育始终是主旋律。韦善美的教育思想受雷沛鸿影响较为深刻,是对雷沛鸿教育实践的继承和发展。

韦善美继承雷沛鸿的教育思想,并提出要建设有中国特色的社会主义教育,强调终身教育和全民教育,完善学校教育模式,要包括基础教育、中等教育和高等教育三个层次。要职业教育和普通教育相结合、青少年教育和成人教育相结合、学历教育与非学历教育相结合,从实际出发去办有地方特色的教育。他们的教育思想一脉相承,环环相扣,都是强调以教育为基础,构建完善的教育体系。他们也都曾就任省教育厅要职,主管全省教育事业的发展,制定相关政策和法律法规,其中不乏促进乡村教育发展的积极举措,从过去雷沛鸿教育实践下的"平民教育"到韦善美的"社会主义教育体系",富含时代背景下的价值选择,但究其本质都有益于整个广西乡村教

---

① 蒙荫昭.广西古今教育人物[M].南宁:广西壮族自治区教育厅,2001:367.
② 蒙荫昭.广西古今教育人物[M].南宁:广西壮族自治区教育厅,2001:368.
③ 蒙荫昭.广西古今教育人物[M].南宁:广西壮族自治区教育厅,2001:369.

育的发展。

两位来自广西的教育家,他们跨越时代,教育理念不谋而合,真可谓是惺惺相惜,他们这种热爱祖国教育事业,将自己的一生都奉献给教育和人民的无私奉献精神令我们敬佩。

第二节　社会主义建设探索时期的广西乡村教育人物思想

一、时代背景概述

从 1949 年 10 月新中国成立到 1956 年三大改造的完成,标志着我们党领导全国人民有计划、有步骤、有目标地从新民主主义过渡到了社会主义初级阶段,开辟了社会主义新的篇章,也开启了我国教育历史上新的一页。

1956 年 1 月颁布的《十二年国民教育事业规划纲要》明确指出:"我国过渡时期的国民教育工作,必须适应社会主义建设的要求,完成文化革命。"①为了实现这个目标,我国国民教育工作的主要任务有:"第一,扫除文盲,并且在识字教育的基础上大量举办正规的工农业余小学和中学,以提高工农的政治、文化水平;第二,普及义务教育,使新生一代人人受到国民必须受的教育,成为社会主义社会全面发展的成员,同时在普及义务教育的基础上大力发展中学,以进一步提高青年一代的文化水平。"②《十二年国民教育事业规划纲要》中也提出了 12 年国民教育事业主要规划:"7 年内在全国基本上普及义务教育;在一般城镇和条件较好的农村普及完全小学教育,在条件较差的农村先普及初级小学教育;在直辖市、省会和主要工业城市基本上普及初中教育;要求 1962 年全国高小毕业生平均有 40%以上升入初级中学。在第三个五年计划期内,在一般地区普及完全小学教育,一两年内总结中、小学、师范和幼儿园实施全面发展教育各方面的经验,提出改进的办法。"③

从 1957 年到 1966 年,是新中国成立后教育事业取得显著成绩的一个重要时期,也是摸索怎样建立社会主义教育新体系的时期。广西教育厅积极响应国家政策,制定了教育培养目标。1952 年,中央教育部颁发《幼儿园暂行规程(试行草案)》和《幼儿园暂行教学纲要(试行草案)》,1954 年又编写了《幼儿园教育工作指南(初稿)》,全面发展美的教育。广西的幼儿教育工作者,遵照教育部的要求,十分重视体

育和美育,收到良好的教育效果。从 1956 年到 1965 年,全区幼教事业有较大的发展。1965 年,全区共有幼儿园 599 所,在园幼儿 55 383 人。[①] 在小学教育层面,1963年,自治区教育厅贯彻教育部颁发的《全日制小学暂行工作条例(草案)》即"小学 40条",恢复学校教学秩序,保证师生有六分之五的时间用于教书和学习。在教学上,主要运用"十大教学法";在学习方法上,提倡少而精、启发式的学习方式。与此同时也注重德育教育,广泛开展学雷锋活动,尊师爱生,互相帮助,人人做好事,学生的思想和道德品质、文化知识水平明显提高,我区的小学教育发展较快。[②] 在中学教育层面,1952 年前的国民经济恢复时期,党和政府收回了国家的教育主权,确立了党对学校的领导,对以前的中学进行了一些改革,改造教师队伍,提高教师思想觉悟。与此同时,省教育厅大力执行"教育向工农开门"的方针。到 1952 年,全区普通中学生达 75 580 人,比 1946 年增长 20.89%。[③]

但是我们必须清晰地认识到,对于如何办教育,如何建立起适应社会主义建设需要的教育事业,从上到下都没有经验,只能在实践中摸索前进。现在的广西大学和广西艺术学院是 1958 年重建的,闻名全区的一批中等专业技术学校,如广西交通学校、广西建筑工程学校、广西煤炭学校、广西机械工业学校,也是在此期间创办的。此外,工农业余教育、幼儿教育以及扫盲工作等全面开展。我们不难看出,这 10 年是新中国成立后广西教育事业取得辉煌成就的一个重要时期,我们必须认识到取得这些斐然的成绩离不开一群致力于乡村教育发展的教育家,他们把一生都奉献给了乡村教育,在广西的乡村教育史上留下了璀璨的一页。

二、代表人物乡村教育思想

(一)李成斌的乡村教育思想

李成斌(1943—1985),广西昭平县樟木林人,著名乡村教育家。李成斌一生都致力于发展中国乡村教育,特别是广西乡村教育,为广西乡村教育的发展做出了巨大的贡献。

---

① 《中国教育年鉴》编辑部.中国教育年鉴 1949—1984 地区教育[M].长沙:湖南教育出版社,1986:953.

② 灌阳县志编纂委员会.灌阳县志[M].北京:新华出版社,1995:565.

③ 广西壮族自治区地方志:编纂委员会.广西通志:教育志[M].南宁:广西人民出版社,1995:159.

1.李成斌的生平和乡村教育活动

李成斌1961年5月就读于黄姚中学,在读书期间加入了中国共产主义青年团。之后考入八步师范学校,也就是现在的贺州学院。李成斌毕业后,到刚成立的木格公社高车农业中学任教。他到任后,坚持社会主义的信念,带领师生打泥砖、垒房子、做桌椅,办起了学校。后来他又先后在潮江、太平、新华小学及樟木中学、潮江附中任教,虽调动频繁但无一怨言。1983年,他又被调到教风、学风、校风都较差的樟木公社平田小学任校长。他上任后,虚心向热心于教育事业的先生、村干部征求办学意见,加强政治思想工作,改进教学方法,还带领师生义务维修校舍和教学设备,添置了90套课桌板凳,改善了办学条件,使学校的教学质量和学生的思想得到了提高①。尤其为人称道的是,他爱护学生如自己的儿女一样。学校里三年级有一学生,脾气较暴躁,时常和同学发生争吵,有时还用刀子伤人,按照学校的规定应被开除。但李成斌仍然不放弃该生,坚持做该生和家长的思想工作,不辞辛苦地和负责该班教学的班主任一起登门家访,终于使该生正视自己的缺点。六亮寨有个家长,因其家境不太好而让自己的孩子辍学。李成斌知道以后,便登门耐心说服家长,并代学生交了学费,使学生能重返学校学习。平田小学里的学生住址比较分散,来校要过河翻山,一些路段又窄又陡,很不安全。过去学校虽然也有护送学生的规定,但没有认真执行,家长很不满意。自李成斌到任后很快就健全了护送制度。1985年4月,樟木地方连日大雨,流经平田小学旁边的小河洪水猛涨。通往学校的一座长45米、宽0.5米的小木桥有被淹的可能。为了能让学生安全回到家,李成斌决定给学生提前放学,还亲自组织教师护送学生过桥。当李成斌在接送第二批学生过桥时,三年级女学生陈用群因心慌头晕,中途失足掉下河里。李成斌见状,立即毫不犹豫跳下急流救人,并9次将学生托出水面。但因水急浪大,李成斌最终被洪水淹没。正当人们设法去救时,洪水已把他们卷走了。李成斌牺牲后,樟木林乡党委决议并报区党委组织部批复,同意接收他为中国共产党正式党员。同年9月,县人民政府又授予他"模范教师"称号。②

2.以学生为本的乡村教育理念

回顾李成斌的乡村教育执教生涯,我们不难发现李成斌一直都在坚持以学生为

---

① 为了更好地展现其教育思想发展历程,这里不得不将非社会主义革命与建设时期的内容填补进行,以完整地体现人物教育思想。此外,在选择历史人物时,更多想选择该历史时期人物,因此没有选入的并对广西乡村做出贡献的人物还有很多,篇幅有限,不能一一列举。

② 昭平县志编纂委员会.昭平县志[M].南宁:广西人民出版社,1992:553.

本的教育思想,一生都在为乡村教育事业发展贡献着自己的一份力量。从改善木格公社高车农业中学的教学环境和学习环境,到1983年在樟木公社平田小学坚持加强老师政治思想工作、坚持改进教学方法,让学生在快乐中学习都体现了李成斌以学生为本的教育思想。李成斌以学生为本的教育思想还体现在,当他知道有学生因为家里穷而不能上学时,他上门说服家长,并为小孩交了学费,鼓励小朋友努力学习。李成斌不仅关心学生的学习,而且关心学生的安全。由于学生住的地方比较分散,来回的路上非常不安全,李成斌克服困难,建立了一套比较健全的护送制度,得到了家长们的高度赞扬。李成斌一生都致力于广西乡村事业的发展,坚持以学生为本,把学生放在第一位,为乡村事业发展的奉献精神值得我们赞扬和学习。

(二)路璋的乡村教育思想

路璋(1907—1984年),原名以璋,字法如,汉族,融水乡古鼎村寺底屯人,著名的乡村教育家。他的爱国主义教育思想和实践为广西乡村教育发展做出了巨大的贡献。

1.路璋的生平和教育活动

路璋小时候家道中落,所以小学毕业后,他为生计而在本村及山安、小榕村教私塾。即使这样,路璋也从来没有放弃过继续学习的梦想。于是在1928年他考入融县县立初级中学,在校期间接触到了新文艺,阅读鲁迅、郁达夫、田汉等著作。中学毕业后,路璋在板榄、大将小学任教。1932年,他考入广西省立师范专科学校,在校长杨东莼和进步教师的影响下,在马列主义理论思想熏陶下,开始求索人生真理和社会进步的路径,从此树立革命信念。师专毕业后,路璋在三江县立简易师范及柳州中学当老师。当时正值全国抗日救亡运动高涨,他心系国家危亡,向学生讲授短篇小说《最后一课》、岳飞的《满江红》、文天祥的《正气歌》,目的是激发学生的爱国热情。他在上课中让同学们了解《春蚕》《子夜》《八月的乡村》《大众哲学》《中国怎样降到半殖民地》等书籍。在下课之后,路璋还会主动带领学生到乡下宣传抗日,启发学生认识当时的社会矛盾。1937年,路璋在柳州中学认识了共产党员陶保桓,在陶保桓的介绍下,路璋在1937年4月光荣地加入中国共产党。不幸的是,同年8月陶保桓在柳州中学被捕,路璋被迫中断了和组织的联系。此后路璋先后到隆安、龙州中学任教,在这里,路璋仍然组织学生开展抗日救国爱国活动。在校期间,路璋常以师生谈话、课堂教学和介绍课外读物等方式,对学生进行历史唯物主义教育,激发学生的爱国热情。不少学生也因此走上革命道路,投奔游击区。1949年,路璋转到郁南县都城中学任教,解放后在广东省水产局任总务,1950年9月调回广西,任龙州师范学校校长,人民代表。1964 年 9 月,任广西教师进修学院教师。1979 年 6 月,被派到广西教育学院图书馆工作。[①]

2.路璋的教育思想

路璋从 1932 年开始接触马克思列宁主义思想理论,就不曾停止过在教育中寻找人生的真谛,不曾停止过为乡村的教育发展鞠躬尽瘁,不曾停止过为中国革命事业贡献力量。师专毕业后,路璋一生都在坚持自己的教育理念,在教育实践活动上,路璋通过在课堂上宣传爱国主义文学作品,课下带领学生下乡进行爱国活动,激发了学生的爱国主义精神,使他们纷纷投入了抗日救亡的活动中。

路璋坚持自己的教育理念,坚持自己的革命信念。无论是在三江县立简易师范,还是在柳州中学、郁南县都城中学等学校,路璋通过一切可能的方式宣传马列主义思想,启发学生的爱国精神,鼓励学生为中华崛起而读书,为乡村教育事业发展贡献力量。教学方法上,路璋谈话,带学生参加社会实践活动,让学生把理论和实践结合起来。新中国成立之后,路璋继续为广西的乡村教育贡献着自己的力量,先后担任了龙州师范学校校长、广西教师进修学院教师。在任期间,路璋在实践过程中,坚持乡村教育思想。

路璋热爱图书馆事业,自 1979 年担任广西教育学院图书馆馆长以来,为学院图书馆的创业做了大量工作。他虽已七十高龄,却和同志们一道搬书、拉车、装订、上架,甚至值夜班。他重视培养业务干部,组织大家参加各种专业学习,鼓励同志们努力提高业务水平。[②] 路璋对党、对人民、对革命事业一贯忠心耿耿、兢兢业业。路璋的一生是革命的一生。他对广西区图书馆事业的发展和学术研究的繁荣做出了应有的贡献,在自己不平凡的一生中写下了辉煌的一页。

(三)来家修的乡村教育思想

1.来家修的生平和乡村教育活动

根据平南县志,来家修(1905—1975),8 岁开始进东群小学读书(今平南镇中心小学),毕业后,转到大敬塘余家读专修馆。1924 年考入平南县初级中学,后转学桂平浔州八中。1927 年参加广西省第二届运动会,与李伯玄、邹维栋等队友通力合作,夺取男子排球冠军。来家修酷爱体育,对绘画也执着追求。1933 年,他考进上海新华艺术专门学校深造。其间,他的家庭已破落,生活很艰苦,但他更发奋学习,历年成绩均列甲等,得到教务长汪亚尘与教授吴恒勤、周碧初的赏识和精心栽培,每年春

① 融水县志编纂委员会.融水县志[M].南宁:广西人民出版社,1987:723.

② 磨志荣.学会顾问路璋同志逝世[J].图书馆界,1984(02):86.

秋两季旅行写生都叫他参加,并且免其学费。1936 年,来家修艺专毕业,名画家徐悲鸿认为来家修绘画很有造诣,便向广西省政府推荐录用。1936 年 8 月,来家修受委任为省立全州中学美术、体育教师。来家修绘山水、画鸟兽,都栩栩如生,尤擅画虎,其踞、伏、腾、啸无不形神毕肖。1937 年,抗日战争爆发,不少难胞流落全州,来家修便与李仲元举办图画义卖,将其所得 400 元全部捐赠。同时,又同李仲元等爱国教师举行街头漫画展览,出演街头话剧,并下乡宣传,揭露日军罪行,鼓舞人民奋起抗日。1943 年,他回到平南,任大安私立龚南中学体育教师。1947 年调至平南县中学。解放后,来家修一直任平南县中学体育教研组长。1960 年,来家修光荣地加入中国共产党,不久就任生产处主任,仍教体育课。[①]

2.来家修的乡村教育理念——体育发展

从来家修的乡村教育活动中,我们不难发现他对乡村教育中的体育发展起着非常大的作用。虽然他左脚先天残疾,走路一瘸一拐,但他矢志锻炼,终于能够运动自如。他篮球技术熟练,排球功夫更高超。在体育方面钻研业务,高低杠、单杠、双杠一类课题,对来家修来说是异常困难的,但他并不以年老脚瘸就降低对自己的要求,诿卸责任,而是同年轻教师一样课前反复练习,掌握要领,然后给学生示范,带领学生认真学习。体育课外,组织师生植树、种菜、修路、开辟操场,成绩卓著。来家修在绘画上也取得了非常大的成就,曾在上海新华艺术专门学校进修,并且得到徐悲鸿大师的认可,推荐他到广西省政府工作,同年 8 月任全州中学教师,在任职期间,来家修责任心强,教学有方,深受学生喜爱。1950 年起,他连续 7 年被评为学校劳动模范、五好教工和工会积极分子。国家经济困难,肉类、蔬菜都靠师生自力解决。来家修毅然肩负重任、组织力量,饲养种植,给老师们改善伙食。1962 年,学校精简机构人员,生产处撤销了,但体育教师来家修仍然总管全校饲养、种植,而且办得很出色。1964 年他被评为广西学习毛泽东著作积极分子。次年,体育报记者专程采访,登载了他为人民服务的光辉事迹。[②]

(四)陶保桓的乡村教育思想

1.陶保桓的生平和乡村教育活动

根据柳州融水县志,陶保桓(1908—1970),1926 年考入融县县立初级中学。1932 年,陶保桓考入桂林广西省立师范专科学校。师专毕业后,陶保桓在融县县立初级中学任班导师。1936 年秋末,共产党员陶保桓回县,秘密成立反法西斯同盟会,

---

①　平南县志编纂委员会.平南县志[M].南宁:广西人民出版社,1987:925

②　平南县志编纂委员会.平南县志[M].南宁:广西人民出版社,1987:925.

他欣然参加。同年4月,陶保桓到武鸣县中任教,与校长磨金声、事务主任思树柱、教师郭英布成立党支部,组织学生参加读书会和抗日同盟会。1939年他先后在龙州、怀集中学任教,经中共广西省委介绍他与曾世钦、甘文绍认识,并成立党支部,曾世钦任支部书记。10月陶保桓被派到抗日前线南宁战地国民中学任教导主任,不久调到桂林平桂区行政人员训练班任中队指导员。他们自编课本,宣传抗日救国主张。1945年11月,陶保桓在桂林两江师范、忻城马泗、欧洞及柳城良泗小学任教。1946年秋,融县县长陆增荣成立特种会议,决定追捕他和莫矜等人。1947年冬,陶保桓在贵州榕江禹甸乡进行莫御的统战工作时,肺病复发,经护送返家,为避开国民党追捕,隐藏在山中治疗,病情好转,到良泗、民洞小学任教,继续革命活动。1949年10月,任柳北总队司令部秘书科长。解放后,陶保桓任融县人民政府民法科长,柳州师范、南宁师范学校校长。1957年9月,陶保桓调广西民族学院任预科部主任、语文系系主任兼校党委委员,自治区政协第二届委员会委员,并获南宁市优秀教育工作者光荣称号。1970年元月9日在南宁因病逝世。①

　　陶保桓先生出生于广西融水县农民家庭,从小就生活在乡村中,他知道乡村发展离不开教育,所以当他学有所成时,积极投身于广西乡村教育的发展。陶保桓一生和乡村教育发展紧密联系在一起。在师专期间,陶保桓受进步学者杨东莼、薛暮桥、朱笃一(朱克靖)的影响,学习马列主义理论,博览进步书刊。解放后,先后担任了融县人民政府民法科长,柳州师范、南宁师范学校校长,在这期间,陶保桓结合当地学生的实际情况,多次调研,制定出了一系列措施,使学校得到很大的发展,为广西乡村教育的发展迈出了一大步。

(五)陈居玺的教育思想

1.陈居玺的生平和乡村教育活动

　　根据平南县志,陈居玺(1899—1988),又名保符,平南县思旺区镇西乡上邓村人,陈居玺幼小即破蒙,既读儒学,又学新学,在其父督促下每天天未亮即起床攻读经书,1914年到惠改里高等小学学习。1917年,陈居玺以第一名考入平南中学。1921年他考入北京大学,受同学黄日葵的影响,参加了马克思主义研究会。1922年加入社会主义青年团。1924年春,陈居玺由黄日葵、李国瑄介绍加入共产党。入党一个月后,陈居玺任中共北大学生支部书记、北京市委宣传委员,受委派办党员训练班。1926年,陈居玺从北大毕业。1926年7月,黄埔军校安排陈居玺回广西工作。

①　融水县志编纂委员会.融水县志[M].南宁:广西人民出版社,1987:720-721.

之后陈居玺到法国留学,主修辩证法。他在法国学习 7 年,获得文学博士学位。1936 年从法径返南宁,在广西师专学校担任哲学史的教师。解放后,陈居玺调广西文史馆任馆员,之后到南宁二中任教师。①

2.陈居玺的乡村教育理念

在陈居玺先生的乡村教育理念中,鼓励学生勤学好问和大胆创新格外显著。陈居玺先生从小成绩优秀,这跟他从小博览群书、勤学好问有非常大的关系。在他的乡村执教生涯中,他把这优秀的学习理念传递给他的学生。陈居玺曾留学法国,接触过国外的思想教育,他曾在西大任教,在任教期间,陈居玺先生把他在法国留学时,结合学生的实际情况,因材施教,循循教导,得到了师生们的一致认可。他撰写的《欧游印象记》《广西大事记》《皮大甫》三本书,为学生打开了新的视野,激发他们努力学习的信念和敢于创新的精神,为以后广西乡村教育发展播下了种子。

（六）王缉和的乡村教育思想

王缉和（1917—1986）,笔名秦似,广西城厢乡新仲村人,是我国著名的语言学家王力的长子,著名杂文作家,广西大学教授。

1.王缉和的生平和乡村实践活动

根据广西博白县志记载,博白县岐山坡村是王力的家乡。王家是一个世代读书的家庭。王缉和 6 岁就读本村小学,10 岁进博白县立高小,14 岁读博白县初中。1933 年,他在玉林高中读书时,诗歌、散文、小说都能写出来。1934 年,他考上了广州知用中学高中部。1937 年秋考取广西大学理工学院化学系,被推选为学生会会刊《呼声》编辑,宣传抗日救国。1940 年他在桂林和夏衍、聂绀弩、宋云彬、孟超共同创办《野草》杂志,由他负责日常的编辑工作。1944 年,他回博白任博白高中第一班导师兼教语文课。1945 年春,王缉和参加共产党领导的桂东南博白抗日武装起义。1947 年在香港加入中国共产党。1950 年回广西,曾任中共广西省委统战部办公室主任,广西省戏曲改进委员会主任兼桂剧团团长。1973 年后历任广西作协副主席、广西西江学院、广西大学教授、广西师范大学及广西大学中文系主任、广西政协副主席等职,并被推选为全国文联委员、广西语文学会会长、广西中小学语文教学研究会会长、《语文园地》主编。1976 年春,他参加了《辞源》的修订工作。②

2.王缉和的乡村教育理念

王缉和是著名的文学大师,他特别注重语文的教学,他认为语文是生活的奠基,

---

① 平南县志编纂委员会.平南县志［M］.南宁:广西人民出版社,1987:723.

② 博白县志编纂委员会.博白县志.［M］.南宁:广西人民出版社 1994:1028.

是对历史文化的传承。他创作的《秦似杂文集》《感觉的音响》《时恋集》《现代诗韵》《两间居诗词丛话》《杜甫诗歌赏析》《巴士特传》《居里夫人传》《中学文言文详译》《文笔精华》《文笔精华续编》在文学史上仍然有着重要的地位。我们回顾他的一生,他都是在为中华的民族文化、广西乡村教育的发展而奋斗,特别是乡村教育的语文学科。在他担任广西语文学会会长、广西中小学语文教学研究会会长期间,多次到乡村调研,并结合实际情况,编写出适合广西中小学生的语文教材,广西乡村教育的语文发展离不开王缉和先生的辛劳和贡献。

第三节   "文化大革命"时期的广西乡村教育人物思想

一、代表人物教育思想

1.杨讷维的生平和教育实践

根据《藤县志》记载,杨讷维(1912—1982),笔名尼基、聂横、若为、粟芒。藤县濛江镇江权村人。1931年秋,在梧州市广西大学预科班读书。在校期间,杨讷维与同学创办了霄征文艺社,编辑出版了《霄征》等文艺刊物,导演和主演左翼作家作品《活路》(编剧楼适夷)、《湖上的悲剧》(编剧田汉)。1934年,先后在梧州、贵县、八步、桂平、昭平、柳州、桂林等地任中小学教师和地方报纸编辑。1937年杨讷维受鲁迅先生提倡新兴木刻运动影响,埋头于木刻创作和研究。1933年春夏,在广西省立柳州中学任教,与友人联办柳州生活画展,并创作《流浪》《难民群》等作品。1934—1936年夏,杨讷维先后担任《广西日报》编辑主任和广西艺术馆研究员等职。1950—1953年,任华南人民文学艺术学院美术部教授。1958年,杨讷维访问苏联,出席第一届社会主义国家造型艺术展览开幕式,并以作品《报喜》参展。60年代起,遵循鲁迅先生"惟汉人石刻,气魄深沉雄大;唐人线画,流动如生,倘取入木刻,或可另辟一境界"的教导,开始向汉、唐石刻画家学习,大胆尝试吸收和运用唐墓石刻装饰的线刻特点,发展成为阴刻白线的表现手法,逐渐形成艺术风格,创作大批新作品。"文化大革命"时期,遭受迫害,一只眼睛被打伤。1972年因病离开文艺干校后仍然带病创作。1979年被选为全国第四届文代会代表和中国美术家协会理事。1980年被选为中国版画家协会常务理事及《版画》刊物编委。1982年4月11日病逝于广州。主要作品还有《讷维版画选》《讷维木刻》《寄自黑海》。[1]

---

[1] 藤县志编纂委员会.藤县志[M].南宁:广西人民出版社,1987:676-677.

2.杨讷维的乡村教育思想

杨讷维自幼爱好文学和绘画,曾肄业于广西大学预科,之后在梧州等地任中小学教师。在抗日救国期间,参与中华全国木刻界抗敌协会,1944 年桂林沦陷前夕疏散到昭平,任《广西日报(昭平版)》文艺副刊。抗日战争胜利后出版木刻画集《漓波集》。1946 年参加中国民主同盟,从事反饥饿、反迫害的斗争,创作了《沉默的抗议》《失踪者的下落》等木刻作品。1947 年夏被国民党当局迫害,离桂到香港,参加由内地逃亡到香港的美术工作者组织"人间画会"。1949 年秋加入广东东江游击队。在救国救亡期间他用手中的画笔记录历史,在新中国成立初期他用手中画笔描绘山河景象,尤其立足于乡村生活创造出一幅又一幅作品,深受国内外好评。杨讷维先生是一位著名的乡村教育艺术家,他创作的文章、作品曾先后在国内外参展,获得了极高的荣誉。他曾是华南人民文学艺术学院美术部的教授,他创作的阴刻白线的表现手法,影响了一代又一代人,为广西乡村艺术事业发展做出了巨大的贡献。

(二)余武章的教育思想

1.余武章的生平和教育活动

根据融水县志,余武章(1917—1988 年),苗族,融水乡达洞村人。他从小热爱美术。在 1931 年,就读私立桂林体育美术师范。1933 年,余武章考取广州市立美术专科学校西画系。之后余武章又在 1935 年考取了国立杭州艺专实用美术系,学习图案专业。毕业后,余武章在云南省立昆华师范、云南国立西南中山中学任教。1943 年他的作品选送苏联参加世界青年画展,荣获三等奖。余武章 1944 年回广西,在私立桂林榕门美专、广西省立艺专任副教授。1945 年他在融县县立初级中学任教,编绘《世态漫画集》在本县出版。广西艺专复课,他回校任教,兼任广西省立艺术馆美术部工作。1947 年后在桂林柳州多次举办个人画展。1953—1956 年,余武章调武昌中南美专任教。他的作品有苗族、瑶族服装图案及古彩茶具选送欧州、苏联巡回展出,后来茶具作品陈列在江西省景德镇陶瓷博物馆。[①]

2.余武章的乡村教育理念

余武章的乡村教育理想可以从他的艺术作品中看出,即美育也是教育中的重要组成部分。抗日战争期间,条件十分艰苦,他仍然一边教书育人一边保家卫国,为同学们做出表率。解放后,他的作品多次在国内外办展,让更多的人了解广西乡村艺术,特别是广西少数民族的服饰更是通过《苗家欢庆古龙坡》《都安瑶族生活》《侗族

---

① 融水县志编纂委员会.融水县志[M],南宁:广西人民出版社,1987:724.

风雨桥》等作品名声斐然。他被错划右派和在十年动乱中,他数十年呕心沥血的作品虽被洗劫一空,但那些宝贵的民族服饰素材,却有幸保留下来了。1978 年,余武章调回广西工作,并任广西工艺美术研究所副所长,他常带领科研人员,深入基层开展民族工艺品的开发研究工作,并创作一批蜡染作品。还整理编撰了《广西少数民族形象服饰》《苗族形象服饰》等画稿。1983 年,中华人民共和国轻工业部授予他高级工艺美术师称号,并聘请他为全国高级工艺美术学会理事,中国美术家协会广西分会常务理事,广西第四、五届政协委员,被聘为《中国少数民族艺术词典》特约组稿、撰稿人。《中国工艺美术》《民族画报》《广西画报》以及香港的《新晚报》、美国的《华侨日报》等报刊多有刊登他的作品,并介绍其艺术成就。余武章为广西的乡村艺术的发展做出了巨大的贡献。[①]

　　人类的文明进步,离不开教育推动作用。尤其是 20 世纪上半叶,在广袤的华夏土壤里孕育而生的一个独特群体,他们作为青年一代关心着国家和民族的命运,寻找救国救民的途径,他们致力于将自己的思想投身于乡村这片土壤中,无论是平民教育、生活教育、乡村建设等,都是把目光锁定在乡村教育发展这一旗帜上。作为乡村教育的先驱者,他们主张将中国教育与世界先进教育接轨,中国教育国际化,肩负中华民族复兴使命,他们探索现代化教育发展之路,积极吸收外国优秀经验,他们大多数都有外国求学经验,深谙国外教育体制和结构,对于国内的现代化发展具有深刻的指导作用。他们还主张中国教育的民族化,在强调与世界先进教育接轨的同时,也不断探索中国教育的民族化、本土化。通过先驱们从不同角度和层面探索中国国情和外国经验结合的实践运动,他们也都意识到现代教育的民族化要立足于本国实际,都强调传统、民族文化历史对于人一生的影响。随着现代化进程加快,越来越多的有识之士意识到教育对象的不断扩大是教育现代化的必然过程。因此主张开展乡村建设运动和扫盲运动,要立足于乡村教育的艰苦环境,通过向农民传授农业生产技术和教他们识字,从而有助于提升个人素质,唤起民族精神,从而肩负起民族振兴使命。在这个过程中,乡村教育家雷沛鸿、陶行知、晏阳初、梁漱溟等人在各地从实践去验证自己的乡村教育思想,尤其是在广西教育的发展过程中,雷沛鸿和梁漱溟都发挥过重要作用。前者主持广西教育时大力推行国民基础教育运动,通过学校教育和社会教育、定式与非定式教育、儿童教育和成人教育等各种教育形式和

---

① 融水县志编纂委员会.融水县志[M],南宁:广西人民出版社,1987:724.

途径,将教育大众化理念付诸实践,从而使广西在几年之间教育普及率全面提升。而后者梁漱溟在广西逗留期间,将自己的教育理念与广西实际情况相结合,尤其是他强调学校教育和社会教育相结合、教育者成长空间不受限、终身教育等理念雏形初显,他的许多教育思想为教育事业的发展以及乡村教育空间拓宽做出了应有的贡献。

社会主义革命与建设初期,广西乡村教育的发展离不开优秀教育人物的思想。尤其是著名思想家教育家梁漱溟、唐现之等人提出要关注农村地区教育发展、强调师资培养、构筑师范教育体系等措施,他们坚信人人都有受教育权等民主思想,为新中国成立后的乡村教育的发展以及备受关注奠定基础;同时,社会主义建设初期,扫除文盲运动和义务教育的普及也大大提高了乡村地区的教育水平和质量,在这一段时间涌现出可歌可泣的乡村教师,他们坚守平凡的岗位,助力于乡村教育事业的发展,他们中有些为了学生的安全而付出自己的生命,诸如乡村教师李成斌、莫干燊舍己救人的英雄壮举都为后人钦佩;最后,乡村教育人物身上都有着对于建设乡村地区、发展乡村教育的美好愿望,他们有些是全国教育界首屈一指的大教育家,也有广西教育厅、高等教育的院长和教授们,更有甚者他们也是贫苦农村环境下坚守的乡村教师,通过传授自己的知识让山区、农村地区的学生能够拥有改变自己命运的勇气。

社会主义革命与建设时期主要是从新中国成立一直到"文革"结束时期,收录对象主要是为广西乡村事业奉献力量的教育工作者们,这其中包括:长期从教并在教育界首屈一指,对于中国教育事业的发展都有显著影响的教育家思想家们;也有长期从教并就职于高校的教授和院长们;也有在广西教育厅长期工作,统领广西教育事业发展的厅级干部、教育局局长们;也有长期从教,被授予"模范教师"或工作突出的一线乡村教师们。在进行编写的过程中,我们一直坚持以马列主义为指导思想,以党的路线、方针、政策为首要依据,运用辩证唯物主义和历史主义的基本观点去记述社会主义建设初期乡村教育人物的思想。在这个过程中,我们以严谨、客观、时代的眼光去看待不同时期的人物思想,将他们的思想与社会背景相结合,更好地帮助我们充分地理解和吸收他们的优秀思想,并将其时代、民族、地方的特色显现出来。在进行人物选择的过程中大都是从各县志、各大专院校等编撰有教育志的单位进行选取,受所记叙的文本原因对于各级各类教育人物的背景介绍、教育实践过程以及他们蕴含的教育思想都有详略不同程度的选择,尤其是众人成书,自传资料由于年代已久,资料收集苦难,对于这一章人物思想的补充和调整也十分困难,因此人物内容出现差错也是在所难免,还请各位专家学者、读者们批评指正。

第六章

社会主义革命与建设时期广西乡村教育实践案例

　　中国共产党取得新民主主义革命成功的一条重要经验就是依靠农民和教育农民。1949 年新中国成立前夕，毛泽东在《论人民民主专政》中提出"严重的问题是教育农民"的重大命题，因此在社会主义建设初期，党和政府始终将发展乡村教育作为一项重要工作来抓。作为地处祖国边疆的多民族聚居区域，广西一直紧跟党中央和国家的领导，积极探索乡村教育的政策与体制建设，陆续成立专门的教育管理部门来领导各级各类教育，并在各地区的县、乡大胆地进行教育试点与改革，在社会主义建设初期涌现出一批出类拔萃的乡村教育实践典范。在现阶段实施"乡村振兴"战略的背景下，我们回顾历史、汲取经验，以期更好地反思当下的广西乡村教育事业将何去何从。

第一节　开创先河：指导方针下的体制保障

　　新中国成立伊始，《中国人民政治协商会议共同纲领》（以下简称《共同纲领》）规定"中华人民共和国的文化教育为新民主主义的，即民族教育的、科学的、大众的文化教育"，这明确了包括乡村教育在内的新中国教育性质与发展方向。1950 年 6 月 24 日，广西省人民政府第 13 次政务会议决定："根据全国人民政协通过的《共同纲领》和全国第一次教育工作会议的决定，制定本省文教工作任务。"[①]上述两次重要会议提出新的教育观念和方针政策，是新中国成立初期广西教育改造与发展的指导方针。新中国成立后的 17 年间，教育立法非常薄弱，乡村教育的发展主要依靠政策推动，从而才能形成符合广西本土特色的乡村教育体制体系。之后，党和政府制定了一系列重大的乡村教育政策，推动着广西乡村教育事业的发展。

---

① 蒙荫昭,梁全进.广西教育史[M].南宁:广西人民出版社,1999.09:622.

一、"教育向工农开门"

1949 年 10 月新中国成立,广大的工人、农民在政治地位上翻了身,可是在教育、科学、文化等方面仍然处于困境之中,难以甚至无法到学校接受应有的文化技术教育。新中国成立初期的广西,经济落后,交通不便,文化教育事业的发展程度更是不及全国的平均水平。在当时两千七百万人口中,文盲率高达 80% 以上,其中绝大多数是工农群众及其子女,在中等以上的学校教育中,工农阶层及其子女所占比例更小;在山区和少数民族聚居的地方,文盲的比重更大。

1950 年 5 月,教育部副部长兼党组书记钱俊瑞在《人民教育》创刊号上发表《当前教育建设的方针》一文,文中明确指出了"为工农服务,为生产建设服务"是教育的总方针,并对农民业余补习教育问题做了专门的论述。[①] 1950 年 6 月,广西省人民政府提出,"广西文化教育建设,以初步建立新教育,维持改造旧教育为总方针"。同样,乡村教育的破旧立新也是以《共同纲领》和全国第一次教育会议的精神为依据。至此,尽快开展扫除广西区内的文盲、提高工农群众的文化知识水平的教育事业已经迫在眉睫。

(一)广西省扫盲委员会成立

1950 年 7 月,广西省人民政府召开会议,贯彻执行教育部召开的第一次全国教育工作会议的精神,制定了《广西工农业余补习教育暂行办法》,要求重点抓扫除文盲工作,并规定农村中的扫盲工作以参加互助组、合作社的农民,年龄 19—40 岁的文盲半文盲为主要对象。各地的基层工会根据上述方案和办法,开办了职工学校、文化夜校和扫盲班。

1953 年 1 月,成立广西省扫除文盲委员会,加强了对工农扫盲工作的领导。同时,广西省教育厅在中等以上学校设人民助学金,积极采取措施来扶助工农学生参加学习,使各级各类学校当中的工农比例逐年增加。据统计,该年全省扫除了文盲、半文盲的职工就有 12 329 人。[②] 广西省人民政府还采取创办工农速成中学、工农干部文化补习学校和工农业余学校等一系列重要举措,初步达成了教育为工农大众服务的目标。

(二)冬学和夜校——两种扫盲形式

50 年代初期,为了适应国家发展需要,培养大量的工农出身的新型知识分子,全

---

① 王慧.中国当代农村教育史论[M].北京:光明日报出版社,2014:5.
② 广西壮族自治区地方志编纂委员会.广西通志:工会志[M].南宁:广西人民出版社,1997:257.

国各地乡村兴起了冬学与夜校两种扫盲形式。毛泽东充分肯定了夜校扫盲的有效性，认为"夜学顶好"。为了提高广大农民的文化水平，广西省教育厅专门编写了《速成识字课本》以满足各地扫盲之需，各地区的乡、村和公社也如火如荼地开展冬学扫盲运动。1953年11月起，冬学以进行政治教育为主，结合进行文化教育，主要内容是国家经济建设总路线、粮食政策、发展互助合作、改进农业生产提高粮食产量等。1954年10月至1956年上半年，改为政治课和文化课，适当进行生产技术和卫生常识的教育。政治课着重向农民进行互助合作、发展生产、中华人民共和国宪法、社会主义、爱国主义、国际主义等思想教育；文化课以识字为重点。① 总的要求是提高农民的政治文化水平，为发展生产和社会主义改造服务。以下是广西一些县、乡开展扫盲教育的成功典范。

1.北流县：日夜扫盲的"标杆"

1950年底，北流县各级人民政府、农会举办识字班，组织青壮年文盲学习文化，谓之"冬学"，分为日班和夜班。教师多由小学教师兼任。县发给学员识字课本，每天学习2小时。

1952年秋，县文教科成立扫盲工作队，在县城南将军庙举办两期扫盲师资培训班，培训200多名农村知识青年。学习两个月后，回到各乡办速成识字法实验班，推广"祁建华速成识字法"。这年全县入冬学人数1.3万多人。1953年县扫盲工作队在新圩、沙塘、梧村搞扫盲试点，并在点上举办两次扫盲师资训练班，培训农村青年68人。经过3年的扫盲，全县脱盲人数逾万。1954年，"冬学"识字班改为常年性的民校，采取"忙时少学，闲时多学"原则，全县入民校学习的有1万多人。②

1957年春，县扫盲工作队12人分驻全县12个区，任各区扫盲中心校长，并办起了业余高小班和业余初中班，班址大多设在各地中心校，每星期六下午及星期日上课，开设语文、数学两门功课，课本为省编教材，教师多聘请毕业回乡的高中、初中学生担任。

1958年3月，县提出"突击两个月，实现无盲县"的口号，掀起"万人教，全民学"的扫盲高潮。此外还采取在圩场路口设立识字岗，要过往行人认字后方能通过等做法。至5月份，号称全县已有10.2万人脱盲，成为广西第一个无盲县，获中央、省、地区奖，教育部发来贺信，并送来了全国扫盲协会会长陈毅副总理亲笔题写的"扫盲生

① 广西壮族自治区地方志编纂委员会.广西通志：教育志［M］.南宁：广西人民出版社，1995：598.

② 北流县志编纂委员会.北流县志［M］.南宁：广西人民出版社，1993：532.

产两不误主要关键在善于安排使之互相推动"的锦旗(后来收了回去)。6月,省教育厅在北流召开扫盲工作会议,李晓光副厅长号召"学北流赶北流,把全区扫盲运动推向高潮"。成为无盲县之后,县内又开始大办各种红专学校,至10月份,办有红专大学1所,学员361人,红专学校(中专)23所,学员1 295人,业余中学59所,学员1787人,业余小学29所,学员963人。1959年9月后,业余教育开始注重办业余小学。县里印发15.5万册业余小学课本,有业余高小学员36 457人,初小45 488人。①

三年经济困难时期,业余教育中断,1963年得到恢复,1964年全县有9.3万农民参加各种形式的业余学习。"文化大革命"前期,县内业余文化教育被迫停止。1973年恢复县业余教育机构,配备专职干部,各公社也设一名业余教育专职人员,每个生产队都办起了政治文化夜校,除识字认词外,还学习小靳庄的"政治夜校"经验,即"以阶级斗争为纲"的理论。至1976年,全县有扫盲班2 628班,参加学习68 248人,有辅导员4 527人,共有25 460人脱盲,占文盲半文盲总数的32%。此外,有业余高小23班,学员387人,农民业余大学理论专业1班50人,财会专业1班50人。②

1977年,县提出"奋战一年,实现无盲县"的要求。次年底,经地、县业余教育检查团考核验收,全县有3.4万人参加学习,18 600名青壮年脱盲,占参加学习总数的54%。至此全县有文化的人数占15—50岁人数的95.3%,成为自治区6个脱盲县之一。1980年全县有中等业余民校93所,学员2 608人,初等业余民校199所,学员5 367人,扫盲班93班,参加学习1 342人,共有兼职教师669人。③

2.容县:"冬学"扫盲运动

1951年冬,县、区、乡分别成立冬学运动委员会,培训冬学民师310人。寒假期间分赴各村组织冬学班,对农民进行政治、文化教育,参加冬学农民20 020人,约占全县人口的6%,修业期限为2个月,1952年冬,冬学继续进行,入学农民达41 393人,占全县人口11.7%。1953年1月,把冬学班转为速成识字班。全县共办23个农民识字班,有学员1 200余人,至4月,700多人平均识字1 690个,比原来增加1 149个。④

---

① 北流县志编纂委员会.北流县志[M].南宁:广西人民出版社,1993:532.
② 北流县志编纂委员会.北流县志[M].南宁:广西人民出版社,1993:532.
③ 北流县志编纂委员会.北流县志[M].南宁:广西人民出版社,1993:532.
④ 容县志编纂委员会.容县志[M].南宁:广西人民出版社,1993:883.

1953 年 9 月,县设扫盲办公室,配备专职干部 2 人。翌年 3 月,在三、四、七、八、九、十、十一等区设扫盲中心校长,加强扫盲工作的领导。全县大办扫盲班、业余小学班和业余初中班。至 1959 年共有 76 902 人脱离文盲状态,占原有青壮年文盲总数的 95% 左右。黎村公社六扬大队办高级社时,找不到会计、记分员,只好画圆圈记账,经过扫盲后,196 人达高小程度,其中 86 人分别担任大队、生产队干部。① 1960 年至 1962 年,由于农村经济困难,农民业余教育停办。1963 年秋逐步恢复,计有农民业余高小 17 班,学员 231 人,农村中医技术班 4 班 203 人。1966 年起农民教育处于停顿状态。至 1970 年全县青壮年文盲、半文盲回升到 6.1 万多人。②

1972 年逐渐恢复农村扫盲。1977 年冬,农村掀起扫盲运动高潮。1978 年冬,经玉林地区行署验收,全县 13 至 50 岁青壮年共 25.8 万人,脱盲人数达 95.8%,基本完成扫盲任务。③ 1979 年县成立工农教育委员会,设工农教育办公室。公社成立领导小组,县和公社都配备业余教育专干,加强对业余教育工作的具体领导。农村全面办起了初等教育为主的农民教育。有条件的村办起了业余初中班。教材为工农业余课本,有语文、数学、物理等课程。此外还增设一些种养、医学、家用电器维修等技术课。

3.凭祥市:落实"民办民教"原则

50 年代,凭祥市扫除文盲工作以"民办民教"为原则,大办识字班、速成补习班,普遍开展群众性扫盲识字运动。1957 年,全市办班 42 个,参加扫盲人数 1 392 人。扫盲教师晚上到文化夜校上课,白天在街头巷尾、田间路口设立识字关卡。连全乡那蓬村是一个住着 34 户 150 人的小村,当年全村仅有初中生 1 人,高小生 2 人。村里办起了 3 期扫盲班,参加扫盲 70 人,配有专职教师 1 人,群众上山打柴卖,挣来的钱买课本、文具,每周上课 6 个晚上,每晚 2 小时,每月测验 1 次,半年考试 1 次。办班半年后抽查,甲班有 7 人识字 1 500 个,其余识字在 700 个以上。乙班识字 400 至 700 个。两班有 5 人(男 3 人,女 2 人)能胜任扫盲教师。④ 当年,该村扫盲教师廖德全被评为广西省扫盲积极分子。

"文化大革命"期间,扫盲工作中断。同时,中小学教学又长期处于半瘫痪状态,新文盲又出现。1975 年,全市年龄在 13 至 50 岁的人口中,文盲半文盲人数占

① 容县志编纂委员会.容县志[M].南宁:广西人民出版社,1993:883.
② 容县志编纂委员会.容县志[M].南宁:广西人民出版社,1993:883
③ 容县志编纂委员会.容县志[M].南宁:广西人民出版社,1993:884.
④ 凭祥市志编纂委员会.凭祥市志[M].广州:中山大学出版社,1993:493.

44.9%。同年5月，本市开始制订"四五"教育发展规划，并开办扫盲班294个班，参加学习5 420人，扫盲教师294人。1977年办扫盲班143期，参加学习4 127人，专职教师183人，兼职教师138人。1978年，全市12至45岁的人口中，文盲半文盲占32.8%。[1]

4.西林县：试点创办"冬学"班

解放后，在1952年的下半年，隆林各族联合自治区成立了"识字运动委员会"，并且选调当地的一些乡村小学教师和区府干部以及知识青年，开办了师资训练班，并开设了几个试点班培养骨干，依据祁建华的"速成法"推行识字运动，从而开展扫盲工作。学习的教材有《拼音单字本》《拼音练习手册》《识字课本》等，后来又选择了西平和那劳两区作为试点，开展农民识字教育活动。

1953年，西林县开展"冬学"活动。1954年下半年，隆林各族联合自治区又进一步提出了"稳步的有重点的办好农民业余教育"的教育方针，并且对工农群众开展宣传教育。同年，各区完小开始恢复创办农民夜校，很多乡村会在秋后开办"冬学"。当时夜校的教材主要有：文化课以《农民识字课本》为主，结合上算术和音乐课；政治课以学习当时的政治政策文件为主，政治课与文化课并重。"冬学"班则以上政治课为主，文化课为辅。夜校的教师由小学教师来担任，"培养群师，以民教民"。各校的师生利用山歌、快板、黑板报、土广播等形式，向当地村民广泛宣传党的方针政策及生产技术经验。

1955—1956年的合作化时期，全县的扫盲工作有了较大的发展。1958年初，全县掀起以学习壮文为主的扫盲运动，很多干部群众纷纷在学校学习壮文，并且提出要在9月底实现"文化县"的教育目标，并在当年培训了大量的壮文教师，仅第四期南六区（今西林县域）就有217人，南六区壮文扫盲所取得的成绩列在隆林县各区前列。[2]

1960年，隆林各族自治县制定了"持续开展壮文扫盲规划"，开展"四好民校、五好民师、六好社员"的活动。[3] 在1961—1962年国民经济困难的特殊时期，扫盲工作基本上陷入了停顿。1963年，县人民委员会（简称县人委）成立了工农教育委员会，下设办公室，配备专职的扫盲干事，各公社也配备了扫盲专干，属于县人民委员会的干部，主要职责是抓扫盲班的组织、教学和验收等工作。此后，全县的扫盲工作得到

---

①　凭祥市志编纂委员会编.凭祥市志[M].广州：中山大学出版社，1993：493.
②　西林县地方志编纂委员会.西林县志[M].南宁：广西人民出版社，2006：844.
③　西林县地方志编纂委员会.西林县志[M].南宁：广西人民出版社，2006：844.

了极大的恢复和发展。到 1965 年 5 月,全县的扫盲夜校共有 59 个班,参加学习的人数有 844 人。1966 年"文革"之后,扫盲相关工作机构被撤销,专干也被调走,扫盲工作基本上停滞。至 1972 年,全县兴起和开设了许多"政治文化夜校",同年各级扫盲机构开始恢复,县里组织人员开始编写《农民文化课本》,并制定了扫盲的规划。

1975 年,县教育局成立扫盲业余教育办公室;1978 年,县成立工农教育委员会,各公社相应成立工农教育管理机构,具体业务由县教育局成人教育股和各公社扫盲专干负责,各大队干部、学校校长和教师,负责当地夜校的组织、教学工作。① 一些单位也开始自行组织相关的职工文化课程,主要目的是提高在职干部职工的文化水平。

5.凌云县:"夜校"和"冬学"班

1950 年是解放后创办成人夜校的第一个高峰年,不久因残余土匪作乱而停息。1952 年土地改革运动全面开展,当时土改的工作队进驻村里,发动群众共同合作清匪反霸,同时组织很多青壮年农民学习文化知识,农民业余的"夜校"及"冬学"班如雨后春笋般蓬勃兴起。此后,业余教育渐渐以扫盲为主,其他文化学习居于次要地位。县城小学除了开办识字班以外,还开办了成人夜校的高小班。1952 年,全县参加此类学习的农民达 4 146 人。②

1954 年,各区在互助合作基础较好的乡村搞了一些扫盲试点,随后开始逐步铺开。在内容上,农民的扫盲学习会与当时的政治形势相结合,1 周内的时间用 4 节上文化课,主要学习《农民识字课本》,上 2 节政治课,当时主要讲有关中心工作和互助合作的一些相关政策,并且结合实际进行一些思想教育工作,教员主要是由下乡的干部或乡里党员和干部担任。扫盲学习还与实际的生产和生活相结合,理论联系实际,并且经常请劳模和老农讲授一些农业的生产常识。在师资方面,主要实行"民办民教",当时所开办的夜校班一部分是由全日制小学的教师兼课,大部分村里的夜校是由群众推选具有一定文化水平的人担任教师。夜校班的办学费用由群众自筹解决,到年底,村里的业余夜校班发展到了 127 个,在学的人员有 3 500 名,专职教师由 1 人增加至 6 人,群师由 6 人增加到 177 人。第二年 12 月上旬,县政府通过举办训练班,集中训练群众的扫盲教师 124 人。1955 年,全县各地大办农业合作化,要求完成扫盲工作,于是在此背景下全县共组织了 1.9 万名农民入学,促进农民学习一些

---

①　西林县地方志编纂委员会.西林县志[M].南宁:广西人民出版社,2006:844.

②　西林县地方志编纂委员会.西林县志[M].南宁:广西人民出版社,2006:844.

文化知识。当年初冬,县政府举办 200 余人参加了培训班,各区乡民校先后开办"冬学"。①

1956 年初,县人委把扫盲当作教育工作的三大任务之一,将其置于非常重要的位置。当年 4 月,县里共组织 32 624 名农民进入夜校学习文化知识,共计 933 个班,群师发展到了 1 000 名。② 并且全县自上而下全面贯彻"三保证"和"四固定"的方针,即:干部保证安排好,学员保证学好,教师保证教好;固定教师,固定学习时间,固定教师报酬,固定学习任务。

1958 年,全县掀起了大办共产主义教育的热潮,并且集体采取大突击和大动员的方式兴办了各种扫盲学习班、政治文化夜校和技术学校等,搞"文化大跃进"。凌云县加尤乡仅用 3 天时间就建立了 5 间红专大学,"队队大学化",入学人数达到 3 800 多人,这些大学的校长基本上是由乡党委书记和大队支书担任,公社选拔了一些文化较高且具有生产经验的干部担任教师。整个大学共设置 11 个系:农业、病虫害、食品、文娱、体育、医学、财经、水利、林业、机械、砖瓦系等。学校借用民房当教室,学员边学习边参加生产工作。学校一般用晚上 2 小时来帮助当地的农民提升文化知识。③

1964 年,为了贯彻中央关于"两条腿走路"的办学方针,各区的"耕读小学"先后开办,适龄儿童与失学儿童就近上学,边读书边劳动,这种形式成为扫盲工作的有力措施。

"文化大革命"时期,成人教育为了配合政治需要,扫盲班办成了"政治夜校",主要的学习内容是毛泽东语录,狠抓阶级斗争、忆苦思甜、农业学大寨等。当时"四人帮"大力推行天津市小靳庄的政治夜校经验,"文盲胜利论"和"没有文化照样干革命"等谬论四处流传,因此农民的业余教育几乎处于停顿状态,造成大量文盲复现。1973 年,共有 517 个政治夜校班。据 1976 年统计,全县 13 岁至 50 岁的少青壮年共有 5.9 万人,而文盲半文盲人数为 3.5 万人,占据少青壮年总数的 59.32%。④

1977 年,扫盲及业余教育开始恢复。1980 年以后,党政领导一致认为成人教育是整个教育事业的重要组成部分,普教业教需要一起抓,普扫结合,实行扫盲和业教的"双轨"责任制。全日制学校领导和教师做到"日校办夜校,一长管两校,一师任

---

①　凌云县志编纂委员会.凌云县志[M].南宁:广西人民出版社,2007:763.
②　凌云县志编纂委员会.凌云县志[M].南宁:广西人民出版社,2007:763.
③　凌云县志编纂委员会.凌云县志[M].南宁:广西人民出版社,2007:763.
④　凌云县志编纂委员会.凌云县志[M].南宁:广西人民出版社,2007:763.

两教"。① 凡是自愿进入夜校班(含简小)的文盲半文盲儿童,均予免费入学,提高了当地儿童的入学率。

6.田阳县:河口屯农民夜校

1950 年,田阳县田州镇的小办工农业余补习夜班一共设置了 6 个班,学员共有 300 人。校长由当地的小学校长兼任,而小学教师则兼任义务教员,由政府提供办学费用,课程所用的教材由教师结合形势进行编写,课程主要设置语文、算术和唱歌,全县共有 7 个区所在地的中心小学和一些乡村学校都开设有夜校或夜学班。1952 年,全日制中、小学普遍配合当时的土地改革开设夜学班,除学校教师兼课外,还会聘请一些具备社会知识的青年当义务教员,补充师资力量。教材由学校的教师自行编写,班级设置分识字和政治 2 个班,在学好文化课的同时,还通过回忆和对比来一些阶级教育。1954 年,把由小学主办的夜校班改由农业合作社来主办,主要的办学制度采取农闲多学、农忙少学、大忙休学的方式。1952—1956 年,全县累计开办扫盲夜校 1 711 个,教师 1 611 人,学员共 48 564 人。参加扫盲学习最多的时候是 1956 年,有 16 368 人。到 1960 年,全县共有扫盲人数 69 394 人。②

1961 年,由于国民经济困难,于是撤销了当时的扫盲校长,由学区辅导员兼管,县教育科的教研室设业余教育组专管扫盲工作。当年,扫盲人数达 935 人,业余高小班有 1 171 人,业余初中班有 757 人,业余高中班有 106 人,初级技术班有 17 人。③ 1963 年,在农村的很多地方开设了一些耕读班和早晚班,主要用来解决超龄儿童失学而造成新文盲的社会问题。"文化大革命"期间,农民的业余教育主要以学习班和政治夜校等形式为主,学习内容主要有读报、学唱"样板戏"和革命歌曲。

1978 年,县里成立了职工教育委员会,下面开设了办公室,全县恢复了扫盲工作。当年年底,全县共有 5 个公社,49 个大队开展扫盲工作,使 5 533 名青壮年成功脱盲。④

田阳县河口屯农民夜校是当时一个成功的例子,河口屯当时是田州镇三雷村的一个自然屯,1973 年的时候全村共有 29 户 182 人,其中文盲和半文盲的青壮年人数有 29 人。1974 年春该地开始创办农民夜校,学员共有 25 人,生产队的指导员农秀美对教学工作做具体指导,并且聘请该村的知识青年陆爱华为义务教师,夜校教室、

①　凌云县志编纂委员会.凌云县志[M].南宁:广西人民出版社,2007:763.
②　田阳县志编纂委员会.田阳县志[M].南宁:广西人民出版社,1999:649.
③　田阳县志编纂委员会.田阳县志[M].南宁:广西人民出版社,1999:649.
④　田阳县志编纂委员会.田阳县志[M].南宁:广西人民出版社,1999:649.

课桌黑板、照明及学员文具等费用主要由当时的生产队解决。开班后夜校坚持"农闲多学、农忙少学、大忙放假"的原则,每天晚上上课学习 2 小时,要求学员要 4 会(会读、会讲、会写、会用)。[①] 1977 年 9 月,按照自治区的脱盲验收标准,该夜校通过了县、社队及当地小学教师组成的三结合验收小组验收,成为全县第一个脱盲生产队。河口屯农民夜校坚持理论与实际相结合的原则,把学习文化和农业生产紧密结合。

7.柳城县：农民业余学校

解放后,1951 年初,柳城县大埔、凤山、东泉、太平、沙埔、沙塘、洛崖、古砦等区办文化补习班 87 班,入学 3 085 人。是年冬,各区训练群众教师 230 人,并抽调小学教师 55 人,举办扫盲冬学班,共有 9 006 人参加文化学习。1952 年春,冬学班改称农民业余学校,办了 115 班,入学 3 045 人。同年,培训推行速成识字法的群众教师 439 人,冬季在 30 个乡开展速成识字教学,有 1 283 人参加学习。1953 年,普遍推行速成识字教学,全县有农民业余学校 11 所,17 个班,在学 724 人,群众教师 24 人。同年冬,全县办冬学班 144 班,有 7 847 人参加学文化。1956 年,全县参加学文化的农民共有 2.63 万人。三年经济困难时期,各地夜校相继停办。1962 年,全县恢复 29 个点,参加学习的农民 1 016 人。1964 年开班 33 处,有 1 071 人参加学文化。"文革"期间,扫盲夜校停办。1977 年,县教育局编写了《政治夜校识字课本》《扫盲课本生字汇编》,许多村屯成立政治夜校,组织农民入学。1978 年,经过参加夜校学习,少青壮年脱盲 1.44 万人。[②]

8.隆安县："屏山公社"的成功试点

1951 年,隆安县人民政府决定将过去的识字班改为冬学夜校,利用冬闲时间,组织群众学习文化。当年,全县冬学共有 148 个班,学员 8 003 人。大部分是青壮年,老年人占 2%左右。"冬学"班教师多数是小学教师和乡、村干部及农村积极分子担任。1954 年,县文教科集训 60 多名群众教师,结合农事季节,采取"农闲集中学,小忙分散学,大忙不学"的办法,在全县 70%以上的文盲、半文盲的人中,大力开展扫盲教育运动。1956 年,贯彻中共中央国务院关于扫除文盲的决定,全县掀起扫盲高潮。县文教科设扫盲办公室,有办事员 2 人,各区配 1 名扫盲校长。全县有民师 59 人,参加民校学习的有 26 160 人(其中青年 16 433 人,壮年 9 715 人,56 岁以上 12 人),

① 田阳县志编纂委员会.田阳县志[M].南宁:广西人民出版社,1999:649.
② 柳城县志编辑委员会.柳城县志[M].广州:广州出版社,1992:363

占全县文盲、半文盲数的 36%。[①] 1957 年至 1960 年,扫盲工作主要是在群众中开展壮文扫盲活动。

自 1966 年"文化大革命"学习毛主席著作运动开始,全县各村屯普遍开办政治夜校。但它不是真正学政治、文化的场所,而是农村开展"文革"搞"批斗"的阵地。1976 年打倒"四人帮"以后,隆安县恢复扫盲工作。1978 年,县成立扫盲领导小组,县教育局和各公社均配一名扫盲专职干郡。

9.横县:农民业余识字学校

新中国成立后,横县全面组织工农群众学习文化科学知识,举办了多种形式的业余学校。在农村,普遍建立农民业余识字学校,俗称扫盲班。1952 年冬,先在莫大乡搞试点,推行"速成识字法",同年 12 月在曹村、那东、那西、江南、东郭等 7 个乡推广,组织了 1 000 多名文盲入班学习。到 1953 年秋,有 121 名学员按照识字标准获得毕业证书。此后,遵照中央提出的"积极领导,稳步前进"的扫盲工作方针,每区配备专职干部 1 人,时称扫盲校长,组织训练民师 1 000 多人,继续在全县 8 个区(镇)推行"速成识字法"。1955 年冬在农业合作化高潮中,参加冬学的农民达 65 000 多人,占全县文盲半文盲总数的 32.4%。"冬学"过后转入夜校坚持常年学习。据不完全统计,到 1956 年冬达到脱盲标准获得毕业证书的有 10 540 人,由纯文盲提高到半文盲的有 45 288 人,在这些人中,青年、妇女占绝大多数。1957 年 6 月,由县壮文学校培养的 485 名壮文扫盲教师,在全县 10 个区、95 个壮族聚居乡和壮汉杂居乡,全面铺开壮文扫盲,参加壮文学习的达 1 万多人。[②]

1958 年,扫盲工作受"左"倾思想影响,追求"高速度",以"大跃进"为要求,出现贪多图快,急躁冒进偏向,诸如"大办大学""大办学院",要农民进"农业大学",工人进"工学院",水利工地民工进"水利学院",炼铁基地干部工人进"钢铁学院",食品工人进"食品学院",同时设置路卡,要文盲群众出圩入市、寻亲访友随身携带"识字牌"方准通行等,搞形式主义,有名无实,挫伤了群众的积极性。

1960 年经过纠偏整顿,农村业余教育重新兴起,全县参加扫盲学习的达 9 万多人,其中在脱盲基础上由县办起的业余初小、高小班 1 056 班,31 158 人,业余初中班 117 班,3 211 人,业余高中班 1 班 25 人。1961 年后,由于经济暂时困难,农村业余教育有所下降,只能断断续续地开展。到 1965 年全县有 9 059 人坚持业余学习,其

① 隆安县志编纂委员会.隆安县志[M].南宁:广西人民出版社,1993:559.
② 横县县志编纂委员会.横县县志[M].南宁:广西人民出版社,1989:529.

中识字班 97 班 2 906 人,业余高小班 104 班 3 992 人,业余初中班 67 班 2 161 人,"毛著"学习小组 9 组 366 人。"文革"期间,组织机构被搞垮,专职干部被调走,民师散伙,业余教育完全停顿,而大办"政治夜校",学"语录""老三篇"。1975 年,"政治夜校"发展到 3 324 间。[①] 粉碎"江青反革命集团"后,经过拨乱反正,农村业余教育获得了新生。

10.合浦县：由"农民夜校"到"冬学"

早在抗日战争时期,合浦县有由中共地下党组织和进步知识分子举办的农民夜校,通过教民众识字,宣传抗日道理。解放后,1950 年全县开展扫盲运动,各区、乡、村有条件的都办夜校或识字班,教文盲或半文盲的中、青、少年乃至少数老年人识字。1952 年 9 月统计,89 个行政村参加夜校识字班学习的农民共有 13 000 人,参加读报组学习的有 5 795 人。合浦县廉州镇办的一所职工业余学校,有学生 245 人。全县共办职工文化学习班 22 班,学员 800 多人。[②]

1953 年,合浦县贯彻中共中央提出的"整顿巩固、提高质量、重点发展、稳步前进"的十六字文教方针,对原有的农民夜校、职工业余学校进行整顿,全县有八个区配备了教育中心校长。1954—1955 年间,全县 13 个区(镇)有 9 个区及廉州镇共 72 个乡开展了冬学教育,共办扫盲班 372 班,参加扫盲学习人数 6 666 人,扫盲教师 577 人。1956 年在扫盲教育基础上,全县举办开设高小、初中班的农民业余学校 1 651 所,共 3 464 班。参加学习的有 11 629 人,其中高小班 5 578 人,初中班 176 人,群师班 5 875 人。廉州镇举办的职工业余学校 3 所,共设 47 个班,参加学习的有 1 413 人;市民业余学校 6 所,共 80 个班,参加学习的有 3 055 人。1958 年 1 月之前,全县脱盲的青壮年 3 万人。至同年底,脱盲的总人数达 11 万多人。[③]

1960—1962 年经济暂时困难时期,扫盲工作曾一度停顿。1963 年冬,全县共有 6 518 人参加各种业余班学习,其中:168 个扫盲班,2 778 人;业余高小班 87 个,1 637 人;业务初中班 43 个,768 人;珠算班 17 个,247 人;应用文及其他班 15 个,295 人;农业技术班 44 个,768 人。[④]

"文化大革命"期间,全县成人教育基本停顿。70 年代初,全国推广"共大"(即共产主义大学)、"七二一"工人大学和"五七"劳动大学经验,北暮、竹林、榄子根盐

---

① 横县县志编纂委员会.横县县志[M].南宁:广西人民出版社,1989:529.
② 合浦县志编纂委员会.合浦县志[M].南宁:广西人民出版社,1994:637.
③ 合浦县志编纂委员会.合浦县志[M].南宁:广西人民出版社,1994:637.
④ 合浦县志编纂委员会.合浦县志[M].南宁:广西人民出版社,1994:637.

场,县氮肥厂、机械厂等单位先后办起"七二一"工人大学 5 所,"五七"劳动大学 1
所。

11.上思县:女子夜校

1950 年,开展农民识字运动。全县 125 个行政村、街,办起 60 多个农民识字班,
县城的女子夜校分甲、乙两班,每班 40 多人,开设国语和常识课。1952 年,农民夜校
有 341 间,500 个班,其中高级班(开设相当于高级小学的课程)12 个,初级班 488
个,学员 10 163 人,其中妇女 7 378 人,占应入学妇女 52.5%。农民识字班教师 430
人。此外,有读报组 183 个,参加读报的有 2 213 人。

1954 年下半年,县正式成立扫除文盲领导机构,开展扫盲工作。起初在叫安乡
的怀德村搞试点,以南宁地区编的《农民识字课本》为教材。经扫盲教育后,原来一
些目不识丁的农村妇女可阅读报纸,可写家信。至 60 年代中期,扫盲工作断断续
续。1964—1976 年,因受"四清""文化大革命"等政治运动冲击,扫盲工作停顿。

1976 年,恢复扫盲工作。县成立工农教育委员会,下设办公室。公社设置工农
教育领导小组,配备扫盲专干 1 人。是年,县教育局组织编印《农民识字课本》,免费
分发到各大队文盲半文盲手上。1977 年,全县 12 至 45 周岁 64 612 人,其中文盲半
文盲 13 779 人。[①] 此后全县在扫盲工作上不断努力,达到"无盲县"标准。

12.都安瑶族自治县:壮文普及融入扫盲运动

1956 年都安瑶族自治县农村、机关出现学习壮文的热潮。1957 年,区(乡)设壮
文扫盲校长,乡(村)设专职教师专门辅导学习壮文。机关成立学习壮文小组。小学
在 1—2 年级开设壮文课,各村以片办壮文夜校,分男女班学习,每班 30—45 人,人
人备壮文课本、壮文练习簿。[②] 白天下地劳动,随带壮文课本,利用休息时间在田头
地边学习。为检验和巩固学习效果,圩日设立街头学习壮文辅导站。由壮文老师检
验,谁会认读黑板上写的壮文则许赶街,半懂或不懂的经老师教一遍壮文后方可赶
街。学员在夜校学习成绩优良、思想品德好的,分别保送都安壮校、广西壮校培训,
毕业后回当地任壮文老师或农村干部。

1957 年至 1958 年上半年,全县有 80%以上的农民参加学习壮文,50%的学员能
用壮文写字记账,40%的学员能读壮文报,或认读声、韵母和课文句子。[③] "文化大革
命"开始后,壮文普及教育逐渐停止。

---

① 　上思县地方志编纂委员会.上思县志[M].南宁:广西人民出版社,2000:526.
② 　都安瑶族自治县志编纂委员会.都安瑶族自治县志[M].南宁:广西人民出版社,1992:675.
③ 　都安瑶族自治县志编纂委员会.都安瑶族自治县志[M].南宁:广西人民出版社,1992:675.

二、教育"为无产阶级政治服务、为生产建设服务"

由于自然地理和社会历史等因素,广西农业长期处于落后的状态。新中国成立后,教育农民及其子女成为社会主义建设的当务之急,因为当时广大农民的文化水平已然且必将影响到国民经济建设的发展,正如当时的教育部副部长钱俊瑞所说的,"从今以后,中国的农民还要在全国范围内完成土地改革,然后要在一个长时期内,把自己的分散的和落后的经济,变成集体化和现代化的经济"。因此,这时期的教育一方面突出对农民的思想政治教育,另一方面还要加强对农民的生产技术教育。

(一)"大跃进"中的教育改革

在1958年"大跃进"的活动中,我国曾开展过轰轰烈烈的"教育革命",当时的"教育革命"具体表现在三个方面:一是强调教育为无产阶级政治服务,开展红专大辩论,用当时流行的"插红旗""拔白旗"的方式,在批判所谓资产阶级学术思想的同时,组织学生编教材、编讲义;二是强调教育与生产劳动相结合,大搞不同形式的勤工俭学,在"大跃进"的高潮中发展到组织师生大炼钢铁,大办各类工厂;三是用群众运动的方式办教育,实现各类教育的"大跃进",特别是不顾条件开办一大批高等院校。因此,在"左"的思想指导下,1958年广西也有一些学校积极响应党和国家的号召,进行了相关的"教育革命"。

1.苍梧中学的教育改革

苍梧中学始建于1953年,学校的校址设在龙圩大王山顶,最初命名为苍梧县第一初级中学。同年,为了扩大学校的办学规模,学校接管了中山中学作为学校的分部,当时学校共开设了8个初中班,学生396人,教职员工24人。1956年,学校开始招收2个高中班级,并且改名为苍梧中学。① 1958年,在教育革命的影响之下,学校进一步提高相关的硬件设施,如兴建科学馆、理化仪器室和实验室,而且当时的学校倡导勤工俭学,经常举行一些相关的现场会议,在当时掀起了各地区学校之间比规划和比措施的竞赛。1962年,人和中学及第二中学高中部的学生合并,合并后共有初中15个班578人,高中10个班403人,教职工82人。②

2.平果中学:教育与生产劳动相结合

平果县平果中学始建于1940年,最初称为果德县立国民中学,学生上课的学制为2年,学校地址在新圩,1942年,学校搬迁至县城(现在水电局驻地)。1944年学

① 苍梧县志编纂委员会.苍梧县志[M].南宁:广西人民出版社,1997:632.
② 苍梧县志编纂委员会.苍梧县志[M].南宁:广西人民出版社,1997:632.

校附设简师 1 个班共 54 个学生,翌年更名为果德县初级中学,学校的学制为 3 年。[①]

解放后,平果中学共开设了初中 6 个班一共 220 个学生,另外还有 22 名教职工负责学校的日常工作。1951 年 5 月,更名为平果第一初级中学。1955 年春,为了加强党对学校的建设和领导工作,党组织专门派党员干部任该校的校长。1956 年 9 月,学校开始招收高中 2 个班共 117 名学生,改名为平果中学。[②] 1957 年学校搬迁至新址红旗山麓,即现在学校所在的地址。1958 年贯彻"教育为无产阶级政治服务,教育与生产劳动相结合"的方针,培养学生在德育、智育、体育几方面全面发展,成为有社会主义觉悟的有文化的劳动者。该校向苍梧的学校和河南三中学习相关的办学经验,开展勤工俭学活动,大搞半工半读的教学模式。

1959 年 9 月 20 日至 24 日,区党委宣传部和区教育厅在平果中学召开全区的中等学校"教育与生产劳动相结合"的现场会议,[③]肯定并推行了平果中学的做法:"学校应该以党委的中心工作为中心工作,为党的中心工作服务。"对于今后的教学改革,提出"以政治为帅,生产为纲"和"略外详中重本地,厚今薄古看明天"的原则。

3.柳江县：推动全县各地勤工俭学

20 世纪 50 年代中期,柳江县各学校开展勤工俭学活动。柳江中学、进德小学曾组织学生参加劳动建校、养猪、种菜等。里高小学曾组织学生上山砍柴,以卖柴所得来添置学校用具和解决一些困难学生的费用。

1962 年以后,勤工俭学搞得比较好的洛满农中有耕地 60 多亩,开展了水稻、玉米、甘蔗、蔬菜等作物的种植试验,办饲养场,劳动生产和科学试验结合得比较好,自治区在该校召开全区农业中学现场会议。1971 年,百朋中学办了一个小农场和一间收音机修理厂;1978 年种水稻 4 亩,年产量 1925 公斤,种甘蔗 4 亩,亩产 4 吨,都比生产队的产量高;养猪 18 头;该校小工厂和小农场 1977—1980 年上半年纯收入 7 777 元。1958 年以后,柳江中学办了铜线厂、氧化铁红厂、生物标本厂,并成立饲养组,养猪、鸡、鸭、鹅等;1971 年又办了化学试剂厂,专门生产化学试验课所需的各种试剂,1975 年在化学试剂厂的基础上,办了硫酸锌厂。1977 年,全县中小学共办工厂 16 个,收入 17 567.53 元,办农、林场共收入稻谷 10 494 公斤,甘蔗 598.33 吨,花生 19 067 公斤,玉米 56 383 公斤,木薯 110 260 公斤,养猪 286 头,养鱼 188 000 尾,

① 平果县志编纂委员会.平果县志[M].南宁:广西人民出版社,1996:543.
② 平果县志编纂委员会.平果县志[M].南宁:广西人民出版社,1996:543.
③ 平果县志编纂委员会.平果县志[M].南宁:广西人民出版社,1996:543.

种植各种林木 243 万株。此外,还有其他各种收入 24 915 元。①

4.桂平县推广"公社办学"

1958 年 11 月,教育厅在桂平县罗播人民公社召开公社办学现场会议。推广该公社创办各类红专学校的做法,他们的口号是"人人劳动,人人学习",生产组织与学习组织相结合,把技术工人(木工、泥水工、铁匠)编为工学院,林业队编为林学院,青年团员(群众)编入万斤大学,民办小学教师和幼儿园教师编入师范学院,基干民兵编入军事学院。生产队普遍成立业余学校、幼儿园、托儿所。这次现场会进一步把公社办学推向高潮。但各类红专学校都是徒有虚名,无师资、无校舍、无设备,是当时瞎指挥和浮夸风的典型。

5.乐业县推广"勤工俭学"

1952 年,凌乐县第十区第一小学(乐业县城一小),全校 350 名学生、11 名教师种公田年收入稻谷 190 公斤。② 学校组织小秋收,拾稻穗、拾桐果,解决学校经费的不足,九区小学教师自制教具三球仪、斜面实验具、天平、定滑轮、起重机、轮轴原理实验教具、剥制蝗虫标本、益虫标本、杠杆实验具、单杠、双杠、篮球架、滑梯、摇板、爬竿等。1954 年十区第一小学教师黄国维等,利用旧废材料自制三球仪、地球仪、计数器、惯性器、电影说明器、显微镜、水平器、手摇机、毛发温度器、起重机、活动地图板等 18 种教具,经区文教助理审查鉴定后交学校领导处统一使用,有效提高了教学质量,为国家、学校节约了一笔开支。

1960 年,凌乐县中小学办工厂 8 个,农场 103 个,中学开荒 1 700 亩,种下粮食 1 570 亩,蔬菜 90 亩,收入粮食 9 750 公斤,蔬菜 61 650 公斤,养猪 90 头、兔 39 只,鸡 147 只,鸭 37 只,羊 24 只,鱼 800 尾,牛 4 头。全县小学原有农业基地 1 155 亩,新开荒 2 098 亩,种下农作物 2 495 亩,收入粮食 41 744 公斤,蔬菜 6 万多公斤,养猪 216 头,鸡 1 235 只,兔 539 只,鸭 8 只,鹅 96 只,马 2 匹,有 84 所小学学生免费上学。③

1968 年,县革委召开全县勤工俭学总结表彰大会。从 1969 年起有全英、新场、六维、达朗等大队由于开展"种、养、拾"为主的勤工俭学活动,学校学生均实行免费入学,并发给学生文具和困难补助,添置教学设备。1973 年,全县每所学校都划有学农基地,师生轮班到农场劳动上课。

---

①　柳江县志编纂委员会.柳江县志[M].南宁:广西人民出版社,1991:518.
②　乐业县志编纂委员会.乐业县志[M].南宁:广西人民出版社,2002:499.
③　乐业县志编纂委员会.乐业县志[M].南宁:广西人民出版社,2002:499.

6.蒙山县大力开展勤工俭学活动

解放初期,蒙山县中小学曾利用课余时间组织学生开展勤工俭学活动,如种菜、植树、挑沙建筑、开辟操场、采集树种、拾稻穗、捡茶籽。1958年,全县中小学勤工俭学活动广泛开展起来,在"大跃进"形势下,从秋季开始,大办工厂、农场。这年,全县中小学办起工厂255个,农场49个,收入98 693元。1959年,蒙山中学边上课边劳动,办农场、猪场,养猪100多头。1974年至1975年,教育纳入"农业学大寨"的轨道,全县中小学大力开展造田造地、大种大养、大办工厂活动,有校办工厂(车间)9间,产值9 230元,获利3 782元。农场247亩,林场61亩,果园10.7亩,粮食总产34 103公斤,农副业总收入27 698元。1977年,全县中小学的勤工俭学以种为主,种水稻、甘蔗、花生等,还植树造林,有水田1 867亩,林场777亩,果园84亩。是年,全县勤工俭学收入4.22万元,粮食78 072公斤。[①]

7.东兰县坡高小学：模范教师的引领

东兰县开展勤工俭学,始于1954年的武篆区坡高小学。当时瑶族刚从西山迁移而来,自己办学校,教师吴泽洪带领78名小学生开荒造林造田,种植油茶、油桐、芭蕉、旱谷、黄豆、水稻等作物。1955年,该校勤工俭学收入44元,学生开始免费入学。1959年,勤工俭学收入317元,学生实行三免费,即课本、文具、教师办公不收费。在坡高小学的影响下,50年代全县中小学普遍开展勤工俭学活动,主要是开荒办农场、林场。1965年,全县校办农场发展到950个,占地8 816亩,粮食收入10.5万公斤,还有校办工厂23个,现金总收入6万多元。1969年以后,县委发出"自力更生,艰苦创业,勤俭办校"的号召,全县中小学大办农场、林场、畜牧场、工厂。1972年,坡高小学75名小学生开展农、林、禽、牧等9项生产,收入698余元,人均16余元。1979年,该校林场油茶收入1 340元,全年总收入1 547元,学生人均24元。[②]

(二)农业教育的接管、改造与发展

广西的农业教育事业始自清光绪末年。至20世纪30年代,中等农业职业教育有进一步的发展。这一时期先后建立了合浦县第一职业学校和位于平乐县、柳州、南宁的3所广西省立高级农业职业学校。与此同时,成人农业技术教育也有开展,有关部门曾举办各种专业培训班,培训学员近千人。

新中国成立后,广西的中等农业教育虽在各个历史时期受到不同因素的干扰,但仍获得较大程度的发展,逐步走向系统化、正规化。中等农业专业学校从50年代

① 蒙山县志编纂委员会.蒙山县志[M].南宁:广西人民出版社,1993:503.
② 东兰县志编纂委员会.东兰县志[M].南宁:广西人民出版社,1994:505.

的 3 所 5 个专业,发展到 80 年代的 18 所 16 个专业,每年招生人数从 200 多人增至
1 500 人,培养了数以万计的中级农业科技人员。成人农业技术教育也得到同步发
展,50 年代起,先后创办了农业、水产、农机等干部学校(训练班);80 年代又建立农
业广播电视学校,先后培训学员达 10 多万人次。[1]

1955 年至 1965 年,广西的农业教育开始使用全国统编教材,但部分专业课仍使
用教师自编教材。1978 年,使用由农业部组织有关农校编写的全国中等农牧学校统
编教材(南方本)。广西农业学校、广西农业机械化学校、钦州农业学校、柳州畜牧兽
医学校部分教师参加编写工作。广西农业学校还担任了《作物遗传育种》《化学》等
教材的主编或副主编,钦州农业学校担任了《土壤肥料学》《农业基础》的副主编,广
西农业机械化学校担任了《机械设计基础》及《农业机械》(南方本)的主编。

此外,农业部门还通过科教电影、电视广播、大型展览、印发图书等形式,宣传和
推广农业科技知识,从而促进广西农业生产的发展。

1.广西农业学校

广西农业学校民国时期为"广西省立南宁高级农业职业学校",民国三十一年
(1942)创办,有校舍 3 幢,学生、教员宿舍借用农场房屋。实习用地 10 亩,教职工 10
多人。设农艺专业,学制 3 年,每年招生 50 人,截至 1949 年,毕业生共 150 人。

新中国成立后,1950 年设农艺专业 3 个班,园艺专业 1 个班。1951 年并入"广
西革命大学"。1953 年分出,建立"广西南宁农业学校",归属省人民政府农林厅。
设农作专业 2 个班。1954 年,受农业部委托,培训越南留学生 4 名。1955 年后设农
学、植保、蔬菜 3 个专业,共 4 个班。"大跃进"期间,曾招收小学、初中文化程度的农
村青年入学,经文化补习后,分编为初农班、中专班,初农班学习一年后返回原社队。
1960 年,设畜牧兽医、农业机械化、土肥、蚕桑、茶叶、养蜂、热作等 10 个专业。同年,
学校升格为"广西农业专科学校",招收农学、果树、茶叶、蚕桑大专班各 1 班,大中专
在校学生达 1 200 人,教师 120 多人。截至 1966 年 3 月,先后培养大中专毕业生
2 642 人。

1970 年,由于推行"朝农经验"(即辽宁省朝阳农学院,把学校搬到农村),学校
改属南宁地区,称"南宁地区农业学校"。1977 年恢复统一招生、统一分配制度,当
年招收土肥专业 1 个班 49 人,学制 2 年。教学秩序逐步恢复。1978 年,学校改为
"广西农业学校",归自治区农业局领导。设农学、植保、土肥、园艺、畜牧兽医、甘蔗

① 广西壮族自治区地方志编纂委员会.广西通志:农业志[M].南宁:广西人民出版社,1995:
139.

等 6 个专业,当年秋季招收新生 12 个班共 495 人。

1980 年,全自治区农牧业学校进行调整,广西农业学校撤销畜牧兽医、甘蔗专业,保留农学、植保、园艺、土肥 4 个专业,在校中专生 1 000 人。并在横县、马山等地建立教学、科研、推广三结合基地,推广杂交玉米、水稻播种及高产栽培技术。1984 年,学校被列入全国重点中等农业学校行列。设有农学、植保、园艺、土肥、农经 5 个专业,1985 年在校学生 725 人,教职工 286 人,专任教师 106 人。全校土地面积 1 000 亩,建筑面积 36 454.5 平方米,实习农场面积 400 亩。① 设有养禽培训中心、玉米研究室、印刷厂、附属小学等。

2.钦州农业学校

钦州农业学校于 1933 年 10 月创办,前身为"合浦县立第一职业学校",原校址在合浦县张黄镇(今属浦北县)。从创办到新中国成立前夕,共培养了初、中级毕业生 635 人(其中初农 13 届,毕业生 450 人;高农 6 届,毕业生 185 人)。初创期,仅有教师 8 人,房舍 8 幢,面积 1 400 平方米,校产价值约 14 000 元。

新中国成立之初,学校归合浦县人民政府领导。1952 年迁至钦州县城南郊,改名为"广西钦州农业技术学校",属省人民政府农林厅领导。当年招收农作、水产、林业等 3 个专业各 1 个班和初级农作 3 个班,在校学生 617 人。1953 年,学校进行调整,改名为广西钦州农业学校,设农作专业 2 个班,招收新生 100 人,停招初农班。原有的林业班拨归柳州农校,水产班并入广东水产学校。1955 年秋,钦州专区改属广东省辖,学校改为广东省钦县农业学校,归广东省农业厅领导。1956 年招收农作、植保专业 8 个班共 400 新生,当年毕业生 88 人,在校学生总数达 700 余人。1957 年,又将新办的合浦农业学校 6 个班 200 多人并入,全校学生人数达 1 033 人,教职工 131 人。1958 年,在"大跃进"形势下,学校升格为"华南农学院合浦分院",设农学、甘蔗、蚕桑 3 个专业,招收大专新生 120 人,全校大、中专在校学生达 1 083 人,是学校规模最大的一年。学校开展勤工俭学活动,大办农场、工厂,设有生产农场和化工厂、菌肥厂、砖瓦厂、机械厂等,耕地面积 1 400 多亩,除种粮食作物外,有菠萝 30 多万株,柑橙、荔枝、香蕉 6 000 多株。1959 年,合浦分院并入湛江分院,学校恢复为钦县农业学校,增设畜牧兽医专业 2 个班,招生 80 人。1962 年,精简教职工队伍,停止招生。1963 年春,招收农作、畜牧兽医专业各 2 个班共 200 人。

1965 年,钦州专区又划归广西管辖,学校恢复为广西钦州农业学校,归属自治区

---

① 广西壮族自治区地方志编纂委员会.广西通志:农业志[M].南宁:广西人民出版社,1995: 141.

农业厅领导。从新中国成立后到 1965 年止,共培养毕业生 2 067 人。1966 年,受
"文化大革命"的干扰,学校停课。1969 年,学校下放给钦州专区领导,改名为"广西
钦州地区农业学校",当年只办附属中学,招收初中二年级 3 个班。1970 年起招收
高、初中新生各 3 个班,到 1975 年,共办 5 届,高、初中毕业生 929 人。1973 年,招收
免试入学、"社来社去"的"工、农、兵学员",到 1979 年,毕业生共 1 072 人。1978 年
恢复统一考试招生入学,统一分配办法。此后学校秩序逐步恢复正常。1981 年,设
置农学、植保、土肥专业各 1 班,招生 116 人,次年招生 200 人。到 1985 年,培养经统
一考试入学的中专毕业生 994 人,当年,还招收多种经营专业、不包分配的 1 个班 37
人,在校学生共 357 人,教职员工 179 人,其中专任教师 50 人。学校教学条件有所
改善,房屋建筑面积 19 486 平方米,实验农场面积 216 亩。①

3.玉林农业学校

　　玉林农业学校前身是 1956 年广西省农业厅创办的"广西省贵县农业学校",当
年招农作物专业新生 10 个班共 482 人。1958 年 9 月,学校下放给玉林专区管理,曾
一度并入国营西江农场。1959 年 4 月又转归玉林专署农业局领导。1959 年和 1960
年,原玉林专区农业专科学校和玉林专区畜牧兽医学校先后并入贵县农校。1960 年
11 月,学校改名为"玉林专区农业学校"。

　　1961 年 9 月,学校由贵县迁到玉林原农专校址继续办学。此时共开设有农学、
畜牧兽医、植保、园艺、农机 5 个专业。学生最多时达 816 人,教职工 120 人。总面
积 260 多亩,建筑面积 6 000 多平方米,教学农场耕地 170 多亩,有图书 10 万多册及
必要的设备仪器。至 1962 年该校共培养了 1 572 名专业人才,其中农学 941 人、畜
牧兽医 232 人、植保 107 人、园艺 97 人、农机 195 人。1962 年 7 月,因国民经济困
难,实行调整,学校停办。在校的 15 个班 657 名学生,除 15 人分配到专区园艺场工
作外,其余全部返回原籍,教职工 120 人除 14 人留守外,其余的调离或精简回家。
随后于当年秋,学校改办"玉林专区农业干部学校",只办短训班。1965 年农业干部
学校改名为玉林专区半农半读农业技术学校,招农作、农业师范、水土保持 3 个专业
学生 250 人。1966 年起因"文化大革命"的冲击,学校停办,所有校舍、土地、设备等
被 18 个单位瓜分,教职员到专区"五七"干校劳动。1972 年,地区行署宣布重建地
区农业学校,开设农作、畜牧兽医、林业、园艺、水电、农机 6 个专业的"社来社去"中
专班。1977 年,玉林地委决定玉林地区农业学校由地委农村政治部领导。重建校

---

① 广西壮族自治区地方志编纂委员会.广西通志:农业志[M].南宁:广西人民出版社,1995:
142.

舍,建筑面积 15 800 多平方米。1978 年恢复统一考试招生。1980 年 11 月,学校收归自治区农业局管理,改称"广西玉林农业学校"。1981 年招农学、植保、土肥 3 个专业各 1 班,共 117 人。

1985 年学校设农学、植保、农村能源与农业环境保护、多种经营等专业,在校学生 355 人,教职员工 129 人。自 1956 年建校至 1985 年共培养毕业生 3 627 名。①

4.百色农业学校

百色农业学校于 1956 年 3 月创办,属省农业厅领导。当年招收农学专业 6 个班,畜牧兽医专业 4 个班,学生人数 450 人。建筑面积 7 000 平方米,实习场站有奶牛场、养猪场、养牛场、兽医站等。1957 年增设林业专业,当年在校学生 485 人。1958 年,学校升格为"百色农业专科学校",中专设农学 2 个班、畜牧兽医 1 个班、林学 1 个班,学制 3 年;大专设农学专业两个班,学制 2 年。到 1961 年共招大专班 3 届 5 个班。1962 年,学校因经济困难而停办。

1964 年 8 月,自治区教育厅、自治区人民委员会民族委员会,在原百色农校校址联办百色民族学校,培养边远山区少数民族农业技术人才。当年设农学、林学、畜牧兽医、机电排灌 4 个专业,共收学生 360 人。兴办农、林、牧场各 1 个,面积共 500 多亩。② 1966 年,受"文化大革命"干扰,学校处于混乱状态。1970 年,学校改名为"百色地区农校",由百色地区革命委员会领导。1973 年,学校被迁至六塘坡农村办学,招收"社来社去"班。取消基础理论教学,教学质量下降。

1978 年,学校迁回原址,参加全自治区统一招生。1980 年,学校重新归属自治区农业局管辖,并进行专业调整,设农学、畜牧兽医专业。1981 年,农学、畜牧兽医专业各招新生 1 个班,共 78 人。为培养少数民族农牧业技术人员,该校于 1981 年开办民族预科班,招生 39 人。1982 年,该校派员在隆林开办一个民族中专班,招收初中毕业和高考落选的少数民族学生,学制 3 年。1978 年至 1985 年,共培养中专毕业生 851 人。1985 年有在校生 287 人,教职员工 128 人,其中专任教师 46 人。学校占地面积 450 亩,建筑面积 15 000 平方米,实习农场 100 多亩。③

---

① 广西壮族自治区地方志编纂委员会.广西通志:农业志[M].南宁:广西人民出版社,1995:143.

② 广西壮族自治区地方志编纂委员会.广西通志:农业志[M].南宁:广西人民出版社,1995:143.

③ 广西壮族自治区地方志编纂委员会.广西通志:农业志[M].南宁:广西人民出版社,1995:144.

5.桂林农业学校

桂林农业学校前身是 1956 年 7 月创办的桂林专区农业合作干部学校。1958 年 2 月,广西农学院由桂林雁山迁至南宁后,桂林专区农业合作干部学校迁至桂林雁山,改名为"桂林农业专科学校",设大专部和中专部。当年大专部设农学、林学、畜牧兽医 3 个专业,有学生 100 人,学制 2 年;中专部设农学、畜牧兽医、水利、气象、农机 5 个专业,有学生 400 人,学制 3 年。教职员工共 148 人。校园是风景秀丽的"西林公园",占地面积 470 亩,建筑面积 16 000 平方米,实习农场 170 亩。1962 年停止招生。1964 年改名为桂林农业学校,属桂林地区领导,有学生 300 人。

"文化大革命"期间,学校于 1969 年停办,校舍及价值 100 万元的仪器被外单位占用和瓜分。教职员工部分被调走,部分被遣送到"五七"干校进行劳动改造。1972 年,重新办校,改名为"桂林地区农业学校",由桂林地区行署领导。只收回部分土地、校舍。1973 年起招收"社来社去"学员。到 1977 年,共招 4 届学生,学满 1 年至 2 年后,返回原社队。1978 年,恢复"统招统分"制度,当年招生 243 人。1980 年,学校归自治区农业局领导,专业设置调整为以园艺专业为主,并设农学专业。从 1980 年起,设农学、园艺专业,每届招生 80 人至 120 人。在校生每年保持在 280 人左右。①

6.梧州农业学校

梧州农业学校原是 1956 年创办的平乐专区农业干部学校。1958 年"大跃进"期间,迁至苍梧县,升格为"梧州农学院"。当年招收地区各县保送的农学专业大专班 4 个,学生 200 人。1959 年改为农校,办中专班,并按不同文化程度编班。文化程度较低的,经文化补习后,才能进入中专班。1960 年,学校基本建设逐步完善。当年参加自治区统一招生。设农学、气象、畜牧兽医 3 个专业中专班 6 个,农学专业大专班 1 个。在校学生共 367 人。教职员工 60 多人,其中专任教师 39 人。1961 年停办。1964 年,学校迁至贺县信都公社,重办中专班,招收农学专业 2 个班 98 人,学制 2 年,实行"半农半读",但学生实际劳动多于学习。至 1966 年,在校学生共 204 人,教职工 19 人,有耕地面积 1 000 多亩。"文化大革命"开始后,1967 年 8 月,学校停办,改为专区"五七"干校。1974 年改办干部培训班。1978 年,重办中专班。当年参加自治区统一考试招生,招收农学专业 2 个班,学生 90 人,有教职员工 247 人。1981 年,学校归自治区农业局管辖,因地理条件差,不宜办中专班,只办干部培训班。

---

① 广西壮族自治区地方志编纂委员会.广西通志:农业志[M].南宁:广西人民出版社,1995:144.

1985年,该校迁至贺县八步镇,重办中专班,正式改为"广西梧州农业学校"。新校址占地52亩,教学楼、宿舍建筑面积6 087平方米。教职工58人,其中专任教师20人。当年,招收多种经营专业1个班。①

7.河池民族农校

河池民族农校原为"柳州专区农业学校",1965年在洛东农场创办。当年10月,自治区成立河池专区,即拨归河池专区管辖。1965年至1968年,招收国家不包分配(即毕业非定向,自谋职业)学生372名。1972年8月,学校与自治区原民委管理的广西河池农业技术学校合并,改名"河池专区洛东农业学校"。1975年至1976年招收两届"社来社去"学生316名。

1980年12月,学校归属自治区农业局管辖,改名为"广西河池农业学校"。1981年招收农学专业学生40人,民族预科班学生40人。次年招生120人,其中民族预科班80人。1982年该校派出师资在南丹县开办民族中专班,学制3年,培训以瑶族为主的少数民族学生。1984年9月,为更好地发展少数民族地区中等农业教育,该校被下放给河池地区行署,校名为"广西河池民族农业学校",设农作、园艺、多种经营3个专业。1985年该校迁至宜山县庆远镇。当年,在校学生共277名,有教职工116人,其中专任教师49人,教学建筑面积7 000多平方米。②

8.柳州畜牧兽医学校

广西柳州畜牧兽医学校校址在柳州沙塘。该校办学历史较长,校名几经变更。最初是1940年4月创立的"广西省立柳州高级农业职业学校",当年,设农林、畜牧兽医两个专业各1班,学生70人。至1949年总共培养毕业生284人。

新中国成立后,学校属省人民政府农林厅管辖。1952年恢复招生,改名"广西柳州农业学校",设农学、林学、畜牧兽医专业,招收初农、高农班,学制均为3年。1954年,受农业部委托,培养越南留学生3名。1955年停招初农班。1956年,林学专业分出,成立广西林业学校。当年设农学、动物饲养、兽医3个专业共12个班,在校学生达540人。1958年,学校下放给柳州专区领导。当年升格为"柳州农学院",在办中专的同时,招收农学、畜牧兽医、水电专业大专班各1个,在校学生人数达1 000人。1960年,学校改为"柳州农业专科学校",继续办大专班。1962年,重新归

————————

　① 广西壮族自治区地方志编纂委员会.广西通志:农业志[M].南宁:广西人民出版社,1995:144.

　② 广西壮族自治区地方志编纂委员会.广西通志:农业志[M].南宁:广西人民出版社,1995:145.

属自治区农业厅,停办大专班,保留中专部。中华人民共和国成立后13年,共培养中专毕业生1 312名。

1965年,学校试办"社来社去"班,实行"半农半读"。"文化大革命"时期学校处于瘫痪状态。到1970年,学校又下放给柳州地区革委会领导,与柳州民族农校、柳州卫生学校合并,创办"柳州地区共产主义劳动大学"。校址迁至鹿寨县雒容公社,学制1年半。1972年"共大"停办,迁回沙塘,改名为"柳州地区五七农校",办"社来社去"班,设农学、畜牧兽医、园艺、农机4个专业,学制1年至2年。1975年增设农业经营干部培训班。

1977年春,学校仍然招收"社来社去"6个中专班,其中农学专业4个班,畜牧兽医专业2个班。1977年秋,学校参加自治区"统招统分",从当年高考考生中招收畜牧兽医专业1个班。学校教学秩序逐步恢复。1980年,学校重新归自治区农业局领导,改名为"广西柳州畜牧兽医学校",设畜牧、兽医2个专业,专门培养中等畜牧兽医人才,1981年招收畜牧、兽医专业各1个班共78人。次年受自治区农业局委托办畜牧兽医师进修班151人,学习3个月。

从1979年到1985年,先后招收畜牧、兽医专业学生6届,中专毕业1 429人。1985年在校中专生282人,教职员工178人,其中专任教师58人。学校占地面积287.52亩,建筑面积33 217平方米,实验牧场96.5亩,建有实验大楼、兽医院、种猪舍、养鸡舍、小动物饲养舍、图书馆等,教学条件有所改善。[①]

9.广西农业干部学校

1953年,广西省农林厅在南宁市金牛桥开办干部训练班。1956年该训练班扩建为"广西农业干部学校",由厅长兼校长,并设一专职教务副校长,有固定职工20人,不设专职教师,由培训单位编写教材并派员任教。由于政治运动多。培训工作时断时续,于1960年撤销。

1979年,经自治区革命委员会批准,拨款在南宁市水塘江创办"南宁地区农业学校",划归南宁地区行署领导。1980年9月开办公社级主管农业的领导干部培训班两个班。同年11月自治区人民政府又决定将该校划归自治区农业局领导,改名"南宁农业学校"。1983年8月又改为"广西农业干部学校",负责对在职的各地(市)县农业局、农业技术推广站、乡镇主管农业生产的领导干部和技术干部进行轮训。学校占地面积约200亩;房屋建筑面积4 000平方米,其中教学用房2 900平方

---

① 广西壮族自治区地方志编纂委员会.广西通志:农业志[M].南宁:广西人民出版社,1995:145.

米;有教职工 35 人,其中副教授 1 人,高级农艺师 3 人,农艺师 4 人,畜牧兽医师 1 人。

广西农业干部学校(包括金牛桥办校)创办以来,先后举办过米丘林遗传育种、畜牧兽医、甘蔗栽培、水稻栽培、经济作物、病虫害防治、合作社农业会计、土壤肥料、土地规划、测量、统计会计、老干部文化补习、县(市)农业局局长、农业技术推广站站长、技术干部、公社主管农业领导干部、农业中学师资等专业的短期培训班 41 期 51 个班,学员 2 240 人。学习时间 2 个月至 6 个月不等。1980 年以后广西农业干部学校采用自治区农业局统一组织编写的培训教材。[①]

10.广西农业机械化学校

校址在南宁市安吉路。该校原是"广西农业机械化专科学校",1960 年 4 月在邕宁县蒲庙镇新安村创办,占地 560 余亩,属自治区农业厅管辖,当年招保送生 400 名。1961 年 9 月,由大专改为中专,并参加全自治区统一招生,当年招收农业机械化专业 1 个班,学生 40 名,学制 4 年。1962 年停止招生,1963 年恢复招生。到 1965 年共培养中专毕业生 400 多名。1966 年至 1970 年,因"文化大革命"干扰,停止招生。1971 年开始,招收由各地选送入学的"工农兵学员",先后设农机修理、农机制造、农机管理 3 个专业,学制 2 年。1971 年至 1976 年,共办"社来社去"班 5 届,学员 964 人。为越南培训拖拉机驾驶员 200 人。

1977 年,恢复全自治区统一招生制度,当年招收高中毕业生 382 人,设农机修理专业"社来社去"班 3 个,学生 127 人;农业机械化专业"统招统分"班 6 个,学生 255 人。学制 2 年。1978 年,全部招收"统招统分"班,学制改为 3 年。1980 年至 1984 年仍招高中毕业生,学制 3 年。1985 年,招初中毕业生,增设农机财会、农村电气化专业。到 1985 年止,共培养农机中等专业毕业生 2 428 人。当年在校学生 451 人,教职工 269 人,其中专任教师 61 人。[②]

11.地区级农业机械化学校

为适应农业机械化发展的需要,1972 年,玉林地区首先创办地区级的农业机械化学校。1974 年钦州地区农业机械化学校从钦州农校分出单独建校。1974 年 2 月,桂林地区建立了农业机械化学校。同年,百色、河池、南宁、柳州、梧州 5 地区农

---

① 广西壮族自治区地方志编纂委员会.广西通志:农业志[M].南宁:广西人民出版社,1995:154.

② 广西壮族自治区地方志编纂委员会.广西通志:农业志[M].南宁:广西人民出版社,1995:146.

业机械化学校相继建立。当年,钦州、百色农业机械化学校开始招收中专班,计有农机修理、经营管理两个专业共 168 人,学制 3 年。次年,南宁等 5 个地区农业机械化学校招收农机中专班学生共 590 人。1976 年,全自治区 8 所地区农业机械化学校招收中专班学生 1 098 人。1978 年招收 1 134 人,这些学生毕业后均由国家分配。[①]

1979 年 8 月,地区级农业机械化学校职工总人数达 610 人,当年招生 820 人。1983 年 8 月,农机中等教育实行招生、分配制度的改革,经自治区人民政府批准,部分地区农业机械化学校试办国家不包分配、自谋职业的农机中专班。当年玉林地区农业机械化学校率先招收农业机械化专业不包分配的学生 35 人,学制 2 年。次年,梧州、钦州地区农业机械化学校相继招收同样性质的新生。1985 年,百色、桂林等地区农业机械化学校开设"职工(干部)中专班",钦州地区农业机械化学校增设"乡镇企业管理"专业。到 1985 年底,全区 8 所地区农业机械化学校共招不包分配学生 688 人,职工总人数 466 人,其中专任教师 166 人,房屋建筑面积 49 295 平方米。[②]当年,自治区农业机械化管理局对地区级农业机械化学校实行"五改":改招高中毕业生为招收初中毕业生,改助学金制为奖学金加困难补助,改统一招生统一分配为统一招生择优分配或自谋职业,改单一专业为多种专业,改部门办学为跨部门、跨行业办学。

三、"两种教育制度"方针在广西的实践

广西试行半工(农)半读教育制度是从举办农业中学开始的。当时,农村由公社来举办半农半读的农业中学,城市各部门举办半工半读的中等职业学校。

(一)初探:广西农业中学的兴办与转型

1.发展历程

(1)迅猛崛起

广西农业、职业中学是在 1958 年贯彻"两条腿走路"、公办与民办并举、全日制与半工半读并举的教育方针中举办起来的。随着"大跃进"和"人民公社"运动的深入开展,中央下放了部分教育事业管理权,兴办农业中学的热潮迅速席卷了全国各地,当年全广西就有农业、职业中学 2 105 所,在校生 19.29 万人,相当于普通中学在

---

① 广西壮族自治区地方志编纂委员会.广西通志:农业志[M].南宁:广西人民出版社,1995:146.

② 广西壮族自治区地方志编纂委员会.广西通志:农业志[M].南宁:广西人民出版社,1995:146.

校学生数的 92.9%。[1] 农业中学创办时,教师大都由人民公社就地聘请,从当地农业技术推广站、试验站抽调或聘用技术人员为兼职教师。各地师专、中师为农业中学教师开办函授学习班。许多农业中学分批选送教师到师专、自治区教师进修学院、农校和农学院进修。但起初在"大跃进"思想鼓动下,大部分农业中学没有经过认真试点,盲目性较大,发展过快,办学条件较差。

（2）调整压缩

1959 年上半年,农业中学进行整顿。9 月,自治区党委《关于巩固和发展农业中学的通知》要求:在办好公办中学的同时,注意巩固和发展农业中学。10 月,自治区教育厅在横县召开农业中学现场会议,强调农业中学必须为生产服务,适应农村文化革命和技术革命的需要,农业中学的办学形式应因地制宜,不强求一律,可以公社办、大队办、几个大队联办。但在三年国民经济困难时期,农业、职业中学收缩,在贯彻中共中央提出的"调整、巩固、充实、提高"八字方针对教育进行调整时,农业中学有的停办,有的并入普通中学,能坚持办下来的很少。至 1962 年,全自治区农业、职业中学减为 58 所,在校生 4 833 人。[2]

（3）渐入佳境

经受挫折后,广西总结经验教训。1962 年 3 月,自治区教育厅在柳江县洛满农业中学召开全自治区农业中学现场会议,提出办农业中学必须坚持:为农业服务,耕读结合;自力更生,勤俭办学;民主办校,多种多样;小型分散,因地制宜。提出农业中学必须贯彻教育为无产阶级政治服务,教育与生产劳动相结合的方针,使学生成为有社会主义觉悟的、有文化的农业劳动者。1963 年 11 月,自治区教育厅为了规范农业中学的办学行为,制定了《广西壮族自治区农业中学暂行工作条例》和《广西壮族自治区农业中学教学计划（草案）》,教育厅还根据半农（工）半读教育发展的实践,提出了有关落实经费、培养师资和加强领导等措施。

1963 年后,随着国民经济的好转,农业、职业中学逐渐恢复。1964 年后,半工半读的中等技术学校分专业学习。如南宁"五四"工读学校,开设农业排灌、农机修理、内燃机 3 个专业;自治区建筑工读学校,1964 年创办时为半工半读中等技术学校,设工业民用建筑专业。1964 年 8 月,国家主席刘少奇视察南宁市"五四"工读学校,22 日做"关于两种劳动制度与两种教育制度问题"的报告,进一步促进了广西半工

① 蒙荫昭,梁全进.广西教育史[M].南宁:广西人民出版社,1999:651.

② 《中国教育年鉴》编辑部.中国教育年鉴 1949—1984 地方教育[M].长沙:湖南教育出版社,1986:977

（农）半读教育的发展。1965 年,广西的农业、职业中学发展至 1 659 所,在校生 12.19 万人,与当时普通中学在校生 21.28 万人之比为 1∶1.7,相当于普通中学在校学生数的 57.3%。①

（4）消亡转型

"文化大革命"期间,两种教育制度遭到批判,农业中学作为"修正主义路线的产物"而被停办或解散。除了钦州地区的农业中学改为"五七中学",能够坚持下来外,其他地级市的农业中学绝大部分改为普通中学,片面强调劳动实践,忽视基础知识基本理论的教学。因此造成农业中学与普通中学的比例严重失调,形成中等教育结构单一化。

1978 年 9 月,自治区普通教育工作会议提出,要办好农业中学,调整中学结构。1979 年 10 月,在岑溪县召开全自治区农村普通教育调整工作座谈会,提出"压缩高中,调整初中,发展农中,加强小学"。此后,农业中学由 1979 年的 180 所增加到 1980 年 227 所。②

2.广西农业中学的实践典范

（1）巴马瑶族自治县的农业中学

1958 年,巴马瑶族自治县全面贯彻百色地区的文教工作会议"普及与提高相结合、公办民办并举"的指示精神,全县各地纷纷开办了多所农业中学和民办初中,其中农业中学一共有 19 所,学生有 960 人。③

1962 年,根据上级指示,民办初中一律改为农业中学或其他职业学校,教学方式实行半工半读和贯彻学习、生产、科研三结合的方针,当时公社可以把农林、园艺和畜牧等相关试验交给农业中学或者与农业中学共同经营管理,农业中学的毕业生由公社分配和安排工作,其他的单位不可随便动用这些毕业生。第二年,全县有民办初中 1 所,1 个班 30 人和教师 1 人;同年,那桃六芳民办初中开始创办,已经是县内最后的两所民办初中之一了。1962—1963 年,两所民办初中有学生共 64 人,教职工 6 人。至 1965 年 8 月,全县有六芳农中（原六芳民办初中）、甲篆农中、廷岁农中、西山农中、罗皮农中、立德农中等,共 8 个班 211 人,专任教师 3 人,兼职教师 4 人,该

①　蒙荫昭,梁全进.广西教育史[M].南宁:广西人民出版社,1999:651.

②　《中国教育年鉴》编辑部.中国教育年鉴 1949—1984 地方教育[M].长沙:湖南教育出版社,1986:977.

③　巴马瑶族自治县志编纂委员会.巴马瑶族自治县志[M].南宁:广西人民出版社,2003:640.

年毕业 1 个班 18 人。① 1966 年又增办了 5 所农业中学,即古龙农中、羌圩农中、所略农中、燕洞农中和盘中。

（2）巴马瑶族自治县的林业学校

1958 年,在国营红都林场创办了一所林业技术学校,一共招收了 3 个班,共有学生 150 人,1959 年学校搬迁至定马林场,1960 年学校停办,1965 年恢复开办,学校的校址迁到定马林场炼乡分场,被称为"炼乡林中",1969 年学校停办。② 学校的经营方式实行场校合一和半工半读的教学模式,主要是为国营林场培养一些适应社会发展的初等专业技术人才。学校开设的科目有政治、语文、代数、几何、物理、化学、造林和森林保护知识等,文化课的教材主要是采用普通中学的课本,专业技术类的课程由教师自主自编教材,对学生进行教授。学校上课的学制是 2 年,学生修完课程年限毕业后,由当地林业部门统一分配,从毕业生中择优录用为当地的林业技术工人。

（3）上思县"思阳农中"的成功试点

早在 1958 年,根据中共中央、国务院关于办学形式应该多样的指示精神,当年上思县就创办了思阳公社农业中学,开始招收 1 班 40 人,配教师 2 名,校长由思阳公社书记兼任。1959 年,全县农业中学发展到 12 所（公正、龙楼、百包、那荡、板细、华兰、平福、公安、南屏、在妙、佛子、思阳）,学生共 790 人。③ 当时开设有语文、数学、农业常识、政治、物理、化学等课程。各公社划给一定数量的田地,实行半耕半读,自力更生解决办学经费。办农中的目的是为社、队培养农业技术人才,学生毕业后也可参加各类学校的升学考试。1960 年,因国民经济困难,下半年部分农中停办,至 1962 年,部分农中改为民办初中。

1964 年,刘少奇提出"实行两种教育制度（全日制学校和半工半读学校）和两种劳动制度"的主张,1965 年,县内复办农中 6 所,14 个班,学生 724 人,由县文教局拨专款资助建校,1966 年发展至 11 所,④开设的课程与 1959 年相同。教学业务受县教育局领导,具体事务由公社党委管理,经费主要靠自力更生解决,属民办公助性质。学校办得较出色的有思阳农中、平福农中、板细农中、在妙农中、七门农中、龙楼农中等。思阳农中是当时县试点校,共有 5 个班 265 名学生,教职工 11 人。1966 年

①　巴马瑶族自治县志编纂委员会.巴马瑶族自治县志[M].南宁:广西人民出版社,2003:640.
②　巴马瑶族自治县志编纂委员会.巴马瑶族自治县志[M].南宁:广西人民出版社,2003:640.
③　上思县地方志编纂委员会.上思县志[M].南宁:广西人民出版社,2000:553.
④　上思县地方志编纂委员会.上思县志[M].南宁:广西人民出版社,2000:553.

春,该校借柳桥生产队 21 亩稻田搞高产试验,获单造亩产 360 多公斤的成绩。是年 8 月起,每月每生补助大米 5 公斤。[①] 学校无炊事员,由学生轮流给养,伙食自行管理,柴火自力更生解决,并养有猪、鸡、鸭等,学校办得颇有生气,学生思想、劳动技能比较好。1966 年,"文化大革命"开始,半工半读的教育方针受到批判,翌年全县农中停止招生。1969 年,各农中全部改为社办初中。

1980 年秋,上思县在念伦水库附近开办上思县农业中学,学制 2 年,同普通中学一样统一考试招生,根据考生志愿,择优录取。是年招收 2 个班,学生 96 名,以后每年招生 1—2 班不等。县农业中学是普通中学与专业教育相结合的中等学校,开设的课程有:政治、语文、数学、物理、化学、生物、植物生理、农业气象、土壤肥料、田间试验、作物保护、饲料营养、畜牧兽医、劳动实习、史地讲座等。每周总课时为 36 节,其中政治 2 节,语文、数学各 5 节,物理、化学各 4 节,劳动实习 6 节,其余 1—3 节不等,专业课占 22%,劳动课占 16%,文化课占 62%。自 1984 年秋季学期开始,新入学学生的政治、语文、数学、物理、化学课本使用全国统编高中乙种本教材,按教育部颁发的教学纲要的基本要求组织教学,专业课使用教育部和农牧渔业部编写的课本,文化课教学时数占全部教学时数的 65%—70%。[②] 1985 年,为方便附近村屯的子女入学,该校增设初中部,按普通中学规定授课。

(4)乐业县:甘田农中带动当地职教发展

早在清宣统年间,在广西凌云县高等小学堂就另外附设了短期艺徒学堂,并且开设了织染课程,修业时间为 1 年,培训了 2 个毕业班共 47 人。[③] 另外还开办了蚕业学校和泗城公立法政学校速成班等,主要目的是进行一些短期的职业技术教育培训,充分提高在职人员的业务水平。1951 年,凌云、乐业两县合署行政。1959 年 10 月,在"教育大跃进"期间,该地区开办了甘田农业中学,校址在甘田公社四合大队,凡是属于甘田公社的具有高、初小学文化程度的青少年自愿就读的,即可安排入学,当时招生 1 个班,学生有 44 人,教师 2 人,学校实行半农半读的教学模式,由甘田公社进行管理。[④]

1965 年秋,县教育局与县农业局在同乐大利农场创办了农业耕读中学,主要是招收初中毕业生和具有相同文化程度的青少年。由学生本人提出申请,上级主管部

①　上思县地方志编纂委员会.上思县志[M].南宁:广西人民出版社,2000:554.
②　上思县地方志编纂委员会.上思县志[M].南宁:广西人民出版社,2000:553.
③　乐业县志编纂委员会.乐业县志[M].南宁:广西人民出版社,2002:490.
④　乐业县志编纂委员会.乐业县志[M].南宁:广西人民出版社,2002:490.

门批准,学校决定是否录取,当时招收了1个班共50人。学校设置了文化课并有专业课教师授课,文化课教师由县教育局派遣相关人员担任,专业课的授课教师由县农业局技术员担任,学校的学制是3年,教学实行半农半读。课程设有政治、语文、数学和农业技术等,政治、语文、数学采用的是普通中学(初中)的课本教材。相关的农业技术课程采用的是由专业教师自编的乡土教材,学习的主要是水稻栽培技术、水稻病虫害防治以及一些农业气象方面的知识。学校有50多亩水田和6头大水牛供学生用于水稻栽培、制种、水稻病虫害防治及蔬菜种植等学习内容的实习之用。①学校一般安排在上午给学员上文化课,下午上专业课和劳动实习课,学生毕业后可以按照自己所学的技术和兴趣自谋职业,学校是不作分配的。毕业后,学生有的回家务农,有的到县中学读高中。该校于1968年7月停办。

1966年9月,县教育局与林业局在同乐林场创办林业中学,在雅长区公所所在地创办紫胶中学,在雅长区烟棚大队创办茶叶中学,在同乐区六维大队创办蚕业中学。各学校均设有校长或负责人,他们的主要任务是负责学校日常的行政、教学、后勤等工作,学校文化课的任课教师由县教育局派调,专业课教师由县林业局派技术员来担任。学生学习的学制是2年,实行半农半读的模式,同年,各学校各招了一个班,学生人数是40至75人不等。②文化课设有政治、语文和数学,专业课设置根据学校类型各有不同,林业中学设有林木(果树)栽培技术和果树病虫害防治等,蚕业中学设有种桑及养蚕技术课程,紫胶中学设有紫胶生产技术课程,茶叶中学设有茶叶栽培、制茶课程等。文化课采用的是普通中学(初中)教材,专业课的教材由专业教师自行编撰。茶叶中学因为学生较多,并且学生的文化程度不一,有大部分的学生是初小或高小生,有相当部分学生是文盲,学校把学生分成了两级复式班,文盲和初小文化的学生上小学的课程,高小学生上初中课程。

林业中学的实验场在林场,主要用于学生进行杉木种植、育苗和管理技术及一些果树蔬菜的育种、栽培和管理技术的实习。茶叶中学的实验场地是50多亩茶地,这片场地由学生开荒建成。第一年主要种植的是茶树和玉米,后来整理成了阶梯式的茶山,学生主要进行茶叶的栽培和管理技术、制茶知识、果树栽培及管理技术的学习和实习等。蚕业中学具有养蚕工场和桑树种植场,学生主要实习种桑养蚕和管理等技术。这些学校的学生毕业后自己找工作,有一部分学生后来被保送到各大中学校进行深造学习。受"文化大革命"的冲击和影响,这些学校于1968年7月至12月

① 乐业县志编纂委员会.乐业县志[M].南宁:广西人民出版社,2002:490.
② 乐业县志编纂委员会.乐业县志[M].南宁:广西人民出版社,2002:490.

先后停办。

1970年10月,乐业县革委会在雅长公社百康大队开办了"五七"劳动大学,1971年秋开办了1个生产队的财会人员培训班,学员有40人,一共培训了4个月,学校配有2名教师及1名行政领导。①

(二)创新:耕读小学的试点

广西试行"两条腿走路"和"两种教育制度"方针,②另一个具有创新性质的实践典范,就是创办简易小学(后改称"耕读小学")。广西根据区情特点,特别是大石山区自然环境恶劣、交通不便、群众居住分散、生产发展水平低,这些地方如果只办全日制小学,群众子女将很难上学。因此在总结多种形式办学的基础上,根据两种教育制度的指导思想,广西积极创办耕读小学。

1964年6月,自治区教育厅派出工作组到博白、都安县进行试点,摸索丘陵地区和山区发展和办好简易小学的经验。1965年3月,工作组又到东兰县进行创办耕读小学的试点,强调要依据山区的地形特点、农业生产和生活习惯等具体情况,提出办学形式要灵活多样,规模可大可小,以解决和适应儿童参加劳动、牧牛放羊、看弟妹、帮搞家务等造成的入学困难。后来,广西在各地开办的耕读小学种类繁多,形式多样,有半日制、隔日制、三三制(即三天上学,三天劳动),还有复式教学班、定点巡回教学班、早班、午班、晚班等。

耕读小学的创办,促进了广西乡村小学教育的发展,1962年,全区小学在校生258.2万人,到1965年增至400.7万人,在增长的140多万小学生中,有一部分是耕读小学的学生。③ 耕读小学的教学质量虽然不高,但它对提高群众识字率发挥了很大作用。

(三)效仿:广西劳动大学的创办

试办半工半读高等教育。根据刘少奇关于发展半工(农)半读教育的思想,自治区于1965年上半年,在南宁市郊金鸡村筹办广西工读大学。同年10月,参照江西共产主义劳动大学的办学模式,学校改名为"广西劳动大学",校址改在邕宁县明阳农场,学校开设农学系、园艺系、畜牧兽医系和政治教育进修班以及两个中专部。这是广西高等职业教育的雏形。至此,以半农(工)半读中学为主体的半工(农)半读教育体系的框架初步形成。

---

① 乐业县志编纂委员会.乐业县志[M].南宁:广西人民出版社,2002:490.
② 乐业县志编纂委员会.乐业县志[M].南宁:广西人民出版社,2002:490.
③ 蒙荫昭,梁全进.广西教育史[M].南宁:广西人民出版社,1999.09:622.

第二节　关怀备至：少数民族教育的蓬勃发展

广西是多民族聚居的地方，境内居住着壮、汉、瑶、苗、侗、仫佬、毛南、回、京、彝、水、仡佬等 12 个民族，少数民族人口占全自治区总人口三分之一以上。因此，作为广西的乡村教育在很大程度上也包含着民族教育。但是，解放前的广西少数民族聚居地区的教育事业十分落后。少数民族子女入学率低，文盲半文盲占比 90% 以上。1949 年，金秀仅有国民基础学校 19 所，南丹县白裤瑶 1 万多人口中只有小学生 40 多人。解放前，有些县没有 1 所中学，有些居住在边远山区的少数民族没有 1 个中学生，更没有 1 个大学生，受过小学教育的学生数量也不多。[①]

新中国成立后，党和人民政府坚持民族平等和民族区域自治政策，十分关心少数民族教育事业的发展。为了提高民族素质，帮助各少数民族发展经济和文化教育事业，培养少数民族干部和各种专门人才，广西先后采取了一系列的重要决策和措施。1951 年 11 月召开的全省地市文教科、局长会议，对发展少数民族教育作了部署；1953 年 4 月，省教育厅成立民族教育科，加强了对民族教育工作的领导；1954 年 5 月，发出《关于选择重点县校加强民族教育领导的通知》，根据当时民族教育中存在的问题，采取恰当措施，反对"一刀切"，有计划有步骤地发展民族地区教育，重点发展山区壮族以及苗、瑶、侗等少数民族教育。至 1956 年底，随着生产资料私有制的社会主义改造基本完成，广大农民和山区少数民族在经济政治上翻了身，广西的民族教育事业也随之开启了教育历史上崭新的一页。1957 年 4 月省教育厅发出通知，对以苗、瑶、侗等少数民族为主的地区及杂居区，拟订《少数民族初中预备班设置办法》《关于山区少数民族小学教师编制问题的意见》，并贯彻执行。1963 年 1 月，区党委批转宣传部、统战部《对民族教育卫生文化工作的意见》，要求各级教育部门对少数民族教育要从各方面加以照顾。[②] 由于自治区党委的重视和关怀，广西民族教育得到进一步发展。

从 20 世纪 50 年代开始，广西各级人民政府除积极恢复和改造旧有学校外，还在少数民族聚居的地方有计划有步骤地新办中、小学，使少数民族适龄儿童 80% 以

---

① 广西壮族自治区地方志编纂委员会.广西通志：教育志[M].南宁：广西人民出版社，1995：611.

② 《中国教育年鉴》编辑部.中国教育年鉴 1949—1984 地方教育[M].长沙：湖南教育出版社，1986：950.

上进入小学,30%以上高小毕业学生进入初中;先后派遣大批干部和师范院校毕业生到民族地区担任各级学校的领导和教师;创办广西民族学院、南宁师范专科学校、河池师范专科学校、右江民族师范专科学校、柳州师范专科学校,以及桂林、南宁、百色、巴马 4 所民族师范学校,专门为少数民族地区培养民族干部和中小学师资,其他高等学校和中等专业学校均实行定向招生、定向分配的办法,为少数民族地区培养中小学师资和各类建设人才;少数民族地区的教育经费,除按人口和学生数的比例高于其他地区外,中央和自治区人民政府每年还另拨给民族教育补助费和边境建设费;各高等学校和中等专业学校招生时,对少数民族学生实行同等成绩优先录取和降分录取的办法,使少数民族学生能进入中、高等学校深造;等等。上列有效措施极大地促进了少数民族地区经济建设和教育事业的繁荣发展。据统计,1965 年,少数民族地区(含南宁、柳州、百色、河池 4 个专区)有小学 22 011 所,在校小学生 1 708 739 人;中学 193 所,在校中学生 68 248 人;中等师范学校 4 所,在校学生 2 263 人;高等学校 1 所(百色医专),在校学生 46 人。①

一、少数民族初等教育

(一)民族小学

新中国成立后,民族地区设置各种形式的小学。起初,这些小学的校名虽然不冠以"民族"二字,但入学的多是少数民族子女,在民族地区这类小学占绝大多数。当时,广西只在特贫的乡村才另设有专门的民族小学。

1952 年春,环江县在苗族聚居乡创办 1 所民族小学,1954 年经省人民政府批准改为山岗民族小学。第一届学生 97 人,全是苗族。1957 年发展为完全小学,学生增至 160 多人。除招苗族学生外,还招部分壮族学生。1963 年,来宾县办有民族小学 12 所,学生 413 人。此后有些县也办有民族小学,但时办时停。1985 年,全自治区独立设置的民族小学有 50 所,同时其他小学也招收少数民族学生。当年,在校小学生 2 122 710 人,比 1950 年的 115 880 人增长 17.3 倍;占小学生总人数的比例由 1950 年的 23.6%上升到 39.9%。②

---

①　广西壮族自治区地方志编纂委员会.广西通志:教育志[M].南宁:广西人民出版社,1995:612.

②　广西壮族自治区地方志编纂委员会.广西通志:民族志(下)[M].南宁:广西人民出版社,2009:1043.

(二)全寄宿制高小民族班

新中国成立后,因山区少数民族居住分散,在村小学下面设有若干个教学点。但多数教学点只有一、二、三年级,学生读四、五、六年级须到距家一二十里的完(高)小住读,因距离长、难度大等原因,许多学生读完三年即停学。为使民族地区有更多的小学毕业生,1978年冬,自治区人民政府确定在特别贫困落后的瑶、苗、侗等少数民族地区举办寄宿制高小民族班,附设在办学条件较好的乡镇小学内。1980年,都安瑶族自治县办有高小民族班13个,学生551人。1981年,南丹县办有4个班,有学生167人。1982年,融水、隆林、龙胜三个民族自治县各办有2个班,有学生272人。①

1985年3月,自治区教育厅、财政厅和民族事务委员会联合通知,在金秀、融水、三江、龙胜、巴马、罗城、都安、防城、富川、隆林、东兰、凤山、那坡、西林、田林、凌云、上思、龙州、宁明、贵县等县(自治县)举办高小民族班。每县招生2个班(都安招4个班),每班50人。学制2年(后改为3年)。是年全自治区有20所小学举办高小民族班,共举办民族班42个,招生2 100人。②

高小民族班学生享受生活补贴,学习安心,同时食宿集中,教学与辅导加强,教育质量较高。1982年秋融水苗族自治县在杆洞乡中心校试办高小民族班,招生50人,1984年毕业,49人升入初中。1982年秋,龙胜各族自治县在泗水、马堤举办高小民族班,招生106人,学制2年。泗水高小民族班第一届51人毕业,49人升初中。第二届52人参加升学考试,51人升入初中。马堤高小民族班,已毕业两届共79人,升初中76人。③

1986年,全区有寄宿制高小民族班149个,在校生7 749人。其中自治区办的72班,学生3 627人;县办的77班,学生4 122人。1987年,全区有寄宿制高小民族班178个,学生9 276人。其中乡镇和其他社会团体集资办的高小民族班28个,有学生789人。④

---

① 广西壮族自治区地方志编纂委员会.广西通志:民族志(下)[M].南宁:广西人民出版社,2009:1043.

② 广西壮族自治区地方志编纂委员会.广西通志:民族志(下)[M].南宁:广西人民出版社,2009:1043.

③ 广西壮族自治区地方志编纂委员会.广西通志:民族志(下)[M].南宁:广西人民出版社,2009:1043.

④ 广西壮族自治区地方志编纂委员会.广西通志:民族志(下)[M].南宁:广西人民出版社,2009:1044.

二、少数民族中等教育

新中国成立后,少数民族聚居的百色、河池、柳州、南宁及其他地区的少数民族自治县,普通中学的发展较快。这些中学的校名虽然没有冠上"民族"两字,但大多数学生是少数民族。1950年,民族地区有普通中学64所,407个班,学生14 668人。1956年,有普通中学179所,1 109个班,学生60 062人。其中:都安、罗城、龙胜、富川、大苗山、三江、大瑶山、巴马、隆林9个民族自治县有普通中学23所,106班,学生5 473人。①

在大力发展普通中学的同时,为使特别贫困地区少数民族子女能上中学,广西举办民族中学和初、高中民族班,实行定向招生,补贴学生生活费,对办学经费给予照顾。

(一)民族中学

1957年,都安瑶族自治县创办瑶族初级中学,有7个班,学生368人,其中瑶族学生244人。1982年改为都安民族中学,同年有18个高、初中班,在校生888人,其中少数民族学生824人,占全校学生总数的92.8%;其中瑶族学生415人,占全校学生总数的46.7%。1985年有20个班,在校生1 013人,少数民族1 002人,占全校学生总数的98.9%。其中瑶族学生443人,占全校学生总数的43.7%。②

1985年3月,贵县将附城高中改办民族中学,招壮族学生1个班。1986年后,先后开办武鸣民族中学、融水民族中学、富川民族中学、来宾民族中学、宁明民族中学等。1990年,全自治区有民族中学33所,1992年有56所。少数民族聚居的县、乡,所办中学都招收少数民族子女,但其校名不冠上"民族"两字,其学生不能享受政府发给的生活补助费。③

(二)初中民族班

1963年,龙胜各族自治县在龙胜中学开办初中民族班,招生49人。1964年招一个班,学生50人。"文化大革命"期间停办。1982年9月初中民族班恢复,每年招生一个班,学生50人。1985年,改由自治区拨款,学制3年,招生50人,其中苗族

① 广西壮族自治区地方志编纂委员会.广西通志:民族志(下)[M].南宁:广西人民出版社,2009:1045.
② 广西壮族自治区地方志编纂委员会.广西通志:民族志(下)[M].南宁:广西人民出版社,2009:1045.
③ 广西壮族自治区地方志编纂委员会.广西通志:民族志(下)[M].南宁:广西人民出版社,2009:1045.

16人,瑶族16人,侗族7人,壮族7人,汉族4人。①

1979年秋,融水苗族自治县在融水中学办初中民族班,招生一个班,46人,主要招收山区少数民族子女,规定民族女生不少于20%。1980年又招一个班。1981—1985年,每年招生2个班。1982—1985年已毕业6个班,学生251人,其中212人升入高一级学校。

1981年起,南丹县在白裤瑶族聚居乡举办初中民族班2个,招生73人,毕业后继续招生。

1985年3月,自治区教育厅、财政厅和民族事务委员会联合通知,在13个县办初中民族班,附设在县城中学内,每班招生50人,学制3年,学生全部来自农村。对个别少数民族,给予适当照顾。是年全区有金秀、融水、三江、龙胜、隆林、巴马、罗城、都安、防城、富川、东兰、凤山、那坡13个县(自治县)举办初中民族班,除都安县招生100人外,其余各县招生50人,共700人。②

1986年,全区办有初中民族班79个,学生3 451人。1987年,办有初中民族班105个,学生5 450人。其中乡镇集资办的初中民族班共44个,学生1 870人。1991年,初中民族班有50个,在校生2 473人。③

(三)高中民族班

党的十一届三中全会后,广西乡村地区的高中民族班陆续开设并发展,初期是在民族聚居区的高中采取单独编班的形式办学。1980年秋,自治区党委决定每年拨款50万元,在百色地区高中、河池地区高中、柳州地区高中各办高中民族班2个,龙胜中学、武鸣高中各办高中民族班1个,共8个班,每班每年招生50人,学制4年(龙胜中学高中民族班1981年拨归桂林地区高中办)。④招生对象主要是文化教育比较落后、建设人才奇缺的民族自治县和生源地为农村的少数民族应届初中毕业生,择优录取,单独编班,因材施教。当年实际招生398人,其中壮族230人,苗族43人,瑶族69人,侗族33人,仡佬族7人,仫佬族2人,毛南族4人,彝族2人,水族1

①　广西壮族自治区地方志编纂委员会.广西通志:民族志(下)[M].南宁:广西人民出版社,2009:1047.

②　广西壮族自治区地方志编纂委员会.广西通志:民族志(下)[M].南宁:广西人民出版社,2009:1047.

③　广西壮族自治区地方志编纂委员会.广西通志:民族志(下)[M].南宁:广西人民出版社,2009:1047.

④　广西壮族自治区地方志编纂委员会.广西通志:民族志(下)[M].南宁:广西人民出版社,2009:1047.

人,汉族7人。1984年秋季起,自治区在广西民族学院预科部、广西师范大学附中各办高中民族班2个,面向48个边远山区县(市)招生,学制4年。每年拨款40万元。学生在校享受助学金和生活补贴。是年各校各招生80人。①

1985年7月,自治区人民政府决定在金秀、融水、三江、龙胜、巴马、隆林、罗城、都安、防城、富川、东兰、凤山、那坡13个县(自治县)开办高中民族班,学制4年。除都安瑶族自治县招生100人外,其余县(自治县)招生50人,共700人。招生对象主要是壮、瑶、苗、侗族学生。是年全自治区有20所中学办有高中民族班54个,在校生2 618人。②

1980年至1985年,各地高中民族班共招收壮、瑶、苗、侗、仫佬、毛南、京、彝、水、仡佬等少数民族学生70个班,3 428人。1984年毕业8个班,382人,被大专院校招生录取216人,中专录取79人。1985年毕业8个班,392人,被大专院校录取317人,中专录取42人。③

1989年,自治区教委对民族高中班的布局进行调整,原广西民族学院办的高中民族班转由宾阳中学和钦州市二中承担;桂林地区高中民族班转由贵港市高中和贺县临江中学承担。全自治区8个地区均设有高中民族班。1991年,全自治区高中民族班增至111个,在校生5 460人。④

此外,各地普通中学均重视招收少数民族学生。1985年,全自治区普通中学在校学生中,少数民族学生达374 294人,占中学生总人数的比例,从1950年的21.7%上升到32.1%。⑤

(四)民族中等专业学校

为了加快广西民族地区中等专业技术人才的培养,自20世纪60年代开始,自治区采取了一系列措施,在部分民族聚居区试点创建了民族中等专业技术学校。1964年,自治区设立百色(在百色县)、柳州(在柳州沙塘)2所民族农业技术学校,

---

① 广西壮族自治区地方志编纂委员会.广西通志:民族志(下)[M].南宁:广西人民出版社,2009:1048.

② 广西壮族自治区地方志编纂委员会.广西通志:民族志(下)[M].南宁:广西人民出版社,2009:1048.

③ 广西壮族自治区地方志编纂委员会.广西通志:民族志(下)[M].南宁:广西人民出版社,2009:1048.

④ 广西壮族自治区地方志编纂委员会.广西通志:民族志(下)[M].南宁:广西人民出版社,2009:1048.

⑤ 广西壮族自治区地方志编纂委员会.广西通志:民族志(下)[M].南宁:广西人民出版社,2009:1048.

均设农作物、林业、畜牧兽医、农业机械(主要是机电排灌)4 个专业。学制 2 年,每校每年招生 400 人。招生对象主要是边远山区的壮、苗、瑶、侗等具有初中毕业程度的学生,年龄 15—25 岁。学生待遇与民族师范学校相同,毕业后回原选送县工作。办学经费由自治区财政厅拨给,当年经费为 88 万元。百色民族农业技术学校秋季招生 371 人,包括壮、汉、苗、彝、布依等 7 个民族。① 1972 年,学校迁至百色县六塘,改名百色地区农业学校。"文化大革命"期间柳州民族农业技术学校改为"五七"学校。

1965 年秋,开办广西河池民族农业学校,校址在宜山县。1980 年,河池民族农业学校在白裤瑶聚居的南丹县开办民族中专班,招生 40 人,计有白裤瑶族 27 人、苗族 7 人、壮族 4 人、水家族 1 人、毛南族 1 人。1985 年招生 120 人,毕业 117 人,在校生 277 人;教职工 116 人。其中专职教师 49 人。②

1979 年,在百色县开办百色地区民族卫生学校,当年招生 99 人。次年招生 102人。设医士、妇幼医士、公共卫生、护士 4 个专业。1983 年招生 202 人,在校生 655人。1984 年招生 252 人,毕业 201 人,在校生 704 人。1985 年招生 200 人,毕业 150人,在校生 746 人;教职工 161 人,其中专任教师 81 人。1981 年 4 月,在百色县开办广西右江民族商业学校,设财会、物价、统计专业,学制 2 年。1984 年招生 154 人,毕业 100 人,在校生 308 人。1985 年招生 150 人,毕业 155 人,在校生 304 人;教职工62 人,其中专任教师 22 人。③

1985 年秋,自治区人民政府批准,在融水县卫生学校的基础上,由融水、三江、金秀、罗城、融安等县(自治县)联办广西融水民族卫生学校,设护士、助产两个专业,实行定向招生,定向分配。当年招生 50 人,在校生 100 人;有教职工 29 人,其中专任教师 22 人。1987 年,有 6 个班,学生 310 人,教职工 53 人。1985 年,右江民族医学院开办护士班,招生 50 人。④

除以上 6 所民族中等专业技术学校外,全自治区各类中等专业技术学校都招收

① 广西壮族自治区地方志编纂委员会.广西通志:民族志(下)[M].南宁:广西人民出版社,2009:1049.

② 广西壮族自治区地方志编纂委员会.广西通志:民族志(下)[M].南宁:广西人民出版社,2009:1049.

③ 广西壮族自治区地方志编纂委员会.广西通志:民族志(下)[M].南宁:广西人民出版社,2009:1049.

④ 广西壮族自治区地方志编纂委员会.广西通志:民族志(下)[M].南宁:广西人民出版社,2009:1050.

少数民族学生。据 1985 年统计,全自治区中等专业学校少数民族在校生 20 494 人,占全自治区中专学生总人数的比例,由 1950 年的 4.1% 上升到 1985 年的 40.2%。[①]

三、少数民族中等师范教育

(一)桂林民族师范学校

1950 年 8 月,根据广西省人民政府指令,解放前夕迁南宁的桂岭师范学校迁回桂林原址。1951 年 8 月改名广西民族师范学校。1953 年 11 月,又改名为广西省桂林民族师范学校,1958 年再改为桂林民族师范学校。中师班学制,始为 2 年或 3 年,后改为 4 年。面向全省招收少数民族学生。随着其他民族师范的创办,该校招生面向桂林、柳州、梧州 3 个地区。1951 年招初师 1 个班,47 人,在校生 77 人。1953 年招中师 2 个班 62 人,初师 4 个班 115 人,在校生 498 人,其中初师生 436 人。此后,逐步向招中师班发展。1985 年毕业 291 人,招中师 6 个班 301 人,在校中师共 4 个年级 28 班,学生 1 203 人;教职工 175 人,其中专任教师 97 人(讲师 13 人,教员 75 人,实习教师 9 人)。校占地面积 7.73 万平方米,建筑面积 16 828 平方米(为解放前建筑面积 1 596 平方米的 10.5 倍)。其中教室 0.53 万平方米,实验室 0.17 万平方米,教学仪器设备价值约 18.6 万元,图书 8 万多册,为解放前图书 6 335 册的 13 倍。

学校从 1951 年到 1985 年培养初师毕业生 936 人,中师毕业生 3 286 人,合计 4 222 人,为解放前学校毕业生总数 505 人的 8.36 倍。[②]

(二)南宁民族师范学校

该校是一所培养少数民族小学师资的中等专业学校,前身是清道光三十一年(1905)创办的南宁道师范学堂,1914 年改名为广西省立第三师范学校,面向桂西各县招生。1929 年至 1939 年停办,复办时更名为南武师范。

1950 年,广西省人民政府将撤销的南宁女子师范学校和柳州幼儿师范并入该校,改名为广西省立南宁师范学校。校址在南宁市华强街。招生对象以南宁、武鸣两个专区为主。1953 年迁到南宁市东郊长岗岭。

1952 年 2 月,百色专区把东兰县第二初级中学改为东兰县初级师范学校,1953 年改为省立东兰民族师范学校,面向百色、南宁、柳州 3 个专区招生。1954 年 8 月,

①　广西壮族自治区地方志编纂委员会.广西通志:民族志(下)[M].南宁:广西人民出版社,2009:1050.

②　广西壮族自治区地方志编纂委员会.广西通志:民族志(下)[M].南宁:广西人民出版社,2009:1067.

该校迁到南宁市友爱路,改名为桂西民族师范学校,面向桂西自治州所属 51 个县招生。1958 年,自治区成立后,将桂西民族师范学校并入广西省立南宁师范学校,改名南宁民族师范学校,面向南宁、钦州、玉林 3 专区招生。

1958 年 8 月至 1966 年,有三年制中师 36 个班 1 595 人,三年制初师 4 个班 200 人,一年制师范班(招高中毕业生)5 个班 200 人,一年制简师(招初中毕业生)2 个班 100 人,体育训练 2 个班 120 人。1969 年改为南宁第十八中学。1973 年恢复为南宁民族师范学校。至 1976 年,招收三年制中师 28 个班 1 150 人。1976 年粉碎"四人帮"后至 1985 年,开办专业班 8 个 360 人,中师班 18 个 767 人,小学行政干部培训班 3 期 140 人。[①]

(三)河池地区巴马民族师范学校

1957 年秋创建,校址在巴马瑶族自治县县城。1957—1965 年由百色专区主管,面向百色地区招生。1965 年,改归河池专区主管,招生转向河池专区。学校成立时招初师 2 班,学生 96 人,教职工 9 人。1958 年增招中师班。此后招收简师班、速师班、幼师班、轮训班、函授班等,实行多层次办学。"文化大革命"开始后,停止招生。1971 年恢复招生,曾在南丹县瑶寨公社办分校,先后招收白裤瑶学员 2 个班,学生 60 人。1977 年后,按国家计划为民族地区培养师资。1957—1985 年,共招收学生(员)6 025 人,先后为百色、河池两地区输送少数民族师资 5 011 名。1985 年,毕业 189 人,又招生 313 人(其中高中毕业生 56 人,初中毕业生 257 人)。在校生 1 018 人,分 24 个教学班,其中四年制中师 21 个班,二年制中师 1 个班,二年制小学在职公办教师 2 个班;有教职工 114 人,其中专任教师 57 人(讲师 1 人,教员 56 人)。学校面积 5.33 万平方米,建筑面积 1.58 万平方米,其中教室 0.3 万平方米,实验室 0.15 万平方米,教学设备价值约 11 万元,有图书 4.6 万册。[②]

(四)百色地区民族师范学校

新中国成立后,1973 年 6 月创建,校址在百色。由百色地区主管,面向全地区招生。1977—1978 年,招收文史、数学、物理、化学 4 个专业 8 个班,从高考中录取,学制 2 年,学生毕业后担任初中教师。1979 年、1980 年办中师班,招收高中毕业生,学制 2 年,培养小学教师。1981 年秋起招收初中毕业生,学制 4 年,从百色地区中考统

---

① 广西壮族自治区地方志编纂委员会.广西通志:民族志(下)[M].南宁:广西人民出版社,2009:1067.

② 广西壮族自治区地方志编纂委员会.广西通志:民族志(下)[M].南宁:广西人民出版社,2009:1068.

一录取,培养小学教师。1985 年,毕业 194 人,招生 308 人(初中毕业生),在校生 961 人;教职工 128 人,其中专任教师 65 人(讲师 2 人,教员 53 人,实习教员 10 人)。学校总面积 5.4 万平方米,建筑面积 1.41 万平方米。其中教室 0.21 万平方米,实验室 0.13 万平方米,教学仪器设备价值约 6.95 万元,图书 3.4 万册。[①]

除上述 4 所民族师范学校外,全区各中等师范学校也都招收少数民族学生。如 1978—1979 年,贵县师范举办师范民族班,招收贵县、桂平、平南 3 县的壮族、瑶族学生 3 个班 136 人。1985 年,全自治区中等师范学校少数民族在校生为 8 348 人,占师范学生总人数的 46.7%。[②] 此外,1985 年在百色市开办百色地区民族体育学校,设小学部、中学部、体育师资职业班(中师)。

四、少数民族成人业余教育

(一)广西壮文学校的创办

1956 年 4 月,在武鸣县城开办桂西壮文学校,培训壮文干部,推行壮文。1958 年学校改名为广西壮文学校,校园占地面积 11.33 万平方米,建筑面积 27 430.95 平方米。该校的主要任务是为各县(市)壮文学校培养师资,并负责培训在职的市、县机关壮语委干部和有推广壮文任务的小学教师以及壮族歌手等。从 1956—1967 年,共培养 8 552 人。[③] "文化大革命"期间,学校停办。1974 年学校改名为广西民族干部学校。1980 年春恢复为广西壮文学校。

1982 年 7 月,自治区人民政府作出批示,指出广西壮文学校与广西民族干部学校实行一套班子挂两个牌子,其行政由自治区民委领导,业务由自治区语委领导。开办壮文中专班,培训中级壮文师资及壮文专业骨干;开办壮文短训班,培训中、小学壮文教师和县以上干部。学校设中专 4 个班,200 人,学制 2 年;短训班 10 个,学制半年,每期 400 人,全年 800 人。教职工中专每班配备 7 人,短训班每班 3 人,共 58 人。1980 年秋至 1984 年底,培训壮文扫盲群众教师、县壮文办公室干部,壮文学校教师以及地、市、县干部 1 440 人。1984 年招收壮文中专 4 班,190 人。1985 年秋实行单独考试(加试壮语)录取中专 5 班,225 人;大专班开始招生 2 班,101 人。是

①　广西壮族自治区地方志编纂委员会.广西通志:民族志(下)[M].南宁:广西人民出版社, 2009:1068.

②　广西壮族自治区地方志编纂委员会.广西通志:民族志(下)[M].南宁:广西人民出版社, 2009:1068.

③　广西壮族自治区地方志编纂委员会.广西通志:教育志[M].南宁:广西人民出版社,1995: 627.

年在校生 572 人;教职工 72 人,其中专任教师 61 人(讲师 1 人,教员 46 人,实习教员 14 人)。[1]

(二)各县的壮文学校

1955 年 9 月,《壮文方案》公布后,开始在壮语地区试行。是年龙胜各族自治县成立壮文学校。1956—1957 年,先后有田阳、来宾、融安、宁明、百色、石龙、凭祥、环江等县开办壮文学校。接着全自治区壮族聚居的 52 个县(市)都有了壮文学校。1958—1964 年,石龙、来宾、象州、武宣、环江、龙胜等县壮文学校曾一度停办,后复办。"文化大革命"期间全部停办。

1982 年至 1984 年上半年,田阳、来宾、环江、百色等县(市)21 所壮文学校先后恢复。1984 年下半年至 1985 年,象州、武宣、宁明、邕宁、扶绥、龙胜等县(自治县)31 所壮文学校复办。全自治区壮文学校共配备有干部 915 人。1982 年田阳县壮文学校恢复后,当年培训乡干部 2 人,壮文扫盲群众教师 42 人;1983 年培训壮文教师 14 人,应届中专毕业生学习壮文 71 人;1984 年培训小学校长 20 人,教师 102 人,应届中专毕业生学习壮文 65 人;1985 年培训村干部 58 人,壮文扫盲群众教师 2 人,小学校长 2 人,教导主任和教师 36 人,应届中专毕业生学习壮文 81 人。4 年共培训 495 人。百色市壮文学校,1984—1985 年举办壮文教师培训班 10 期,学员 216 人。环江县壮文学校,1987 年培训壮文骨干 8 期,361 人。其中小学教师 73 人,乡村干部 24 人,中专毕业生 60 人,扫盲群众教师 204 人。[2] 但在当时,有部分壮文学校发展不足,没有发挥应有的作用。这一时段广西各县壮文学校发展举例如下:

1.隆安县的壮文教学实验

1956 年 3 月,隆安县抽调 37 名干部和小学教师到武鸣壮文学校学习壮文,作为全县推行壮文、开展壮文教学的骨干力量。1956 年 12 月 17 日,县壮文学校开学,有教师 24 人,学员 481 人。1957 年开始,全县开展壮文扫盲运动。1958 年,在"大跃进"的影响下,提出人人要过"文化关",推行壮文采用强制性的做法。每逢圩日,街头巷尾都设有"文化岗",赶集群众必须学会几个壮文字母,方能通行,收效甚微。上半年,在小林村召开全县壮文推行工作现场会,总结推广小林经验,当年参加学习人数达到 80 360 人。1960 年,都结公社被评为自治区业余教育的先进单位。1960 年

---

① 广西壮族自治区地方志编纂委员会.广西通志:教育志[M].南宁:广西人民出版社,1995:628.

② 广西壮族自治区地方志编纂委员会.广西通志:教育志[M].南宁:广西人民出版社,1995:628.

以后,壮文推行工作停止。1965年下半年,壮委、壮校恢复工作。当时共培训农村群师48人,县壮委会以都结和同乐为推广壮文的重点,展开培训活动,参加学习的群众有800多人。^①"文化大革命"期间,壮文推行工作再次停止。

1983年,全县开始进行小学壮文教学试验。起初先在小林小学、敏阳小学、陆连小学百楼教学点、红阳小学开办推行壮文试点班。经总结调整后,以小林小学、敏阳小学、那门小学、鹭鸶小学、廷罗小学、万朗小学福兴教学点、联隆小学为重点推行试点校。从一年级到五年级,实行循环试验。还有那湾小学、大滕小学四年级各1个班,为面上推行点。在这些试验班,儿童进入小学后,一年级先学壮文,二年级下学期开设汉语文必修课,变单一汉语教学为双文双语教学。试验结果表明,儿童进入小学后用壮文教学,文字与语言相一致,符合学生的思维规律,学生的阅读能力和写作水平都比同年级的汉文班好。

自1982年秋恢复推行壮文工作至1987年底止,县壮校及民族语言办公室有干部职工29人,先后举办17个壮文骨干培训班,学员558人。其中小学教师培训班7个213人,中专培训班4个172人,扫盲群师班3个115人,村干部培训班1个37人,文(书)秘(书)班1个21人。全县有6个乡(镇)12间小学开办35个壮文教学试点班,学生1 237人,教师59人。^②

2.上林县壮文学校

1956年,学校在县城成立,教职工20人。1957年,开办两期壮文学习班,每期4个月,培训壮文群众教师900人。^③1962年,因国家经济困难,壮文学校停办。1965年,成立县壮文推行委员会,设正、副主任,未开展工作。1966年"文化大革命"开始,该委员会无形取消。

1982年,恢复县壮文推行委员会和壮文学校。1985年,壮文推行委员会改为少数民族语言工作委员会。当时的主要任务是抓小学的壮文教学试点工作;在农村推行使用壮文,用壮文扫除文盲;培训乡、村干部和小学教师,以及当年回县工作的壮族中专毕业生;辅导壮文群众教师和小学壮文教师等。从1982年下半年至1985年底,县壮文学校共开办了7期14个班,参加培训的有县、社干部128人(含中专毕业生),生产队干部10人,群众教师148人,社会青年110人,小学教师220人。^④

① 隆安县志编纂委员会.隆安县志[M].南宁:广西人民出版社,2007:561.
② 隆安县志编纂委员会.隆安县志[M].南宁:广西人民出版社,2007:561.
③ 上林县志编纂委员会.上林县志[M].南宁:广西人民出版社,1989:429.
④ 上林县志编纂委员会.上林县志[M].南宁:广西人民出版社,1989:429.

1983年下半年伝温、皇周、皇主、石门4个小学一年级开始使用壮文教学,至1985年底,全县小学壮文班一至三年级共有29个班,学生523名。通过壮文教育实践,效果很好。1984年皇周壮文班一年级学生周凤珍,每分钟能流利地读新课文、壮文报97个音节,曾出席自治区1984年壮文工作会议,并在会上表演。塘红乡石门村龙楼小学一年级7个壮文班,202名学生语文期考及格161名,及格率79.7%;数学期考及格171人,占84.7%,比往年汉文班同年级提高20%。二年级期考167人(壮文班36人,汉班131人),语文获奖17人,其中壮文班获奖9人。数学获奖18人,其中壮文班获奖15人。①

3.都安壮文学校

1956年10月,都安壮文学校成立,校址设在高岭乡塘伦村。10月1日首届壮文班正式上课,共10个班,学员500人,1957年1月结业。1956年6月,桂西壮族自治州壮委拨款14万元建校,校址迁安阳镇东六岭,次年3月建成使用,招收第二期15个班,学员750人,每期3个月,当年培训4期,共毕业3 000多人。1958年3月,开设壮文初中班1个,50人,学制两年。开设语文、数学、政治、历史、地理5个科目,并将初中汉文课本译为壮文进行教学,毕业后发给初中文凭,分配到乡村担任壮文教师。当年办短训班4期,培训学员3 000余人;秋季开设中技4个班(水稻、玉米、畜牧兽医、文艺),每班50人,聘请农业局、畜牧兽医站、文化馆专职人员为教员,学习3个月后,回乡传授技术。②

壮文学校自创办至1965年止,壮文短训班毕业7 200多人,初中班毕业1 500多人,中技班毕业3 800多人。学员均能用壮文书写简短文章、信函、山歌和阅读壮文报纸杂志。毕业生中有140人考上中专,52人考上高中,18人考上师专,450人担任行政干部和中小学教师,680人当工人;1 250人担任大队干部。③

都安壮文学校系自治区重点壮校。曾多次获评为县、地区、自治区先进单位。教育部民族司领导曾到校视察,校长覃荣德于1960年出席全国群英会。

"文革"开始后,壮校处于瘫痪状态。1968年,全体教师被遣送到"五七"干校参加"斗、批、改",学校随之停办。房产、公物由县"抓革命、促生产"指挥部接收改用。1984年10月,该校恢复办学,暂借党校房子开办群师壮文班,招收学员42人。次年5月,自治区拨款在安阳镇北面兴建新校舍,建筑面积3 000平方米。恢复后,培训

① 上林县志编纂委员会.上林县志[M].南宁:广西人民出版社,1989:429.
② 都安瑶族自治县志编纂委员会.都安瑶族自治县志[M].南宁:广西人民出版社,1992:527.
③ 都安瑶族自治县志编纂委员会.都安瑶族自治县志[M].南宁:广西人民出版社,1992:527.

壮文学员93人,配合大专、中专壮文学校招生的需要,举办壮文辅导班,共培训153人。1985年以来,先后有19人考上壮文中专班,6人考上大专院校。[①]

第三节　光辉典范：各级乡村教育中的本土实践

解放之初,广西文盲较多,乡村教育的起点低。当时的乡村充斥着目不识丁的文盲,农村适龄儿童的入学率几乎都在20%以下。经过17年艰苦卓绝的努力,广西初步建立了包括乡村基础教育、职业教育和成人教育在内的乡村教育体系,为后期乡村教育的改革与发展奠定了良好的基础。

一、广西乡村基础教育

新中国成立初期,百废待兴,我们不光要考虑解决百姓的温饱问题,更重要的与促进国家发展密切相关的问题就是教育问题了,教育问题是关系国计民生的大问题。然而,农村地区的教育情况需要我们重点关注,对于当时的农村来说,稀稀落落的私塾是主要的教育形式,很少能见到其他形式,即使有,也不是主流方式,培养的人数也很有限。中国共产党将发展"民族的、科学的、大众的文化教育"视为国家建设的重要任务,这其中蕴含着对发展农村教育的特有关注。总之,从新中国成立至改革开放之前的这段时期,我国乡村基础教育经历了坎坷的发展过程,但从总体来说是进步和发展的,在此过程中广西农村的中学和小学出现了很多教育方面的个案和典范,能够为今后广西的基础教育发展提供良好的借鉴。

(一)普及小学教育

1.新学制的确立

1951年8月,国家颁布了《中央人民政府政务院关于改革学制的决定》,这一举措标志着新学制的确立。"在新学制中,工人、农民的干部学校和各种训练班、补习学校取得了应有的地位;小学实行五年修业的一贯制,取消初小和高小两级修业的分段制,便于广大劳动人民尤其是农民的子女能够受到完全的初等教育;各种为培养国家建设人才所急需的技术学校被列入正规的学校教育关系之内,并建立了必要的制度;各种学校教育在整个教育系统中都能够互相衔接,从初等教育到高等教育,

---

①　都安瑶族自治县志编纂委员会.都安瑶族自治县志[M].南宁:广西人民出版社, 1992:527.

形成了人民教育的一条康庄大道。"①新学制的确立,不仅使新中国农村教育的发展有了新的制度保障,同时更使农村教育的发展有了一种前所未有的推进力量,因此,广西农村的小学教育也有着自己的发展成就,涌现出了许多的教育典范。

2.小学教育中的典范案例

(1)灌阳镇中心小学

灌阳镇中心小学位于广西桂林市灌阳县,灌阳县处在广西壮族自治区东北部,地势南高北低,四周群山环绕,中间为丘陵和平地;山多,耕地少,自然资源丰富,是灌阳的特色。从 1950 年上半年开始,全县开办的小学数量在不断上升,种类包括完全小学、公办小学和民办小学;并且,小学的入学人数也在逐年增加,至 1958 年,适龄儿童入学率达 90%。1963 年 3 月,全县顺应国家教育方针的要求,实行全日制和半工(农)半读制度,耕读小学开始创办。"文革"期间,教学秩序和教育质量都受到了一定程度的影响,"文革"之后,全县的小学教育在之前的基础上恢复并且得到快速发展。

灌阳镇中心小学始建于 1907 年,1931 年后更名为城厢高级小学,共开设了 3 个班,有学生 167 人;1949 年学生达到 320 多人,是历来学生人数最多的时期。② 解放后,灌阳县人民政府开始接管该校,学校正式改名为灌阳县第一完全小学(后更名为城关完小)。学校在开展日常教学计划和教学活动的同时,陆续组织一些学生参加参观访问、座谈、讲故事、读革命书籍、读报以及发表感想等活动,并开展向当时的时代模范人物学习的活动,以及对学生进行热爱学习、艰苦劳动、爱护公共财物的教育,这些教育活动大大提升了学生的学习积极性和道德品质。1963 年,该校被最终定为全县重点小学之一,并且是全县 15 所完全小学中规模最大的 1 所。该校当时共有 14 个班,学生 632 人,教师 26 人,包括领导 3 人。③ 1964—1965 学年,为了正确地贯彻执行党的教育方针,减轻学生过重的课业负担,提高教学质量,使学生在德育、智育、体育诸方面都得到发展,学校适当减少了各年级的课程门类。④ 1—4 年级等初小当时所开设的科目主要有语文、算术、体育、音乐、图画、周会和手工(四年级不开),每周一般总课时数为 28—29 课时,五、六年级等高小开设的科目更加丰富,比如五年级与四年级相比,增开地理、自然两科,六年级与四年级相比,多开历史、自

---

① 社论:为什么必须改革学制?[N].人民日报,1951-8-10.
② 灌阳县志编委办公室.灌阳县志[M].北京:新华出版社,1995:542.
③ 灌阳县志编委办公室.灌阳县志[M].北京:新华出版社,1995:542.
④ 灌阳县志编委办公室.灌阳县志[M].北京:新华出版社,1995:542.

然和农业常识 3 科,每周的课时数为 30 课时。上述所提及的周会活动的主要内容
是进行传统教育和政策教育,语文包括习字、讲读和作文,算术包括珠算和测量。自
1965 年下学期开始,县政府在该校试行五年制教育。1966 年 5 月统计,学校有 18
个班,学生 909 人(其中高小学生 247 人),教职工 27 人。[①] 除此之外,1970 年至
1981 年间还附设初中班。1978 年以后,学校开展"一人一课一改一试验"(即一个教
师,一个学期上一节教改试验课,总结一条教学经验及体会)的教改活动;学习南宁
四通小学"以阅读为基础,以作文为中心,读写结合,精讲多练"的经验;探索电化教
学、语文情境教学、说话能力培养;采用数学科的笔珠结合、题组教学、一题多练、章
节过关等教学方法,组织教师到外地学习先进经验,取得了良好的教学效果,学生的
学习成绩明显提高。[②] 1985 年该校被列为自治区基础教育改革重点学校,1987 年被
评为全国少先队先进集体。[③]

灌阳镇中心小学自开办以来,积极招生并培养了许多小学生,为改善农村地区
文盲人数较多的现状做出了自己的贡献,在进行多种类、分班级的教育过程中,不断
扩大招生规模,在"大跃进"和"文革"的动荡期间,依旧能维持相对正常的教学秩
序,保证学校一直开办,"文革"之后迅速恢复和提高办学质量和教育质量。1978 年
以后,学校更是积极响应国家教育改革的号召,积极推进和实施教育改革活动,并且
取得了显著成效,为后来学校的教育工作提供了良好的学习范例。

(2)武鸣县城厢镇第一小学

城厢镇第一小学位于广西南宁市武鸣县,最初的地址在县城西北部(现今武鸣
中学驻地),后迁到中山街(今解放街)中段(今县政府招待所驻地)。解放初期,武
鸣县人民政府开始接管县内各级各类学校,据统计,1950 年全县共有小学 639 所。
1953 年将全县的民办小学归为公办,1957—1960 年,全县小学一般维持在 400 多所
左右。1962 年经济困难时期师资力量不足,又出现了民办小学和民办教师,并且政
府在 1963 年开始进行公办小学改为民办的试点工作,共有 215 所公办小学改为民
办小学。1964 年各乡(公社)开始兴办一些耕读小学,因此,全县小学的数量在不断
增加,1965 年为 801 所,1973 年达到 941 所,"文革"结束后至 1990 年,全县小学共

---

① 灌阳县志编委办公室.灌阳县志[M].北京:新华出版社,1995:542.
② 为了更好地展现其教育思想发展历程,这里不得不将非社会主义革命与建设时期的内容
填补进行,以完整地体现人物教育思想。此外,在选择历史人物时,更多想选择该历史时期的人
物,因此没有选入的并对广西乡村做出贡献的还很多,篇幅有限,不能一一列举。
③ 灌阳县志编委办公室.灌阳县志[M].北京:新华出版社,1995:542.

有 820 所。① 与此同时,小学生的人数也在不断增加,1950 年比 1949 年多出 1 392 人,1974 年全县小学生人数共 83 138 人。② 关于学制方面,解放后的 1950—1956 年沿用"四二制",1957 年,武鸣县教育科在城厢镇小学开办小学五年制试点班。1969 年,全县小学开始实行五年制教学计划。解放初,1951 年,小学低年级设国语、算术、唱歌;中年级设国语、算术、常识、音乐、体育、美术;高年级设国语、算术、历史、地理、自然、音乐、体育、美术。③ 1963 年,全县的全日制小学开设语文、算术、自然、历史、地理、生产常识、体育、音乐、图画、手工、劳动共 11 门课。"文革"以后,于 1977 年恢复了 1966 年以前设置的课程。

城厢镇第一小学最初的前身是县立高等小学堂,始建于清光绪三十三年(1907),以岭山书院改建。初址于县城西北隅(今武鸣中学驻地),后迁至中山衡(今解放街)中段(今县政府招待所驻地),1929 年迁到解放街与建设街交接处,并于次年更名为模范小学(今城厢镇第一小学)。解放前,该校一共有在校学生 200 多人,教师 10 多人。解放后,人民政府开始接管学校,并于 1953 年将该校改称城厢中心小学。通过进一步招生,第二年共有在校生 9 个班 420 人,教师 18 人,1970 年学生和职工人数增加至在校生 10 个班 690 人,教职工 23 人。④ 1976 年"文革"结束后,该校教学质量不断提高,学生的学业成绩在全县名列前茅,入学率、巩固率、毕业率达 100%。1979 年,该校正式更名为城厢镇第一小学(简称城镇一小)。1983 年以后,该校共有 10 名教师先后被评为地市级以上优秀和先进教师,其中曾长显同志荣获广西壮族自治区及全国优秀班主任称号。1986—1990 年,该校教师撰写的教学论文在省级刊物上发表 10 多篇,学生作文在自治区内外刊物发表 30 多篇。⑤ 1989—1990 学年被评为"市级三好学生"的有 62 人,被评为"县级三好学生"的有 128 人。⑥

城厢镇第一小学自创办以来,一直坚持严格办学的宗旨,努力维持学生和教职员工人数稳步增长的现状,并且在"文革"结束以后,该校的教学质量不断提升,入学率、巩固率、毕业率均达 100%,学生和教职工人数也在不断增加。随着学校的不断发展,该校教师在保证做好基础教育工作的同时,也将自己的教学成果发表成论文,

① 武鸣县志编纂委员会.武鸣县志[M].南宁:广西人民出版社,1998:744.
② 武鸣县志编纂委员会.武鸣县志[M].南宁:广西人民出版社,1998:744.
③ 武鸣县志编纂委员会.武鸣县志[M].南宁:广西人民出版社,1998:744.
④ 武鸣县志编纂委员会.武鸣县志[M].南宁:广西人民出版社,1998:744.
⑤ 武鸣县志编纂委员会.武鸣县志[M].南宁:广西人民出版社,1998:744.
⑥ 武鸣县志编纂委员会.武鸣县志[M].南宁:广西人民出版社,1998:744.

积极推进教育领域学术的进步,使该校优秀的教育经验和事迹得以传承,对全国的基础教育起到了较为突出的示范作用。

(3)宾阳县四通小学

四通小学位于广西壮族自治区宾阳县,并且学校地处山区,交通不便利,教学设施和办学条件也不是很好。成立之初,该校共有5个年级和5个教学班。1970年开始,该校在校领导和师生对教育教学工作的有同摸索和屡次尝试下,探索出了一条"以阅读为基础,以作文为中心,读写结合,精讲多练"的语文教学新路子、新方法,在这一不平凡的时期,这座山区小学绽放出了鲜艳的语文教学改革之花。

维持现状容易,但改革从来就不是一件容易的事情。所以,四通小学的教改起步维艰,刚开始的时候面临着许多困难,比如教学设备简陋,办学条件较差,在教学活动中起着重要作用的教师很多都没有接受过专业的师范教育,理论基础不牢固,因此在教学中难以保证良好的教学水平和质量,但好在很多教师爱岗敬业,忠于教育事业,他们在完成日常教学工作的同时,也会反思自己的教学方法,会思考是否有更好的创新模式,同时为了弥补自身教育理论知识的不足,教师们也会在课余学习教育理论知识和教法。但教师在实践中也遇到了很多棘手的教育现象,比如很多学生都非常不喜欢写作文,作文经常"难产",本着对学生和教育工作负责的态度,教师产生了一个提高作文教学质量的想法,目的是改变学生写作困难的现状。一些教师反思过去的教学活动中,一般读与写、讲与练是脱节的,是分开和割裂的,因此针对这一现象他们提出了"讲读要与作文相结合"的口号,改革必先试点,先在五年级进行读写结合的试验工作。

教师在开始讲清楚字词句的同时,一般要先向学生着重分析文章开头的特点,随时教授给学生关于审题和选材的要领,并在学生进一步理解的基础上指导仿写。由于初见成效,教师得到了鼓舞,并对接下来的改革工作充满了信心。

为使教改试验更加系统化和科学化,学校随即编印了关于各年级的《读写训练提要》,提要内容给教师提供了科学的训练内容、方式和方法。按顺序将一至五年级语文课本上的字词句段、篇章结构和各种体裁(记叙文为主)写法的要求和任务逐一落到实处。在实际的教学中,教师每上一节课都会就一个重点精讲多练,讲练结合,读了就写,讲了就练,一课一得,充分利用及时课堂的效果。此外,对作文来说,课外阅读必不可少,于是教师会经常有针对性地引导学生多阅读课外书和写读书笔记,积累和收集词汇,学写观察日记,抒发感受。由于学生天性好奇、性格活跃、善于观察,因此在种种活动中各种体会、联想油然而生,作文言之有物,到五年级时,学生基本上都能写出 5 万字左右的读书笔记和日记、教师命题作文。并且,其中已有很多篇优秀作品发表于教育杂志,学生获得学校的学习优秀奖和学雷锋积极分子奖。教师也总结出了不少好的经验,出版了《精讲多练,多做作文》一书,学校的 6 位教师还被评为模范教师、优秀班主任和先进教育工作者。

经过十多年的改革和发展,四通小学一共接待了区内外兄弟学校的参观代表近万人次,不少来访者后来反映,四通教改经验是属于"第三世界"的经验(符合广大农村小学实际的经验),是我们可以充分学到的和适用的。并且,该校教师具有的精神是值得许多教育工作者学习的,他们不安于现状,能够正视自己的不足,积极采取措施弥补和提升自己。不仅如此,他们积极观察教育过程中存在的问题,积极解决学生在学习上遇到的困难。经过一系列思考和行动,这场教改最终取得了显著性成效。

(二)发展普通中学

1.广西普通中学的发展历程

自解放以后,广西普通中学的发展经过了曲折的发展历程,如同全国大部分地区一样。1952 年之前的国民经济建设时期,党开始确立了对学校的领导地位,之后开始对教师进行思想觉悟的培训和提升,从整体上整顿教师队伍,重新对学校进行一些教育改革,使普通中学迈向一个良性的发展方向。与此同时,所实行的教育方针是"教育向工农开门"。至 1952 年,自治区普通中学的学生人数有 7 万多人。1953 年,自治区积极贯彻执行党的教育方针政策,将学校的工作重点放在教育教学上,改善了之前师生本末倒置地参加社会活动的现象,之后提出要培养全面发展的一代新人,这与当今所提倡的培养五育并举的全面发展的社会主义建设者和接班人有异曲同工之处,抑或是我们从当时的教育政策中汲取的宝贵经验。当时,我们的学习对象是苏联,因此在教育上我们学习了苏联一些先进的教学模式和教育管理经验。在保证中学日常的教学秩序的同时,自治区有关部门和学校积极推进一些教育改革,使得这一时期普通中学的教学质量得到了一定的提高。

1957—1966 的 10 年间,广西普通中学的教育工作取得了一定的成绩,但由于师生参加生产劳动过多,导致教学时间减少,从而使得学校的教育质量遭到了一定程度的损害。1959 年贯彻执行党关于"整顿巩固、提高质量、适当发展"的教育方针,才开始采取措施纠正。1964 年,广西各地遵照国家教育发展的指示和要求,认真贯彻并实行"两种劳动制度和两种教育制度"①,大办农业中学和半工半读学校,使整

---

① 一种是全日制的劳动制度,全日制的教育制度;一种是半日制的劳动制度,半日制的教育制度(即半工半读)。

个自治区的中学的教育结构趋于合理。"文革"动乱结束以后,尤其是1978年党的十一届三中全会以来,广西教育领域努力拨乱反正,尽力去除"左倾"错误的影响,使得中学教育朝着正确、健康的方向发展。

2.普通中学中的实践典范

(1)宾阳中学的革命光辉

宾阳中学的前身为思恩府中学堂,后更名宾上迁中学堂,始建于清朝的光绪三十二年(1906),在一开始招生时,学制的规划是宣统元年(1909)设本科1个班,预科1个班(学制2年)。

1924年,学校改名为宾上迁三县合立中学校,开始实行新制。1926年,三县联呈改为省办,11月11日获批准,定名为广西省立第十二中学。1933年,学校再度更名为广西省立第十二初级中学。次年,改名广西省立宾阳初级中学。1947年,由县掌管办学,改名宾阳县立中学。第二年开始开设高中,招高中1个班,改名为宾阳中学。1949年,全校共有高中5个班,初中12个班,学生约800人。[①] 从建校至新中国成立前,共招初中73个班,约3 650人,毕业61个班,约2 200人,招收高中5个班,250人。[②] 这一时期不管是初中办学还是高中办学,都对广西乡村教育的奠基与发展做出了突出贡献。

1949年12月,该校由县人民政府接管。1952年开始,招生频率由春秋两季改为秋季招生。第二年秋,学校搬迁至新宾铜鼓廖村东南面新址(原中共宾阳地委、宾阳专署驻地)。1954年,高中招收人数增加,增至10个班,共400多人;初中16个班,共700多人。1959年,广西壮族自治区将宾阳中学定为自治区重点中学。[③]

1966年,县委派了专门工作组进驻学校,宣布"停课闹革命",1967年春,学校学生分裂为对立的两大派,发生武斗。1968年两派进行了大联合,当年9月,县又派工宣队进驻学校。1969年春,学校成立了校革命委员会。1974年后,学校在经历了一些波折和动乱之后,又重新开门办学,并且接受贫下中农再教育,坚持教育向工农开门的原则。学校组织师生到新宾公社勒马村、恭村和新桥公社方村六队等地长期下放劳动,并参加建筑李江坝和立新路的大会战,脱离日常教学。

1979年,自治区正式改定该校为区、地两级重点中学,由南宁地区直接管理,更名为广西壮族自治区宾阳中学。该校的招生范围面向全地区,而宾阳县籍的学生拥

① 宾阳县志编纂委员会.宾阳县志[M].南宁:广西人民出版社,1987:508.
② 宾阳县志编纂委员会.宾阳县志[M].南宁:广西人民出版社,1987:508.
③ 宾阳县志编纂委员会.宾阳县志[M].南宁:广西人民出版社,1987:508.

有该校的优先录取权。上级为了进一步推动学校的发展,改善办学条件,拨给学校一批教学仪器,其中有小型电影机1部,语言实验室设备1套等。与此同时,上级先后拨给学校基建经费和补助经费一共47万元,帮助学校建成实验楼、教工宿舍楼及购置其他教学设备,各种软硬件设施逐步提升。1984年,政府将该校的管理权下放县管,恢复之前宾阳中学的校名,并且仍招收南宁地区各县的学生。

宾阳中学自县人民政府接管至1985年,招生规模不断扩大,一共招收了初中89个班,约4 450人,毕业87个班,约4 350人;共招收高中170个班,约7 800人,毕业160个班,约7 200人,培养了许多初高中毕业生,为当地的中学教育做出了重要的贡献。[①]

同时,宾阳中学还是一所具有革命传统的学校。1919年,该校的师生与县城另外3所小学的师生汇集小校场开了声援大会。会后集队到芦墟示威,高呼"打倒帝国主义""抵制日货,挽回利权"等口号,并进各商店清查、烧毁日货。除了上述的活动,每年5月4日,该校均举行纪念集会,宣传继承"五四"革命传统。[②]

宾阳中学还曾一度被作为革命根据地。1946—1949年,出于需要,当时先后有中共党员及进步青年磨金声、卢建文、石成球、阮集群等多人来校以教书作为掩护,进行一系列的革命活动。1948年,学校内部的学运组织买到毛泽东著《论联合政府》《新民主主义论》和《整风文献》等书,组织全校师生进行学习,并通过学校的学生自治会成立歌咏团,通过演戏、出壁报等活动传播革命思想。当年9月,学生组织与中共宾阳县支部取得联系,在党的直接领导下,学校得以建立新的学运领导核心——黎明哨。1949年春,届时参加学运的学生扩大到90多人。[③]

宾阳中学作为自治区的一所完全中学,凭借自身的办学规模和教学水平于1959年就被自治区定为重点中学。在教育上,它不断维持并且扩大学生的招生规模,所创办的初中班级数和高中班级数基本上都在不断增加,招收了许多初高中学生并且培养了一批又一批毕业生。在革命上,宾阳中学作为当时的革命根据地,发挥出了巨大的示范作用,学校的很多师生都参与到革命活动中来,面对当时复杂的局势不顾自身安危,这些历程展现出了自治区重点中学的魄力和风采,这也是宾阳中学在历史贡献上较为特殊的一点,当然,宾阳中学为保证教育教学质量做出的努力更值得关注。

① 宾阳县志编纂委员会.宾阳县志[M].南宁:广西人民出版社,1987:508.
② 宾阳县志编纂委员会.宾阳县志[M].南宁:广西人民出版社,1987:508.
③ 宾阳县志编纂委员会.宾阳县志[M].南宁:广西人民出版社,1987:508.

（2）田东中学的创办

田东县地处右江盆地，水陆交通发达，东可连接平果、隆安、南宁；西通百色直达贵州、云南；南通德保、靖西、那坡等县；北往巴马、凤山、东兰与河池地区沟通，是百色地区经济、文化基础较好的一个县。但是，当时全县还没有一所高中，初中毕业生要升学，就得长途跋涉到百色靖西或者到南宁去读高中。

"解放初期，为了加强对学校的领导，地委要求各县选派一批优秀知识分子党员干部进入中小学工作。1953年5月，在完成了田东县土改工作后，我被派到田东县初中当校长。为了发展地方经济，为国家培养人才，迫切需要办一所高中。因此，我到田东县初中去的首要任务，就是把一所初中办成一所中学。为此必须有相应的条件：一是扩大校舍；二是扩大和充实原有图书馆和实验室的图书、仪器设备；三是培养提高师资队伍的政治和业务水平；四是择优录取优秀的合格新生。而当时田东县初中的条件还没达到办高中的基本要求，我进校后首要的工作就是与原来的教职工一道共同创造上述条件。

"经过几个月的努力，我着手扩建新校舍，在人民体育场旁边扩建了12间教室和图书馆、实验室用的综合楼，这是当时该校第一栋楼房。同时增加了高中课程需要的图书和实验仪器设备。挑选准备担任高中课程的优秀教师，组织他们认真学习政治和业务，派他们到地区最老牌的百色中学对口跟班学习，提高担任高中课程的光荣感和责任感。把招收高中两个班100人由县教育科上报地区教育科批准备案，纳入统一招生计划。后来得到地区教育科核准，批复田东县初中升格为完全中学，改名为田东中学。1953年秋天，百色地区第三所高中诞生了。这是当时百色教育界人人高兴的一件大喜事。"①

（3）融水县中学的制度创新

融水苗族自治县中学位于广西壮族自治区柳州市的北部，最开始命名为融县县立初级中学，学校的地址处在融水镇城北部的融江河畔，1924年3月开始创办。民国时期，融水县中学的校舍以原仙山书院和北帝楼旧址为主体，另外再加上两幢砖木结构的楼房，学校现有藏书共3 000册。在体育方面，学校的篮球场有两个，学校会组织一些篮球比赛活动，提高学生的身体素质。在师资方面，由于当时条件的限制，教师多为高中学历，大学毕业的比较少，且教师的流动性较大。而学校的办学经费以学生缴纳的学费和全县屠宰税收为主要的来源，在一定程度上保障学校的正常

---

① 吴汉.我与百色［M］.南宁:广西人民出版社,1999:274.

运转。至 1949 年,全校共招收了 44 个初中班,3 个简师班,其中毕业了 39 个班,毕业的学生一共有 1 132 人。①

融水县中学在办学体制上有自己的一些改善和创新。解放后,学校认真思考自身的发展方向,改变了旧的管理体制,开始实行党支部领导下的校长责任制,招生对象面向工农大众,坚持教育向工农开门,对家庭经济困难的学生,采取减免学费和设立助学金的办法,使更多贫困家庭的子女能够享受同等的受教育权利,广纳工农子女入学。1951 年,为了扩大学校的办学面积,政府征用了学校旁边的田地,校园扩展到了 5.06 公顷。② 此后学校逐年增建校舍,并添置了很多教学设备,建立物理、化学实验室,购置了一批图书和生物、卫生教具。从 50 年代后期开始,陆续有高等院校的毕业生到融中任教,学校教师的专业水平和质量提高了。1956 年学校开始招收高中生,到 1965 年,融中凭借着自身的努力发展成为初具规模的完全中学。1970 年,融中搬往农场办学,开办专业班,重新分设了农、机、医卫、革命文艺等专业,实行开门办学,这一举措培养了许多专业人才,提升了职业素质。1968 年至 1975 年融中招收高中(含 3 个专业班)47 个班,初中 9 个班,师训 3 个班,总共培养了毕业学生 2 979 人。③

1979 年,经过讨论,学校由农场迁回了原址,并被确定为县重点中学。学校还采取特殊措施大力培养少数民族学生,从 1979 年起,开办寄宿制民族初中班,学生除享受助学金外,每人每月还得到 10 元生活补助。④ 至 1986 年,学校共招收了 14 个班,总计毕业学生 638 人。⑤ 这些学生后来大部分升入高中或中等专业学校。

此外,融中具有光荣的革命传统,并为当时的革命工作做出了一定的贡献。早在 1936 年抗战时期,就不断有中共党员到融中开展革命活动,学校作为当时的一个革命根据地,并且他们在学校里发展党员。1941 年上级建立了中共融县初级中学支部,支部主要传播马列主义、毛泽东思想,帮助共产党员树立先进理论的大旗,并组

① 融水苗族自治县地方志编纂委员会.融水苗族自治县志[M].北京:生活·读书·新知三联书店,1998:549.

② 融水苗族自治县地方志编纂委员会.融水苗族自治县志[M].北京:生活·读书·新知三联书店,1998:549.

③ 融水苗族自治县地方志编纂委员会.融水苗族自治县志[M].北京:生活·读书·新知三联书店,1998:549.

④ 融水苗族自治县地方志编纂委员会.融水苗族自治县志[M].北京:生活·读书·新知三联书店,1998:549.

⑤ 融水苗族自治县地方志编纂委员会.融水苗族自治县志[M].北京:生活·读书·新知三联书店,1998:549.

织"抗日反法西斯大同盟",开展抗日救亡和爱国民主运动。不少师生从这里接受革命理论和思想,开始走上革命的道路。融中无论是体制创新还是革命传统,都为学校后来的发展提供了一定的基础,也为其他学校的发展提供了学习和参考。

二、广西乡村职业教育

(一)职业教育的历史概况

1.中等专业学校

新中国成立时,广西中等专业学校(不含中师)只有 9 所,解放后,1950 年至 1957 年又新增了 9 所,1958 年发展到了 65 所,1959 年调整为 28 所,后来学校数量又增加了很多,1960 年一度发展到了 79 所,1962 年再次调整为 27 所,1965 年随着国民经济的好转,中专学校又恢复到了 65 所,为国家建设培养了大批干部和技术人才。[①]

"文化大革命"期间,中专学校遭到了破坏,数量锐减,到 1969 年全区只剩下 17 所。"文革"以后,经过拨乱反正,1979 年秋,中专学校很快恢复到了 58 所,只是学校所受管辖的类型各有不同,其中中央部属的 3 所,自治区属的 22 所,地、市、县属的 33 所,在校的中专学生一共有 29 041 人。[②]

2.技工学校

广西的技工学校最初创办于 1956 年,当时整个广西都很少见,只有柳州机械工人技术学校和柳州铁路司机学校 2 所。1958 年以后,发生了一些变化,柳州机械工人技术学校一度改为中专,不久又恢复为技工学校。60 年代技工学校的发展较为缓慢,仅增加了兴安五三二厂企业创办的邮电通信器材学校 1 所。"文革"期间,由于受动乱的影响,技工学校几乎都停止了招生,直到 1979 年才全面恢复招生。1981 年后才有了较大的发展,每年招生约 6 000 人。1984 年底,整个自治区的技工学校共有 112 所,其中中央部属的 20 所,区属的 92 所,在校学生 13 613 人,比 1978 年上半年增加了 21.8 倍。[③] 随着生产建设事业的发展和社会生活的需要,技工学校从 1978 年上半年(中国共产党十一届三中全会前)仅有的两所,发展到 1984 年底的 18 所技

① 《中国教育年鉴》编辑部.中国教育年鉴 1949—1984 地方教育[M].长沙:湖南教育出版社,1986:966.

② 《中国教育年鉴》编辑部.中国教育年鉴 1949—1984 地方教育[M].长沙:湖南教育出版社,1986:966.

③ 《中国教育年鉴》编辑部.中国教育年鉴 1949—1984 地方教育[M].长沙:湖南教育出版社,1986:966.

工学校,整体上增速比较快,工种(专业)设置也相应增加。从 1978 年仅有 8 个工种(专业),发展到 1984 年底共有 84 个工种(专业),即增加 76 个,增加了 9.5 倍,专业设置更加丰富和多样化,为当时的自治区培养了多种类型的人才,进一步推动了自治区的发展。①

(二)职业教育中的实践典范

1.凤山县职业学校

凤山县位于广西壮族自治区河池市。1958 年,正值"大跃进"和人民公社化的特殊时期,为了适应当时的社会需要和坚持贯彻国家普通教育与职业教育并举的教育方针,县内的一些工厂及事业单位开始响应号召,相继创办了一些半工半读的专业学校。经过统计,工业学校第二年一共有在校学生 143 人;农业学校在校学生 96 人;林业学校在校学生 112 人,这些类型的学校培养了许多的专业人才,促进了当地工业、农业和林业的发展。② 关于教师和教材方面,学校聘请工厂和事业单位具有一定专业知识和教学能力的在职职工兼任教师,并且自编乡土教材。

1965 年,根据自治区人民委员会批转区教育厅《关于积极举办农业中学的意见的报告》,先后兴办合运农业中学、金牙农业中学、凤城农业中学、平乐农业中学、坡心林业中学、坡桃林业中学,在校学生总数 500 多人,除教授普通中学科目外,还上农业、林业知识课。③ 1971 年,合运农业中学迁至乔音乡府驻地后更名为乔音中学;金牙农业中学改为金牙中学;凤城农业中学、坡心林业中学和坡桃林业中学先后撤销。1975 年正式建立太平"五七"学校,平乐农业中学更名为平乐"五七"学校,1979 年并入平乐中学。1979 年,太平"五七"学校又改称太平林业中学。

1980 年,在平乐公社相圩村、金牙公社陇昇村各办了一所林业中学,还在一些普通中学开设了专门的职业班,培养了很多的专业人才,至 1985 年,全县累计招收职业中学生 1 800 多人。④ 这些学生毕业后大部分升学,部分走向社会参加工作。后来根据实际情况需要,相圩林业中学、陇昇林业中学以及一些普通中学开设的职业班到 1985 年先后撤销。1982 年,太平林业中学更名为凤山县职业中学,次年秋定为县直学校编制,面向全县招生,学校一共分为 5 个教学班,其中初中 3 个班 178 人,

---

① 《中国教育年鉴》编辑部编.中国教育年鉴 1949—1984 地方教育[M].长沙:湖南教育出版社,1986:966.

② 凤山县志编纂委员会.凤山县志[M].南宁:广西人民出版社,2008:602.

③ 凤山县志编纂委员会.凤山县志[M].南宁:广西人民出版社,2008:602.

④ 凤山县志编纂委员会.凤山县志[M].南宁:广西人民出版社,2008:602.

高中 2 个班 60 人,在校学生一共 238 人,教职工共 27 人,其中专业课教师 4 人。[①]
除了开设必修的普通文化课外,还开设了农业作物栽培、畜牧禽饲养、土壤肥料等专
业技术课,培养了许多专业人才和职业人才。县职业中学于 1987 年从太平迁至县
城东面公母塘,旧址是原县党校和壮文学校,1991 年再度迁至城西小农场旁兴建校
舍,后来学校扩大规模,增加设备,配备专业教员,1995 年与县教师进修学校县民族
中学并校后,改称凤山县民族中等职业技术学校。

凤山县职业中学是当地比较著名的职业学校,学校开设了各种理论性和实操性
的职业方向的专业,为当地培养了许多职业技术人才,进一步推动了社会的发展。

2.广西幼儿师范学校

广西幼儿师范学校一开始是 1951 年在柳州举办的幼儿师范班,由 1954 年从柳
州迁来南宁师范成立的幼师部和 1957 年 11 月由桂林迁来的幼师合并而成立的,最
后更名为南宁幼儿师范学校。学校的第一任校长杨若瑜是广西地下党的革命干部,
解放初曾到北京师范大学学习学前教育专业。

学校在 1966 年前共招收了 42 个班,学生达 2 000 多人,1960 年还举办了类似
大专性质的专修班,有学员 100 人,进一步为培养专业的幼儿教师做出了突出的贡
献。[②] 毕业后他们中的许多人成为广西幼儿教育战线上的骨干力量,在一定程度上
保障了广西幼儿教育的发展。“文革”期间,自治区的幼儿教育遭受到了一定的损
害,1974 年在幼儿师资较为短缺的情况下,才开始恢复重建,恢复后学校重新更名为
广西幼儿师范学校,校址新建在今南宁市民族大道。

中国共产党十一届三中全会以后,该校经过重新整顿和确认新的发展方向,得
到了进一步的发展。目前,学校一共有教职工 89 人,其中教师 47 人,有讲师职称的
10 人,中教 5 级以上享受讲师待遇的 5 人,在校学生一共 593 人,包括 3 个年级 12
个班,其中少数民族学生约有 202 人,占 34.06%,进一步推动了少数民族幼儿教育
的发展。此外还开设在职保教人员短训班,学员共 100 人,为幼儿教育输入职业化
人才做好储备。[③] 学校的总面积约有 63.5 亩,教学楼和办公楼等建筑面积约 15 467
平方米,有一座高大的办公教学大楼,内设有图书室、资料室、阅览室、理化实验室、

①　凤山县志编纂委员会.凤山县志[M].南宁:广西人民出版社,2008:602.
②　《中国教育年鉴》编辑部.中国教育年鉴 1949—1984 地方教育[M].长沙:湖南教育出版社,1986:965.
③　《中国教育年鉴》编辑部.中国教育年鉴 1949—1984 地方教育[M].长沙:湖南教育出版社,1986:965.

舞蹈室、美工室等,为幼儿提供了丰富多样的教育场所。① 教学大楼的左边是音乐教室和 55 间练琴房,为提高学校幼儿的音乐能力打下了一定的基础。整个校园整洁,环境幽静,草木葱茏,是学生学习的好地方。该校经历"文革"以后,于 1977 年秋开始恢复招生,1980 年以前学校招收高中毕业生,学制二年,从 1981 年起学校又改招初中毕业生,学制三年。至今已毕业五届学生共 1 000 人左右,为了进一步提高在职人员的素质和从业能力,学校从 1980 年 3 月起举办了六期幼儿园园长和保教人员学习班,参加短训的学员共有 578 人,毕业生遍布整个广西的 5 个市 82 个县,他们成为广西幼儿教育战线的生力军。②

1984 年 9 月,自治区人民政府同意接受来自联合国儿童基金会的资助,并在该校建立了专门的幼儿教师培训中心。同年 9 月 11 日,联合国儿童基金会高级教育顾问阿赫默德·苏曼先生和儿童基金会驻中国办事处官员袁艄夫先生,在教育部师范处人员的陪同下视察了学校,这是学校开始受到国际上的关注。同年 12 月,联合国儿童基金会中国办事处的常驻代表卡尔·泰勒博士又到该校访问,进一步对该校进行视察。培训中心定于 1985 年秋开始招生,学制二年,学校的招生规模约 100人,同时学校也招收了具有初中以上文化的在职保教人员。③ 该校是培养幼儿教师的重要基地,这些年来培养了大批专业的幼教从业人员,并且在党的十一届三中全会精神和教育"三个面向"精神的指导下,为把学校建设成为全区的幼儿教育教学中心,学校建起了图书资料中心、实验中心和电化教育中心,并且为广西各地输送更多合格的幼教人才作出了新贡献!

3.大化瑶族自治县的职业学校

(1)农业中学的建立

1958 年,整个区域内所属的各县各公社纷纷开办了农业中学和民办初中,1962年,区域内的民办初中一律改成了农业中学或其他职业学校,学校实行半工半读的制度,并且贯彻学习、生产和科研三结合的方针。按照当时的要求,公社要把农林、园艺、畜牧等试验交给农业中学或者共同经营管理,农业中学毕业生由公社分配,为

---

① 《中国教育年鉴》编辑部.中国教育年鉴 1949—1984 地方教育[M].长沙:湖南教育出版社,1986:965.

② 《中国教育年鉴》编辑部.中国教育年鉴 1949—1984 地方教育[M].长沙:湖南教育出版社,1986:965.

③ 《中国教育年鉴》编辑部.中国教育年鉴 1949—1984 地方教育[M].长沙:湖南教育出版社,1986:965.

培养农林、园艺和畜牧方面的人才奠定了基础。1966年,在该区域内又兴办了古龙农中和羌圩农中,1969—1970年,部分农业中学改为附中或公社中学,进一步促进了农业中学的规范化管理。

（2）"五七"学校的创办

1971年,为了切实贯彻1966年5月7日毛泽东同志作出的关于"学生也是这样,以学为主,兼学别样,即不但学文,也要学工、学农、学军,也要批判资产阶级"的"五七"指示,区内各公社相继开办了多所"五七"学校,学校的课程内容主要针对农业生产而设计,有农业机械、作物栽培、果木园艺、畜牧养殖等课程,这些课程的专业性和操作性都比较强,公社在财力物力等方面都予以大力支持。"五七"学校的校舍基本上都是新建的,相当一部分是由各公社教师在寒暑假集训时投工修建而成。土地是由学校所在地的生产队拨给,用于犁田的耕牛自购或暂借于附近的生产队。1975年,该区域内共有羌圩、七百弄、江南等多所"五七"学校。同样也开创了高等教育的先河。1976年2月,在都阳林场设立都安"五七"大学分校,开设林学、农学、园艺、农机、畜牧兽医、地质等大学专业,采用的教学模式是学生半天学习、半天劳动,每人每月的生活费大概是18元,学生从勤工俭学的收入中支配自己的日常开支。① "五七"学校的创办,为培养专业化和技术化的人才奠定了基础,培养出来的学员从事各行各业的工作,专业性和工作效率都有了很大的提升。

三、广西乡村成人教育

（一）时代背景

1.发展概况

新中国成立前,广西农民中的文盲占比80%以上。新中国成立35年来,广西成人教育的发展取得了一定成效,到1984年上半年为止,全区共扫除文盲517.5万人,接受教育的人中,小学毕业的人有66.6万人,中学毕业的人有8.9万人,中专（含"五七"大学、"七二一"工人大学以及业余教育,含半脱产和脱产）毕业的有22.8万人,高校（含函授）毕业的有五六千人,完善的教育体系和制度培养了各种类型的毕业生。②

---

① 《中国教育年鉴》编辑部.中国教育年鉴1949—1984地方教育［M］.长沙:湖南教育出版社,1986:965.

② 《中国教育年鉴》编辑部.中国教育年鉴1949—1984地方教育［M］.长沙:湖南教育出版社,1986:977.

2.广西成人教育经历的几个发展阶段

(1)1949—1956年,基本完成社会主义改造。土地改革前后,在"打文化翻身仗"的口号下,广大工农群众积极踊跃地参加了文化学习。这时,全省开办了工农速成学校、省直机关干部学校、广西省党校文化部以及四个直辖市的职工干部文化学校等七所学校,还有一部分县也开办了职工干部文化(业余)学校。7年间,全省共扫除青壮年文盲59万多人,而从文盲提高到半文盲的有100多万人,全省区级以上干部已经基本扫除了文盲,职工中的文盲已扫除了42%左右,农民中的文盲也扫除了10%左右。[①]

(2)1957—1966年,成人教育虽然经历过"反右派""教育革命""反右倾"等一系列的活动,但是由于坚持了"两条腿走路"的方针和"两种劳动制度和两种教育制度"的试行,坚决贯彻"整顿、巩固、充实、提高"的八字方针,总的来说还是在曲折中发展和前进的。据1958年统计,通过壮、汉文扫盲,自治区共扫除文盲200多万人,并在扫盲的基础上大力发展各种业余教育,参加学习的人数达200万左右。[②]1964年,自治区成立了工读教育局,到1965年,全区共有区直机关干部业余大学学员2 000多人,共有农业中学780多所,学生5万多人,半农半读学校(中技)有学生8 000多人,半工半读学校(中技)有100多所,学生15 000多人。[③]

(3)1966—1976年,广西成人教育几乎陷入了停顿,只有1972年、1975年这两年中,有些地方仍然坚持以"文化政治夜校"为阵地,穿插教农民识字和开展文化教育,一定程度上促进了当地文化教育的发展。据统计,1972年全区除组织部分成年文盲参加扫盲学习之外,有41 000多人参加业余小组的学习,1万多人参加业余中学的学习。1975年有103万人参加扫盲学习,15万人脱盲,业余中等学校有学员5 800多人,当时共有5个公社、171个大队基本扫除了青壮年文盲。在此期间,全区办起了不少"大学",到1976年止,全区共办有"七二一"工人大学438所,"五七"大学19所。[④]财政部和教育部每年拨专款300万元,作为"五七"大学的办学经费。

---

① 《中国教育年鉴》编辑部.中国教育年鉴1949—1984地方教育[M].长沙:湖南教育出版社,1986:977.

② 《中国教育年鉴》编辑部.中国教育年鉴1949—1984地方教育[M].长沙:湖南教育出版社,1986:977.

③ 《中国教育年鉴》编辑部.中国教育年鉴1949—1984地方教育[M].长沙:湖南教育出版社,1986:977.

④ 《中国教育年鉴》编辑部.中国教育年鉴1949—1984地方教育[M].长沙:湖南教育出版社,1986:977.

（4）1977—1978年，即粉碎"四人帮"后的两年，通过揭批"四人帮"和批判"两个估计"，广大工农教育干部和教师开始树立信心，同时随着经济的恢复，成人教育也逐步发展起来，并取得了很大的成效。在这期间，全区已有陆川和平南两个县基本扫除青壮年文盲。1978年，国务院234号文件《关于扫除文盲的指示》下达时，全区已有6个县（市）、129个公社和1 700多个大队基本扫除了少青壮年文盲，全区文盲下降到占少青壮年总数的28%，这期间，工矿企业办的"七二一"工人大学已达到了1 286所。[①]

（二）成人教育的实践典范

1.蒙山县的职工教育

1950年，广西梧州地区的蒙山县开始创办成人夜学班，主要目的是提高成人的教育文化水平，更好地适应生产生活的需要。夜学班的教师主要是由当地的小学教师兼职，集中上课和学习基本上是在晚上进行。1952年下半年，全县共开设了33个成人夜读班，一共有学员1 639人。1956年6月，蒙山县职工干部参加的业余学习班共有初中2个班121人，高小2个班122人，每周的上课时间总计为8—12小时。[②]1957年下半年，全县开始开展"整风反右"运动，受其影响，职工干部业余学校全面停课。1982年12月，县职工教育管理委员会正式成立，下设办公室，办公室的人员从各条战线抽调，为职工的教育管理工作做贡献。1984年9月，职工教育变换了教学模式，开始采取短期培训与分散自学相结合的形式进行，职工上完全部的课程后，还需要对他们的学习效果进行测试，由地区或县教育局统一命题考试，对于考试合格者，给他们发放毕业证书。职工教育的师资主要是：文化补习课，会聘请县教研室人员、师范学校教师、蒙山中学和蒙山镇的中学教师上课；技术培训班，会聘请县糖厂和经委的工程师上课。对聘请的教师会发放一定的劳务费。在课程设置上，初高中都开设了语文、数学、物理、化学、政治这些科目，班组的培训教材主要以企业班组培训的简明教材《班组管理知识》为主。上课场所一般无固定地点，主要会借用县工会、师范、蒙山中学、蒙山镇小学的教室，或者是商业局和糖厂的会议室，经费来源如办公费用由县财政局定期拨给。办班训练费属于企业的，按职工工资总额的1.5%掌握使用，在企业生产成本中的开支属于行政事业范围的，由各单位自负。1983年以来，全县共创办了初中文化补习班48个，参加学习的达1 476人次；高中

① 《中国教育年鉴》编辑部.中国教育年鉴1949—1984地方教育[M].长沙:湖南教育出版社,1986:977.

② 蒙山县志编纂委员会.蒙山县志[M].南宁:广西人民出版社,1993:496.

文化补习班 8 个,参加学习的 380 人次左右;班组培训 2 个班,参加学习的达 60 人。[1]

2.蒙山县的农民业余教育

(1)扫盲教育

1926 年,黄成业在蒙山县创办了最早的扫盲学校平民夜校。此后至 1936 年,有些乡村也开办过一些识字班,主要是利用晚间组织学习,学员中有男有女,办学地点多设在本村的小学校园里,学习时间大概在一两个月不等。

1953 年土地改革结束后,为了进一步提高乡村妇女的文化水平,减少妇女文盲的数量,农村中陆续办起了妇女识字班。1955 年冬,全县共有 3 所扫盲中心学校,校长 3 人,教师 130 人,学员 129 班,共 4 063 人(男 1 782 人,女 2 281 人)。[2] 1956 年 6 月,县里开设了扫盲办公室。这时,在校人数已达到 13 408 人,扫盲率为 60%。1957 年下半年,全县开始进行"整风反右"运动,农村的扫盲工作暂时停顿。1958 年"大跃进"时,全县又开展了一场轰轰烈烈的扫盲运动,当时提出了"半个月内扫除文盲,千人教,万人学,万人教,全民学"的口号。根据第二年 9 月的文教科文件称,全县共有 18 056 人脱盲,占文盲总数的 87.4%,基本实现了全县无文盲,还派出代表赴京参加会议并且获得国务院授予的奖旗一面。1965 年 1 月,全县共有扫盲班 614 个,学员 15 675 人,占全县文盲和半文盲总数的 89.6%。1973 年,县有扫盲学校 234 所,学员 3 951 人,兼职教师 44 人。[3]

1978 年后,全县加大了扫盲的力度,大力开展扫盲工作,在教育局内设立了工农教育委员会。经过努力,1979 年脱盲 5 645 人,占 12—45 岁文盲人数的 94.5%,基本达到了国家规定的脱盲标准。1980 年至 1985 年,全县开办了简易小学 100 个班,学生 2 814 人,参加学习的有 723 人,业余初小 431 个班,学员 7 214 人,毕业率为 89.5%,普及率为 97.9%。1985 年,经地区验收合格,蒙山成为自治区第二批实现普及初等教育的县。1988 年,夏宜瑶族乡的成人教育中心被评选为自治区农民教育先进集体,1989 年全县文化普查显示,12—45 岁非文盲率达到了 99.1%。[4]

(2)文化技术教育

1977 年,蒙山县开始创办农村成人教育,县城进行了文化技术培训,从整体上提

① 蒙山县志编纂委员会.蒙山县志[M].南宁:广西人民出版社,1993:496.
② 蒙山县志编纂委员会.蒙山县志[M].南宁:广西人民出版社,1993:497.
③ 蒙山县志编纂委员会.蒙山县志[M].南宁:广西人民出版社,1993:497.
④ 蒙山县志编纂委员会.蒙山县志[M].南宁:广西人民出版社,1993:497.

高了农民的文化科学技术水平。至 1989 年底,全县 9 个乡镇建立了 9 所农民文化技术中心学校,67 所分校,校长 9 人,专职教师 14 人,兼职 69 人。12 年来,全县共开办政治班 157 个,参加学习的共有 14 028 人;业余小学有 563 个班,参加学习的为11 399 人;业余初中有 92 个班,参加学习的有 2 291 人;技术培训有 1 964 个班,参加学习的为 83 448 人次。[①]

3.武鸣县的成人高等教育

1958 年秋,武鸣县在"大跃进"的形势下,掀起了一股办"大学"的热潮,几个月内县里相继办起了工农大学、钢铁学院、土木工程学院、手工业学院、医学院等 10 所高等院校,但是这一时期很多东西都不完善,无师资和经费,仅仅是有关部门和单位挂牌。1984 年起,县内有关部门按照国家的相关政策,组织举办高等教育自学考试(简称"自考"),每年的上半年和下半年各考一次。截至 1990 年,共有 198 人取得"自考"的大专毕业证书,这在当时是国家认可的一种高等教育的学历,有汉语言文学、英语、政治教育、哲学、数学、统计、工业经济管理、价格、法律、会计、党政干部基础等学科。学习的年限因人而异,约有 69 人在 2 年内即考完该专业所规定的科目,取得了相关的毕业证书,有 24 人历经了 7 年方得毕业。[②] 此外,自 1985 年秋起,中共武鸣县委党校先后作为广西广播电视大学南宁市分校及自治区党校的一个教学点,举办国家承认学历的高等专科电大和函授班,专业有党政干部专修科、中文和政治。至 1990 年,学校的入学人数共有 189 人,其中待业青年 2 人,其余为县、乡镇干部及教师,179 人取得毕业证书。[③] 这些举措对于提高成人的高等教育水平都起着重要的作用,培养了一批取得大学学历的毕业生。

4.环江毛南族自治县的壮文教育

1955 年,为了保护少数民族的语言文化,国家帮助壮族制定了一套以拉丁字母为基础的《壮文方案》,并于 1957 年经正式批准后在壮族地区推广使用,而且在1957 年 11 月成立环江县壮文工作委员会,同时建立了壮文学校。1957 年,壮文学校连续创办了 30 个壮文群师班,共培养群师 685 名,同年在农村首次用壮文开展扫盲活动,学习壮文的人数达 1 万人以上。1960—1964 年,壮文的推广和使用工作暂时中断。1965—1966 年夏,壮文学校开始慢慢恢复,县壮校开办了 1 期的壮文群师

---

① 　蒙山县志编纂委员会.蒙山县志[M].南宁:广西人民出版社,1993:497.
② 　武鸣县志编纂委员会.武鸣县志[M].南宁:广西人民出版社,1998:754.
③ 　武鸣县志编纂委员会.武鸣县志[M].南宁:广西人民出版社,1998:754.

培训班,有学员 90 人。① 1966 年"文化大革命"期间,壮文的推行工作受到一定的影响。

1982 年 3 月,环江县开始恢复推行壮文工作。1982—1987 年,学校配备了壮文专职干部 19 人,共举办了 8 期壮文干部培训班,培训学员 361 人(其中小学教师 73 人,乡村干部 24 人,壮文中专毕业生 60 人,群师 204 人),进一步推动了当地成人教育的发展。1982—1987 年,整个县境内 6 个乡镇的 12 个行政村 306 个男女青年及部分县直机关干部参加了壮文短期培训,共有学员 2 628 人。经过考核,学员的成绩及格,都能阅读壮文报纸和壮文通俗读物。②

1987 年,全县小学中开办和使用壮文教学试点的学校有 6 所,共 13 个班,学生 367 人。当时的壮文教学试点班使用双语教材,将全国小学统编教材翻译成壮文,然后进行壮语和汉语的双基教学,有助于进一步传承壮语和促进壮族文化的发展。③

①　环江毛南族自治县志编纂委员会.环江毛南族自治县志[M].南宁:广西人民出版社,2002:796.

②　环江毛南族自治县志编纂委员会.环江毛南族自治县志[M].南宁:广西人民出版社,2002:796.

③　环江毛南族自治县志编纂委员会.环江毛南族自治县志[M].南宁:广西人民出版社,2002:796.

参考文献

【著作类】

[1]贺祖斌,等.广西乡村振兴战略与实践:教育卷[M].桂林:广西师范大学出版社,2019.

[2]广西壮族自治区地方志编纂委员会.广西通志:教育志[M].南宁:广西人民出版社,1995.

[3]张声震.壮族通史:下册[M].北京:民族出版社,1997.

[4]蒙荫昭,梁全进.广西教育史[M].南宁:广西人民出版社,1999.

[5]广西统计局.广西年鉴:第2回[M].广西统计局,1935.

[6]广西壮族自治区地方志编纂委员会.广西通志:大事记[M].南宁:广西人民出版社,1998.

[7]广西省教育厅教育设计委员会.民国二十年广西省教育概况[M].广西印刷厂,1932.

[8]李彦福,黄启文,莫雁诗,等.广西教育史料[M].南宁:广西人民出版社,1990.

[9]中国人民政治协商会议广西壮族自治区南宁市委员会文史资料研究委员会.南宁文史资料:1989年第1辑总第8辑[M].政协广西壮族自治区南宁市委员会文史资料研究委员会,1989.

[10]教育年鉴编纂委员会.第二次中国教育年鉴:第2册[M].台北:文海出版社,1986.

[11]中国人民政治协商会议柳城县委员会文史资料研究委员会.柳城文史资料:第3辑[M].1989.

[12]柳城县志编辑委员会.柳城县志[M].广州:广州出版社,1992.

[13]富川瑶族自治县志编纂委员会.富川瑶族自治县志[M].南宁:广西人民出版社,1993.

[14]平南县志编纂委员会.平南县志[M].南宁:广西人民出版社,1993.

[15]靖西县县志编纂委员会.靖西县志[M].南宁:广西人民出版社,2000.

［16］广西壮族自治区大新县志编纂委员会.大新县志［M］.上海:上海古籍出版社,1989.

［17］博白县志编纂委员会.博白县志［M］.南宁:广西人民出版社,1994.

［18］合浦县志编纂委员会.合浦县志［M］.南宁:广西人民出版社,1994.

［19］天等县志编纂委员会.天等县志［M］.南宁:广西人民出版社,1991.

［20］西林县地方志编纂委员会.西林县志［M］.南宁:广西人民出版社,2006.

［21］苍梧县志编纂委员会.苍梧县志［M］.南宁:广西人民出版社,1997.

［22］桂平市教育局.桂平县教育志［M］.南宁:广西人民出版社,1995.

［23］陆川县志编纂委员会.陆川县志［M］.南宁:广西人民出版社,1993.

［24］象州县志编纂委员会.象州县志［M］.北京:知识出版社,1994.

［25］昭平县志编纂委员会.昭平县志［M］.南宁:广西人民出版社,1992.

［26］凌云县志编纂委员会.凌云县志［M］.南宁:广西人民出版社,2007.

［27］灌阳县志编委办公室.灌阳县志［M］.北京:新华出版社,1995.

［28］隆安县志编纂委员会.隆安县志［M］.南宁:广西人民出版社,1993.

［29］蒙山县志编纂委员会.蒙山县志［M］.南宁:广西人民出版社,1993.

［30］灵山县志编纂委员会.灵山县志［M］.南宁:广西人民出版社,2000.

［31］都安瑶族自治县志编纂委员会.都安瑶族自治县志［M］.南宁:广西人民出版社,1993.

［32］融水苗族自治县地方志编纂委员会.融水苗族自治县志［M］.北京:生活·读书·新知三联书店,1998.

［33］德保县志编纂委员会.德保县志［M］.南宁:广西人民出版社,1998.

［34］田东县志编纂委员会.田东县志［M］.南宁:广西人民出版社,1998.

［35］田阳县志编纂委员会.田阳县志［M］.南宁:广西人民出版社,1999.

［36］乐业县志编纂委员会.乐业县志［M］.南宁:广西人民出版社,2002.

［37］华中师范学院教育科学研究所.陶行知全集:第3卷［M］.长沙:湖南教育出版社,1985.

［38］熊明安.中华民国教育史［M］.重庆:重庆出版社,1997.

［39］钟文典.20世纪30年代的广西［M］.桂林:广西师范大学出版社,1993.

［40］谭肇毅.桂系史探研［M］.北京:中国文史出版社,2005.

［41］李大钊.李大钊选集［M］.北京:人民出版社,1959.

［42］韦善美,马清和.雷沛鸿文集:上册［M］.南宁:广西教育出版社,1989.

[43]韦善美,马清和.雷沛鸿文集:下册[M].南宁:广西教育出版社,1990.

[44]韦善美,马清和.雷沛鸿文集:续编[M].南宁:广西教育出版社,1993.

[45]韦善美,程刚.雷沛鸿教育思想研究[M].沈阳:辽宁教育出版社,1994.

[46]韦善美,潘启富.雷沛鸿文选[M].桂林:广西师范大学出版社,1998.

[47]刘寿祺.刘寿祺教育文集[M].长沙:湖南教育出版社,1992.

[48]姜书阁.中国近代教育制度[M].上海:商务印书馆,1934.

[49]广西省政府秘书处编译室.广西省政府工作报告[M].1947.

[50]本书编写组.广西辉煌60年1949—2009[M].南宁:广西人民出版社,2009.

[51]蒙荫昭.广西古今教育人物[M].南宁:广西壮族自治区教育厅,2001.

[52]梁漱溟.乡村建设理论[M].上海:上海人民出版社,2006.

[53]何东昌.中华人民共和国重要教育文献1949—1975[M].海口:海南出版社,1998.

[54]灌阳县志编纂委员会.灌阳县志[M].北京:新华出版社,1995.

[55]《中国教育年鉴》编辑部.中国教育年鉴1949—1984 地方教育[M].长沙:湖南教育出版社,1986.

[56]藤县志编纂委员会.藤县志[M].南宁:广西人民出版社,1987.

[57]王慧.中国当代农村教育史论[M].北京:光明日报出版社,2014.

[58]广西壮族自治区地方志编纂委员会.广西通志:工会志[M].南宁:广西人民出版社,1997.

[59]广西壮族自治区地方志编纂委员会.广西通志:民族志下[M].南宁:广西人民出版社,2009.

[60]广西壮族自治区地方志编纂委员会.广西通志:农业志[M].南宁:广西人民出版社,1995.

[61]严风.毛泽东选集:合订本[M].北京:人民出版社,1991.

[62]中央教育科学研究所.中华人民共和国教育大事记1949—1982[M].北京:教育科学出版社,1984.

[63]毛泽东.毛泽东选集:第1卷[M].北京:人民出版社,1991.

[64]毛泽东.毛泽东选集:第3卷[M].北京:人民出版社,1991.

[65]上思县地方志编纂委员会.上思县志[M].南宁:广西人民出版社,2000.

[66]忻城县志编纂委员会.忻城县志[M].南宁:广西人民出版社,1997.

[67]张晋藩,海威,初尊贤,等.中华人民共和国国史大辞典[M].哈尔滨:黑龙

江人民出版社,1992.

[68]王进,等.毛泽东大辞典[M].南宁:广西人民出版社;桂林:漓江出版社,1992.

[69]中共中央文献研究室.毛泽东文集:第7卷[M].北京:人民出版社,1999.

[70]刘英杰.中国教育大事典[M].杭州:浙江教育出版社,1993.

[71]中共广西壮族自治区委员会党史研究室."大跃进"运动:广西卷[M].北京:中共党史出版社,2004.

[72]平果县志编委会.平果县志[M].南宁:广西人民出版社,1996.

[73]马山县志编委会.马山县志[M].北京:民族出版社,1997.

[74]龙州县地方志编纂委员会.龙州县志[M].南宁:广西人民出版社,1993.

[75]柳江县志编委会.柳江县志[M].南宁:广西人民出版社,1991.

[76]鹿寨县志编委会.鹿寨县志[M].南宁:广西人民出版社,1996.

[77]罗城仫佬族自治县志编纂委员会.罗城仫佬族自治县志[M].南宁:广西人民出版社,1993.

[78]横县县志编纂委员会.横县县志[M].南宁:广西人民出版社,1989.

[79]中共中央文献研究室.建国以来重要文献选编第11册[M].北京:中央文献出版社,2011.

[80]李明.共和国历程大写真1949—1993上[M].北京:档案出版社,1994.

[81]灵川县志编纂委员会.灵川县志[M].南宁:广西人民出版社,2000.

[82]李山水.农村教育史[M].南宁:广西教育出版社,2000.

[83]武鸣县志编纂委员会.武鸣县志[M].南宁:广西人民出版社,1998.

[84]环江毛南族自治县志编纂委员会.环江毛南族自治县志[M].南宁:广西人民出版社,2002.

[85]凤山县志编纂委员会.凤山县志[M].南宁:广西人民出版社,2008.

[86]上林县志编纂委员会.上林县志[M].南宁:广西人民出版社,1989.

[87]巴马瑶族自治县志编纂委员会.巴马瑶族自治县志[M].南宁:广西人民出版社,2003.

[88]东兰县志编纂委员会.东兰县志[M].南宁:广西人民出版社,1994.

[89]凭祥市志编纂委员会.凭祥市志[M].广州:中山大学出版社,1995.

[90]容县志编纂委员会.容县志[M].南宁:广西人民出版社,1993.

[91]北流县志编纂委员会.北流县志[M].南宁:广西人民出版社,1993.

[92]中共中央办公厅.中国农村的社会主义高潮:选本[M].北京:人民出版社,1956.

【期刊论文类】

[1]广西教育旬刊:第一卷第6-8期合刊[J].广西教育厅,1934.

[2]陈旭远.论课程现代化的四个层面与时序模式[J].东北师大学报,2000(6).

[3]钟佳容,韦义平.我国教育现代化评估核心指标体系建构[J].中国教育科学(中英文),2020(5).

[4]李天雪.义务教育与少数民族国家认同构建:基于民国时期广西"特种部族教育"的思考[J].黑龙江民族丛刊,2011(6).

[5]梁彩花.新桂系"特种部族教育"评析[J].广西民族学院学报(哲学社会科学版),2006(2).

[6]余家菊.乡村教育的实际问题[J].少年中国,1922(6).

[7]本刊记者.他的字典没有"消极":国民教育运动家雷沛鸿先生[J].邕宁教育,1948(2).

[8]卢显能.转型期的国民基础教育[J].广西教育通讯,1942(3-4).

[9]新中国成立70年广西教育事业取得辉煌成就[J].广西教育,2019(40).

[10]韦造祥.复式班课堂整体教学探索[J].广西教育,1995(5).

[11]钱俊瑞.当前教育建设的方针[J].人民教育,1950(1).

[12]李志华.大家都来关心高校招生[J].红旗,1970(10).

【学位论文类】

[1]刘东霞.雷沛鸿普及国民基础教育策划活动研究[D].重庆:西南大学,2007.

[2]苏刚.民国时期乡村师范教育制度变迁研究[D].长春:东北师范大学,2015.

[3]黄向辉.近代广西私塾改良探研[D].桂林:广西师范大学,2010.

[4]张吴斌.新桂系统治初期广西教育经费研究(1926—1937年)[D].桂林:广西师范大学,2017.

【报纸类】

[1]苍梧教育文化概况报告[N].苍梧日报,1946-06-19.

[2]博白县教育科通讯组.博白县耕读小学越办越好[N].广西日报,1965-01-14.

【其他类】

[1]习近平:决胜全面建成小康社会　夺取新时代中国特色社会主义伟大胜利——在中国共产党第十九次全国代表大会上的报告[EB/OL].http://www.12371.

cn/2017/10/27/ARTI1509103656574313.shtml.

　　[2]王怀民.回忆洛阳民教实验区[C]∥苏州大学原江苏省立教育学院校友会.艰苦的探寻:江苏省立教育学院校友回忆录.1989.

　　[3]广西地方教育观察报告:1947.

后　记

没有共产党就没有新中国。正值庆祝中国共产党成立 100 周年之际,《广西乡村教育百年》的出版,是向党的 100 岁生日献礼。本书被列入广西壮族自治区党委宣传部"庆祝中国共产党成立 100 周年主题出版重点选题",也是中宣部全国文化名家暨"四个一批"人才自主项目,还是广西人文社会科学发展研究中心科学研究工程的成果。

我在玉林师范学院工作期间,由于工作岗位的变化,在我的研究领域,从专注高等教育研究,到增加农村教育发展的研究,并成立农村教育发展研究院。同时,围绕农村教育问题开展研究,主持出版了首部《广西农村教育发展报告》,围绕乡村教师人才培养改革问题研究,出版了《乡村教师培养:理念与行动》,主持的项目"民族地区乡村教师'五位一体'培养模式的研究与实践"获得自治区教学成果奖二等奖。回到广西师范大学工作后,我组织研究团队加强乡村振兴战略研究,出版了《广西乡村振兴战略与实践》(六卷本),并主持撰写其中的《广西乡村振兴战略与实践·教育卷》,该项成果获广西第十六次社会科学优秀成果奖一等奖。在取得系列关于乡村教育研究成果的基础上,我想进一步对广西乡村教育的发展情况进行梳理,《广西乡村教育百年》(上、下卷)的写作初衷是全面呈现广西乡村教育的百年发展历程,为广西乡村教育振兴提供有效的历史经验,也是为中国乡村教育发展做一些基础性工作。

本书涉及教育发展历史,其写作过程,也是对有关广西乡村教育史料的集结、汇编和整理的过程。可以说,本书写作完成的同时,也完成了对广西乡村教育史料文献的积累和收藏工作,为后续广西乡村教育研究奠定了基础。在写作过程中,我们收集了广西 14 个地级市及其各县的市志、县志,收集了广西教育政策相关资料和文本、广西教育年鉴以及有关广西乡村教育论著,同时组成多个调研团队,分别到广西部分市、县收集史料文献,并到部分乡村学校进行实地调研。

《广西乡村教育百年》汇集了集体智慧,是在长期的实地调研和资料积累基础上研究形成的成果。本书主要由我和欧阳修俊共同主持、策划、确定框架和最后统稿。梁君教授、陈庆文教授参与了本书的部分策划,并给予大力支持。欧阳修俊博士、徐乐乐博士、李斌博士、杨振芳博士分别负责四个篇章的组织撰写和审稿工作。具体参与本书调研、撰写和校对工作的研究生还有(按照姓氏笔画排序):石华虎、毕雅楠、刘琦、刘婷、刘微微、刘燕群、李雨佳、杨婷婷、何俊生、张逸萱、陆俊良、陈泳坪、陈洋、陈超惠、欧卉、罗惠君、周坚和、钟佳容、秦丽华、郭红艳、黄春蕾、彭晓辉、曾雪、谢水琴等。在此真诚感谢大家的艰辛付出。

本书能够顺利出版,要特别感谢国家教育咨询委员会委员,国务院教育督导委员会总督学顾问,北京师范大学原校长,教授、博士生导师钟秉林先生为本书拨冗赐序,并作为本书的顾问,为本书写作和修改提出了宝贵的意见。此外,教育部人文社会科学重点研究基地东北师范大学中国农村教育发展研究院院长、东北师范大学研究生院院长邬志辉教授,广西师范大学历史学院教授、中国近代史专业博士生导师唐凌教授,广西师范大学马克思主义学院教授、中共党史专业博士生导师张红教授,他们作为本书顾问,在本书写作过程中给予了重要指导,并提出了宝贵的修改意见,为书本正确的历史研究范式和对中国共产党历史发展的把握提供了重要的参考意见。同时,感谢自治区党委宣传部、教育厅、广西师范大学出版社以及相关市、县教育局的大力支持,特别是我们实地调研的部分乡村学校的大力支持和配合,他们的无私帮助让我深受感动。

另外,值得说明的是,本书在编写过程中,参照了大量的相关县志、文献汇编和部分未出版的史料以及广西壮族自治区教育厅提供的相关数据。此外,还收集和参考了已经公开发表过的相关资料。当然,本书引用的资料出处我们尽量注明,但难免挂一漏万,恐有疏漏,未能一一标注,在此一并致谢!

习近平总书记在 2019 年 1 月 2 日祝贺中国社会科学院中国历史研究院成立的贺信中指出:"历史是一面镜子,鉴古知今,学史明智。重视历史、研究历史、借鉴历史是中华民族 5000 多年文明史的一个优良传统。当代中国是历史中国的延续和发展。新时代坚持和发展中国特色社会主义,更加需要系统研究中国历史和文化,更加需要深刻把握人类发展历史规律,在对历史的深入思考中汲取智慧、走向未来。"《广西乡村教育百年》(上、下卷)的出版,是对广西乡村教育百年历史的研究,更是为了深入汲取中国发展百年的智慧,以进一步推动广西乡村教育振兴。

贺祖斌

2021 年 6 月于桂林